高校外语教学
研究与思考

Research and Reflections
on Foreign Languages
Teaching in
Chinese Universities

陈　许　李华东○主编

ZHEJIANG UNIVERSITY PRESS
浙江大学出版社

图书在版编目（CIP）数据

高校外语教学研究与思考 / 陈许，李华东主编.
—杭州：浙江大学出版社，2013.12（2014.12 重印）
ISBN 978-7-308-12746-2

Ⅰ.①高… Ⅱ.①陈…②李… Ⅲ.①外语教学－教
学研究－高等学校 Ⅳ.①H09

中国版本图书馆 CIP 数据核字（2014）第 004980 号

高校外语教学研究与思考

陈　许　李华东　主编

责任编辑	葛　娟（E-mail：ge_er@163.com）
封面设计	续设计
出版发行	浙江大学出版社
	（杭州市天目山路 148 号　邮政编码 310007）
	（网址：http://www.zjupress.com）
排　　版	杭州中大图文设计有限公司
印　　刷	杭州日报报业集团盛元印务有限公司
开　　本	710mm×1000mm　1/16
印　　张	19.5
字　　数	400 千
版 印 次	2013 年 12 月第 1 版　2014 年 12 月第 2 次印刷
书　　号	ISBN 978-7-308-12746-2
定　　价	58.00 元

序

　　杭州电子科技大学外国语学院是一个理工科类院校中特色明显、优势突出的外语教学与研究单位。学院现有"英语语言文学"二级学科硕士学位授权点、英语省级重点专业、"英美文学导论"和"大学英语"省级精品课程、省级外语实验教学示范中心；设有英美文学研究所、外国语语言学及应用语言学研究所和翻译学研究所。英语专业开设课程覆盖"英语语言文学"、"商务英语"、"翻译（口译）"和"英语教学"等专业方向。此外，外国语学院负责全校各专业研究生、本科生公共英语教学，并开设了全校性的日语、德语和法语等选修课程。

　　多年来，依托英语专业、大学英语教学、英语语言文学硕士点和研究生英语教学四个教学平台，杭州电子科技大学外国语学院的老师们不仅兢兢业业进行着教书育人的工作，而且树立科研为教学服务的理念，积极开展教学研究，结出了丰硕的教学研究成果。本论文集所搜集的论文就是这些教学研究成果的一个综合体现。在这部论文集即将付梓的前夕，作为本论文集的主编，我们想结合这些论文谈三点看法，与作者和读者们探讨。

一、高校外语教学已进入实证研究时代

　　如今的高校教学已经不是一个单纯的教书匠的时代，它是一个理论与实践、教学与科研共同发展、共同促进的时代。因循守旧，一块黑板、一支粉笔、一个讲台、一本教科书就可以打发教学的时代一去不复返了。不做研究就无法搞好教学，已经成为高校外语教师的共识。原因是显而易见的，因为教师在教学过程中所遇到的问题需要通过科学研究去解决，而科学研究所取得的成果又可以应用到教学实践中，所以教学与科研是相辅相成的，教学可以带动科研，科研可以促进教学。

　　不仅如此，如今在高校外语教学研究已经走出我国改革开放初期的"感想型"和"经验型"的阶段，进入了实证研究的阶段。大家已经意识到，遇到教学问题时，那种拍拍脑袋、灵光一现式的解决方法已经不再可靠。撰写教学研究论

文时,那种经验总结型、工作感想型的研究已经不再有说服力。因为我们的教学研究固然需要灵感,工作固然需要总结,但这些灵感需要实践去检验是否有效,这种经验总结需要实证数据去加以论证。这不能不说是我国外语教学研究方法上的一次大进步。尽管这种进步不像某些暴风骤雨般的改革一样来得精彩、炫目,也不如那些天马行空般的感想令人目眩神摇,但实践证明,在崇尚潜心研究,需要扎实功夫的教育领域,那种暴风骤雨和天马行空往往不可靠,其结果自然如过眼烟云般随风飘散了。只有扎扎实实的实证研究才是外语学科发展的可靠路径,这是外语教学界经过了多年风风雨雨后达成的另一个共识。

于是,在我们这本论文集中,我们看到了这两个共识的体现。如郭继东老师的《英语专业学生 TEM4 口试焦虑研究》一文就采用问卷调查和访谈等研究工具,对 142 名英语专业学生在英语专业四级口试情形下的焦虑情况进行了研究。他的研究证明,英语专业学生由于口试焦虑产生了相当程度的不适感,他们的口试焦虑与口试成绩呈显著负相关,男生和女生的口试焦虑无显著差异。杨玉明老师的《职业技术学院学生英语学习策略的调查研究》一文是一项对杭州市的高职学生英语学习策略运用情况的大型问卷调查,调查涉及杭州的 11所职业技术学院的一、二年级的 740 名学生。通过 SPSS 软件进行数据统计,解释并分析了职业技术学院学生的英语学习策略的运用情况和特征,为英语教学提供相关参考。刘颖老师的《大学一年级新生英语写作中的连接词使用调查》选取了一些大学一年级新生的英语作文作为研究对象,考察了其中连接词的使用情况,并且分析了其中存在的问题。诸葛雯老师的 Corpus-based Approach to the Training of Interpreter's Logical Analysis Ability 一文探讨了自建小型语料库在口译学员的培训,特别是译员逻辑分析能力训练中的应用。她将入库的语料根据篇章类型,难度,长度,语速以及语段中所包含的逻辑信息进行标注。前试和后试结果表明受试组在口译能力,尤其是逻辑辨识能力上比对照组有显著的提高。

本论文集中这样的实证研究还有很多。这些研究不流于谈感想,说经验,而是植根于扎实的数据基础上,因而是有说服力,有参考价值的。

二、高校外语教学正面临变革

在如今互联网 2.0 时代,信息提供主体多元化,互联网信息急剧爆炸,各种知识和技能训练机会在网上已是唾手可得,人们慢慢认识到外语教学目的已远非知识和技能所能概括。与此同时,中小学外语教学不断突飞猛进,大学生入学外语水平不断提高,这种形势也不断推动高校外语教学反思如何修正自己的教学内容和教学大纲。高校外语教学的目的已不仅仅是帮助学生扩大词汇量、学习语法知识和提高听说读写技能。那么外语教学还需要做到什么呢? 笼统说来,高校外语教学应着眼于素质的培养,应当有利于培养社会所需要的人才。然而应注重哪种素质的培养呢?社会对于人才又有什么样的外语需求呢?我们高校课程体系、教学内容和教学方法要做出哪些改革才能培养这些素质,满足社会需求呢?这些无疑都是需要通过实证研究才能回答的问题。

本论文集有老师对人才素质进行了研究。如姜龙老师的《浙江省外贸企业对商务英语专业人才的素质要求》通过网络问卷和访谈相结合的形式对杭州,宁波,义乌的49家外向型企业对商务英语专业人才素质要求及目前从业人员的基本现状进行了调查研究,结果表明企业对人才的基本面貌要求不高,更加注重员工学习外贸知识的能力,从事进出口业务的能力,思维方法创新能力及业务创新能力等几个方面。

多篇论文谈到了计算机互联网技术对高校外语教学的影响。如钟玉琴老师的《计算机网络环境下外语课堂合理生态位的构建》一文告诉我们,从生态位视角来看,只有各教学要素能够在共生共存而又互相竞争的课堂生态系统中拥有一个最适合生存的时空结构位置,各要素才能产生正连结,整个系统才能动态和谐。

有些论文谈到了课程设置和教学内容的改革。如李华东老师谈到了设置新课的尝试。他的《"国学典籍英译选读"作为高校英语选修课的理据和需求》一文用实证研究探讨了将"国学典籍英译选读"开设为面向全校的高校英语选修课之理据,其结果对开好这门课打下了较好的前期研究基础,并为其他选修课的开设论证和需求调研提供方法上的借鉴。乔锟华老师则关心教学内容的分级。她的《关于大学英语分级教学的思考》一文提出了大学英语分级教学的必要性,并进一步就分级教学的模式进行探讨,旨在倡导实行分级教学,以提高大学英语教学水平和质量。

有些老师谈到了教学法的改革。于莹老师的《浅谈大学英语口语教学》简要阐述了当前我国大学英语教学中口语教学的现状,分析了所产生的后果和原因,并根据语言交流的实质,提出了改进口语教学,提高学生口语能力的方法。刘晓红老师的《大学英语任务型模式探究》一文探讨了大学英语任务型教学模式,并针对性地提出了一些完善大学英语任务型教学的一些建议。

三、高校外语教师个人发展需顺应社会和技术的方向

处在当下的充满变化的社会环境下,外语教师面对着很多挑战。他们承担极其繁重的教学任务的同时,还要面临高校科研评价体系带来的压力,需要面临学习新的教育技术的挑战。面对如此大的压力和挑战,很多高校外语教师自然而然会产生职业危机感,对此茫然不知所措,无所适从。但有心的老师会对此进行有益的思考,对自身在新技术、新时代的定位和发展进行研究。如韩国

春老师的《混合式学习中外语教师角色定位初探》一文探讨了建构主义教学模式下教师角色的普遍特征,认为教师在建构主义的教学实践中承担着以下角色:(1)教学目标的分析者;(2)情境创设者;(3)学习资源设计者;(4)自主学习设计者;(5)协作学习环境设计者;(6)学习效果评价设计者;(7)强化练习设计者等角色。再如,何小香老师的《网络化教学环境下大学英语教师角色的重构》指出,新的教学环境和教学模式要求大学英语教师在交互式教学、课程设计、个性化教学以及自主学习等各方面扮演全新的角色。大学英语教师要积极转变观念,采用新的教学模式,充分体现学生在教学过程中的主体地位,发挥教师主导作用,使学习朝着个性化和自主方向发展。

在这样一个社会用人需求产生巨大变化的信息化时代,高校外语教学定位在不断变革,我们需要顺应潮流,提倡对教学进行实证研究,对高校外语教师自身发展进行反思。为了避免浮躁,克服焦虑,回忆一下先贤的话也许是不无裨益的。1931 年梅贻琦先生在就任清华大学校长的就职演讲中说"所谓大学者,非谓有大楼之谓也,有大师之谓也"。虽然我们大学老师不可能人人成为大师,但梅先生的话却为我们提出了一个方向。那么怎样修炼才可成为大师呢?大师应该具备哪些特点呢?1936 年竺可桢先生在就任浙江大学校长的就职演说中说道:"教授是大学的灵魂,一个大学学风的优劣,全视教授人选为转移。假使大学里有许多教授,以研究学问为毕生事业,以教育后进为无上职责,自然会养成良好的学风,不断地培植出来博学敦行的学者。"从中,我们可以看出,在竺可桢校长看来,一个好的教授,应该是具备两个条件的,一是以研究学问为毕生事业,二是以教育后进为无上之职责。我们不一定人人都能被评为教授,但这两个标准无疑为我们高校老师的职业发展指出了努力的方向。

陈　许　李华东

2013 年 10 月

目　录

一、英语专业教学

二、大学英语教学

三、研究生英语教学

四、第二外语教学

一、英语专业教学 <<<

以语言输出能力培养为导向的英美文学教学模式探讨①

陈　许

杭州电子科技大学外国语学院

摘　要:本文主要围绕英美文学课如何培养输出能力来展开,提倡学生自主探索和相互合作,逐步改变以教师为中心、课堂为中心和书本为中心的局面。在教学模式上,主要从三方面突出学生的语言输出能力培养:首先是强调课前阅读与讨论,通过课前阅读与讨论的方式促进学生的输出,同时培养他们独立学习、独立思考的习惯与能力。其次强调课堂实践,在课堂上贯彻以学生为中心、以实践为主要形式的教学指导思想,鼓励学生发言探讨。最后是课后的复习与巩固,要求学生课后观看指定的配套影视视频,撰写观后感,并要求完成一定量的读书报告以及最后的学期论文。这些任务能够提升学生的输出能力,并对学生独立学习和思考的能力培养具有积极作用。

关键词:英美文学;教学模式;输出导向

On Output-oriented Teaching Mode of British and American Literature

Chen Xu

Abstract: This article centers on the output-oriented teaching mode of British and American literature. It advocates that the teacher-centered classroom teaching should be modified and that autonomous and cooperative learning strategies should be employed by the students. In terms of the specific teaching modes, it suggests 3 task-based methods: (1) pre-class reading and discussion; (2) in-class learner-centered practice; (3) after-class consolidation and reinforcement. These tasks can help improve the students' English output and their ability of autonomous learning and independent thinking.

Key words: British and American literature; teaching mode; output-orientation

作者简介:陈许,江苏东台人,教授,博士,研究方向为英美文学、比较文学与翻译。E-mail: chenxu@hdu.edu.cn。

① 此文于 2013 年 10 月在北京召开的"全国高校英语专业教学改革与发展学术研讨会"上曾做过交流发言。

一、引　言

外语学习是输入和输出的双向过程,二者缺一不可,而且必须实现有机的循环和结合。输出假设认为,二语习得不仅需要可理解的输入,也需要可理解的输出,输出具有 4 个功能:(1)增加语言的流利程度;(2)提高学习者对语言形式的注意;(3)帮助学生检测语言假设;(4)促进学习者对语言形式的反思能力。(Swain,1985;1995)。但是,我国英语专业课程设置和教学实践多年以来轻输出重输入,在英语专业学生整体水平提高的今天,应把输出的作用在教学理念上凸显出来(文秋芳,2008)。就英美文学课程而言,传统的教学模式很难达到学生的文学欣赏和人文素养培养等教学目标(吕配臣,2011)。本文拟以二语输出假设为理论基础,探讨以语言输出能力培养为导向的英美文学教学模式。

二、以任务为中心的多环联动教学

首先是强调课前阅读与讨论,通过课前阅读与讨论的方式促进学生的输出,同时培养他们独立学习、独立思考的习惯与能力。每周都下达具体的学习任务,要求学生提前阅读下周即将讨论的文学作品,并根据老师布置的讨论题目就文学作品的赏析进行小组讨论。通过课前阅读与讨论的方式促进学生独立学习、独立思考的习惯与能力,从而达到从感性认识到理性认识的升华。同时,由于学生的理解与老师解说或评析总会有差距,这样便形成对学生的挑战性,也有助于调动和保持学生对文学的兴趣与好奇心。从目前教学情况来看,绝大多数同学——包括那些对文学反感或毫无感觉的同学——对文学作品产生了一定的感觉或悟性,多数同学可以独立地阅读和赏析文学作品,并能就自己的知识和理解表达个人的思想与判断。

其次强调课堂实践,在课堂上贯彻以学生为中心、以完成具体实践为主要形式的教学指导思想,鼓励学生发言探讨。学生课堂发言或表述是我们课堂教学的必要环节与内容之一,它充分体现了以学生为中心、以实践为主要形式的教学指导思想。学生轮流就讨论题目做课堂表述,每学期人均两次。每次表述学生都必须认真准备,做大量的资料查询,组织内容和材料,制作简短而醒目的PPT 发言提纲。在发言或表述时,他们不仅锻炼了个人公众表演的胆量,敢于当众阐述自己(个人或小组)的观点,还要有敏捷的头脑应对老师和同学们的提问。这种训练有助于他们综合能力的培养,对他们的科研能力、表达能力、创造能力、协作精神以及胆量都有很大的锻炼和提高。

最后是课后的复习与巩固,要求学生课后观看指定的配套影视片,撰写观后感,并要求完成一定量的读书报告以及最后的学期论文,这些任务提升了学生的输出能力,并对学生独立学习和思考的能力培养起到了积极作用。一般来说,每学期要求学生写一篇学期论文,或布置两至三次笔头作业。一学期两至三次的书面作业(500~800字的分析评论)效果较好,对学生学习过程有很好的监控作用,也有利于指导他们的阅读与表达。学期论文(2000字左右)由于格式、内容组织和参考书目的要求较高,则强调学生独立思考和从事科研的能力。

三、灵活多样的教学方法

一位西方学者曾说:学问始于好奇,终于交际。这里所说的交际不但包括口头讨论,也应包括书面表达。一位有经验的教师在课堂上应该像一个乐队的指挥或一出戏的导演,不应该包办代替,而是应把相当多的时间和精力花在组织、指挥和协调方面,和学生共同演奏扣人心弦的乐曲,演出有声有色的戏剧。因此,在教学模式上,我们尝试打破传统的"满堂灌"的授课方式,采用教师讲授、课堂讨论与研读报告相结合的方式,综合多种教学方法,实现师生互动,增强教学效果。为此,我们分别采取了以下教学方法。

(一)启发鼓励法

在教学中启发和鼓励学生大胆进行发散思维,不满足于现有的"权威"结论。在网络时代,对固定文本的理解趋势呈现一个"中心消除趋势"。如果学生对名家的评论或名家的译本存有一种敬畏心理,那他们就会一味接受,而不敢提出任何质疑,久而久之,思想就会僵化,创造性将丧失殆尽。为此,我们提倡个性的发展,注重激发学生的主观能动性,使其思维不受教师的固有思路和权威观点的限制,进而扩大其课上的参与空间。

(二)实验探究法

这是借鉴理工科研究的一种方法,通过教学实验探讨科学、合理的教学方法,以期了解学生的学习和认识规律,更好地指导英美文学课的教学。意象派诗歌通常使学生感到头疼,他们难以体会隐含的抒情,更不用说能领会深刻的寓意了。因此,教师讲课时注重剖析诗歌包含的写景、抒情、寓意的三段式,介绍意象派诗歌突出写景部分,将抒情隐含其中,将寓意留给读者自己。在此基础上,安排学生模仿并试着创作意象派诗歌,然后要他们介绍自己的诗歌意欲抒发什么情感、传递什么寓意。通过这样的实践,教师引导学生了解意象派诗歌的写作特点,进而学会欣赏意象派诗歌的美学价值和领会其深刻寓意。

(三)课题研究法

在教师的指导下,让学生通过自己亲身调研课题来得出结论,培养他们独立研究的能力。研读报告是让学生有机会展示自己学习的内容并与同伴互相交流信息。因此,我们要求学生利用图书馆和现代媒体查阅资料,在每次课前作小型研读报告。教师可提供一些与教学内容紧密联系的题目,让学生带着问题去读书、查资料、作报告。题目的设置要适合学生的理解力与研究能力。涉及面较广的问题,也可安排数名学生形成小组,共同解决。对学生来说,自己独立"备课"、调研,给同学做讲解,比单纯被动地接受教师的信息收益更大。这种基于解决问题的学习最大限度地激发了学生的自觉性和独立性。这样的活动既锻炼了学生查找资料、独立学习的能力,又充分张扬了其个性。一旦学生对文学的个人爱好有了释放的空间,他们学习的主动性就会得到相应的提高。

(四)讨论思辨法

创新教育一定要保证学生交流活动的开展,而讨论和辩论则是体现创新教育的一种常用方法。开展课堂讨论是使学生在英美文学课上由被动学习变主动学习的一种行之有效的方法。一些教师在教学实践中发现:课堂讨论能够明显激活学生的主动性,使他们在轻松活跃的气氛当中,一直保持最佳的学习状态,从而加深对知识的理解与记忆。

我们的课堂讨论通常以小组的方式进行。学生在讨论中,利用各自掌握的语言知识,取长补短,解决了作品中文字的难题,降低了文本理解的难度。同时,在小组讨论的氛围当中,学生能够更随意地发表自己的见解,在一定程度上消除了主动参与时的胆怯心理。开放式的讨论能够激发学生从多个角度欣赏、分析文学作品,帮助每一位学生建立自己与文学作品的对话,阐述自己的观点。在讨论过程中,无论教师和学生都会发现一些自己从未想到过的新思路、新视角。教师在教学中组织讨论和辩论,让学生充分发表自己的见解、解答遇到的问题,既可以使学生加深对文学作品的理解,也可以增强学生全面分析问题的能力。

(五)娱乐活动法

影视资源的利用及多媒体设施的普及为英美文学课教学的形象化、生动化和多样化提供了可能。播放根据英美文学名著改编的电影,可以增强学生对文学作品的感性认识,帮助深入理解作品的内涵。组织学生排练英语短剧,并在课堂或其他场合表演,这是一项集学习与娱乐于一体的方法。通过亲身参与文学活动,学生随处都能感受到文学的召唤,体会到文学的魅力,于不知不觉中加深了对文学的兴趣,陶冶了自己的情操,增强了自己的想象力、创造力和自信心。

四、丰富多彩的课外实践活动

除了在教学模式上应当全方位、多角度地体现以学生的语言输出能力培养为导向,任课教师还应该加强和指导课外的实践活动,因为课外实践活动是英语教学过程的一个有机组成部分,既是课堂教学的重要补充,也是课堂教学的延续和深化,对学生的语言输出能力培养极为重要。

首先,课外作业是学生在相对独立的环境下,通过收集资料,经过自己分析、思考后完成的,是课堂教学的有益补充。我们在教学中丰富了作业的内容和形式,要求学生翻译诗歌、创作诗歌、写自传、续写故事、给故事中的人物写信和撰写各种相关文学体裁的评论性文章等。同时,注重发挥课外作业在培养学生独立思考能力、开发其创造性潜能所起的作用。

其次,教师在学期初安排学生针对文学课上规定的必读作品撰写评论性文章。这项作业的重点是消除学生对权威解释的敬畏心理,允许并鼓励他们提出自己独特的理解。学生需要对作品仔细阅读,挖掘自己的思想,寻找自己的评论视角,查找相关的资料,只有这样才能写出具有独创性的文章。同时,这也是学生独立发现问题并解决问题的过程。将文学评论引入课堂教学的一个目的就是培养学生分析问题的能力,而评论性文章的写作恰好能起到了这样的作用。

第三,在教学过程中引导学生进行英语文学创作,其目的是实现以读促写、以写促读的英美文学阅读与写作的结合,使学生成为能够灵活运用英语表达自我的创造者。文学写作揭去了文学的神秘面纱,使它进入学生的生活,从而缩短了文学与学生的距离。根据学生的实际情况,文学创作作业以诗歌和短篇小说为宜。学生综合运用所掌握的英语语言与文学知识来表达自己的思想,他们对文学的理解,对生活的理解在创造过程中得以充分的阐释。同时,创作又反作用于学生,促使他们对文学形式进行研究,对文学内容进行反思,对文学语言进行筛选。由于学生的生活经历和人生体验的局限,他们的诗歌及短篇小说大多围绕爱情、友情、亲情及校园生活展开,但他们对这些问题的理解大不相同,表现形式和语言极富个性化。如对爱情的处理,有人直抒胸臆,有人借助自然界的景物传递情感,还有人巧妙地以对话的形式在诗歌中表达思想,以日记体的形式编写爱情故事。这一创造过程增强了学生的艺术想象力、语言表达力和思维创造力,许多同学因此而喜欢上了文学。从学生作业题目的丰富程度和观点的多样性中,我们不难看出他们对文学产生了兴趣。这些作业启发了他们的灵感,激发了他们的创作欲望,极大地锻炼和强化了学生的语言输出能力。

五、结　语

建立在输出基础上对学生进行输入,学生能够对输入有更多的注意、理解和吸收。在输入和输出的转换与循环中,学生构建自己的语言知识结构,促进自身语言能力的发展与提高。以输出为驱动明显缩短了从输入到输出的距离,缩短了表达性知识转化为程序性知识的周期,使学生容易产生成就感,调动其积极性,提高学习效率(文秋芳,2008)。英美文学课是在英语专业高年级阶段开设的,是在学生经过基础阶段听说读写训练,具备一定英语水平的基础上用英语讲授和讨论的。英美文学教学不仅可以帮助学生巩固和提高英语水平,对于改善学生智力水平、道德情操与审美情趣也有较大的积极作用。为了更加有效地发挥英美文学课的积极作用,以语言输出能力培养为导向的教学模式是个很好的选择和有益的尝试。

参考文献

[1] Swain, M. Communicative Competence: Some Roles of Comprehensible Input and Comprehensible Output in Its Development [A]. S. Gass & C. Madden (eds.). Input in Second Language Acquisition [C]. MA: Newbury House, 1985.

[2] Swain, M. Three Functions of Output in Second Language Learning [J]. In Cook, G. and Seidelhofer, B. (eds.) Principle and Practice in Applied Linguistics: Studies in Honor of H. G. Widdowson [C]. Oxford: Oxford University Press, 1995.

[3] 吕佩臣. 高校外语专业英美文学课程教学方法创新探析[J]. 广西民族大学学报,2011(2):179-182.

[4] 雷彩. 输出假设理论框架下英美文学阅读的体验性探析[J]. 短篇小说,2012(10):13-14.

[5] 文秋芳. 输出驱动假设与英语专业技能课改革 [J]. 外语界,2008(2):2-11.

"国学典籍英译选读"
作为高校英语选修课的理据和需求①

李华东

杭州电子科技大学外国语学院

摘　要：本文探讨将"国学典籍英译选读"开设为面向全校的高校英语选修课之理据，并通过问卷调查研究学生和老师们对该课需求。调查对象涉及英语专业和非英语专业学生以及来自国内三十多所高校的英语教师，调查内容涉及课时安排、班级人数、授课时间、教材建设、授课内容、教师素质、授课方式、教学评估等方方面面。调查结果对开好这门课打下了较好的前期研究基础，并为其他选修课的开设论证和需求调研提供方法上的借鉴。

关键词：国学典籍英译；选修课；理据；需求分析

"Translation of Chinese Classics into English" as
a Selective English Course for College Students
in China：Rationale and Needs Analysis

Li Huadong

Abstract：This paper discusses the rationale of the course "Translation of Chinese Classics into English" for both English majors and non-English majors in Chinese universities，and reports a questionnaire survey on specific needs for this course. The subjects include English majors，non-English majors，and teachers of English from more than thirty

作者简介：李华东(1970—)，山东莱芜人，博士，教授。主要研究方向为戏剧文体学、英语教学、英语测试。E-mail：lihuadongcn@foxmail.com.

① 本文部分内容曾作为大会发言于2010年5月7日至9日在河南大学召开的第六届典籍英译全国研讨会上宣读。在成稿过程中，本文曾蒙多人帮助，其中杭州电子科技大学外国语学院郭已晓和张金云两位老师帮忙收发学生调查问卷，英语专业研究生樊晔和张飞鹏同学协助策划问卷和统计数据，第六届典籍英译全国研讨会主席郭尚兴教授也对本文提出宝贵指导意见。在此一并致谢！

universities in China. The questionnaire covers key issues for opening a course such as class hours, class sizes, class time, textbook compilation and selection, main contents of teaching, teacher qualifications, classroom instruction, and course evaluation, etc. The result has laid a solid foundation for opening of this course. The methods adopted in this research can also be applied to research on other selective courses.

Key words: Translation of Chinese Classics into English; selective course; rationale; needs analysis

一、引　言

在典籍英译研究领域,学者们一直把注意力集中于理论建构、翻译过程、文本对比和名家名译等论题,对于典籍英译教学研究缺乏关注。近年来,随着我国高校翻译专业本科、研究生开始招生,翻译学界开始探讨典籍英译教学(王宏印,2003;黄中习,2007;王丹丹,2009;王宏、付瑛瑛,2009),并出版了用于典籍英译教学的教材(王宏印编著,2007;汪榕培、王宏主编,2009)。不难发现,这些研究和教材撰写,主要是针对英语专业和翻译专业的本科及研究生,目的是培养典籍英译后备人才,而对于针对非英语专业学生的典籍英译教学尚未有人探讨,似乎这门课不应该也不可能为非英语专业学生开设。这可能来自互相关联的两方面的认识局限性,一是对典籍英译教学目的认识过于狭窄,部分老师认为,典籍英译教学目的就是培养典籍英译人才,二是对典籍英译教学对象的划分范围过小,部分教师认为,典籍英译教学对象应该是英语专业学生。

二、"国学典籍英译选读"作为高校英语选修课的理据

实际上,笔者认为典籍英译这门课主要目的还不是培养典籍英译人才。它的主要功用可能还是通过典籍英译阅读,普及中华文化知识的同时,使学生能够进行中西对比,提高跨文化交际能力。学生学了这门课,即便是英语专业的学生,也不一定能够将来从事典籍英译实践。但是,以笔者管见,即便是非英语专业学生,学了这门课后,他们肯定有两个能力是大大提高了的。第一个能力是典籍阅读理解能力,第二个能力是对于典籍和中国文化向外传播的能力。这个道理很简单,因为学生主要是通过阅读英文去理解中国典籍的。中国历史源远流长,各个朝代均有大量典籍问世。时代不同,语言写法用法就有差异,很多语言使用方式与今天大不相同。这对于今人阅读理解产生了极大的障碍。但典籍英译,却大多用现代英语译出,对于部分英语功底好的大学生,读起来反倒浅显易懂,比之中文原文容易得多。这样,他们对于以前视若畏途的典籍,岂不是没有了恐惧心理?而这些佶屈聱牙的典籍,岂不是通过英译,在大学生中得

到普及了呢？中英对照的阅读，他们对于英文理解能力提高的同时，对于古文的阅读理解能力不也得到提高了吗？同时，面对外国人的好奇，他们是不是也就有能力解释传播中国文化了呢？

当今国际交往日益频繁，渗透到各个领域和各个人群层面。今日大学生将来无论从事何种工作，都难免要跟外国人打交道。以前我们所受的教育，总是要求学生了解西方文化，适应西方文化。长此以往，受过多年英语教育的中国大学生，对于西方文化典故，如圣诞、情人节、宗教等，莫不了若指掌，而对于中国文化典故，如春节、清明节、佛道儒学说等等，用汉语也不一定说得上来，遑论用英文。殊不知，中国人讲究"入乡随俗"，外国人也说"When in Rome, do as the Romans do"（便是中文"入乡随俗"的意思）。我们出国固然需要适应外国文化，在国内却是人家来适应我们的。倘若人家不知如何适应，向我们学生询问起来，我们学生就有义务向外国人解释清楚我们的风俗习惯、礼仪出处。而这些往往跟典籍有关。即便是出国期间，也肯定有很多外国人与我们打交道。人家断乎不会喜欢我们向他们传授他们自己的文化，而一定是希望听听我们的文化与他们有什么不同。这时候，我们学生又会是抓耳挠腮，痛苦不已了。这种痛苦在很大程度上源于我们的教育理念和课程体系的缺失，比如在多数中国大学里，竟然没有这样一门国学典籍英译选读的通识课。

对于非英语专业学生来说，典籍英译不是他们的专业，断不能逼迫他们学习。但笔者认为，对于英语能力好且对中国文化感兴趣的同学来说，这门课作为选修还是很有必要的。笔者假设，非英语专业这个极为庞大的学习群体中，肯定存在这样一部分学生，其对于中国传统文化的兴趣和英语技能丝毫不逊英语专业学生。因此，笔者提出，将"国学典籍英译选读"开设为全校公共选修课，不仅供英语专业学生选择，也向感兴趣的非英语专业学生开放。

这种提法，不仅可以提高学生跨文化交际能力，而且符合国家教育政策和对英语专业和非英语专业英语教学要求。具体依据如下：

《国家中长期教育改革和发展规划纲要（2010—2020年）》（以下简称《纲要》）在指导思想部分提出，教育需要"面向社会需求，优化结构布局"。在工作方针部分又提出，"把改革创新作为教育发展的强大动力。……鼓励地方和学校大胆探索和试验，加快重要领域和关键环节改革步伐。……改革教学内容、方法、手段"。而在高等教育部分又提出"优化学科专业、类型、层次结构，促进多学科交叉和融合。重点扩大应用型、复合型、技能型人才培养规模。"（教育部，2010）这些描述为国学典籍英译选读作为选修课的开设提供了政策指导。

《高等学校英语专业英语教学大纲》（以下简称《大纲》）提到："高年级阶段的主要教学任务是继续打好语言基本功，学习英语专业知识和相关专业知识，进一步扩大知识面，增强对文化差异的敏感性，提高综合运用英语进行交际的能力。"该《大纲》对英语专业本科生文化素养要求如下："对中国文化有一定的了解"，"熟悉中国文化传统，……具有较多的人文知识和科技知识；具有较强的汉语口头和书面表达能力……"该《大纲》对教学原则的要求之一是："注重培养跨文化交际能力。在专业课程的教学中要注重培养学生对文化差异的敏感性、宽容性以及处理文化差异的灵活性。"（外语界编辑部编，2000）国学典籍英译选读课，无疑是可以帮助英语专业学生打好语言基本功、熟悉中国文化传统、扩大知识面、增强文化差异敏感性、宽容性和处理文化差异的灵活性和提高跨文化交际能力的。

《大学英语课程教学要求》（以下简称《要求》）指出："大学英语是以……跨文化交际……为主要内容，大学英语的教学目标是培养学生的英语综合应用能力，……使他们在今后学习、工作和社会交往中能用英语有效地进行交际，……提高综合文化素养，以适应我国社会发展和国际交流的需要。"其中，对翻译能力的要求如下："翻译能力：能借助词典翻译所学专业的文献资料和英语国家报刊上有一定难度的文章，能翻译介绍中国国情或文化的文章。"（教育部高等教育司，2007）可见，非英语专业学生也需要提高跨文化交际能力，也需要翻译介绍中国国情和文化。国学典籍英译选读课对于提高学生这些能力也是有帮助的。

这种提法，也符合近年关于两类学生的对比研究。如蔡基刚认为，目前大学英语和英语专业的界限越来越模糊。这表现在下列几个方面。第一，进入大学尤其是重点大学的非英语专业学生和英语专业学生的起始水平已经拉近，现在不少英语能力突出的高中毕业生都纷纷考入非英语专业学习。第二，毕业生的出口水平也有接近的趋势。这是因为非英语专业大学生学习英语的时间在不断延长，除了前两年基础英语，还有后两年的各种能力选修课和专业英语。各学校尽量在向英语学习"四年不断线"努力。不少院校（如上海交通大学、四川大学、华中科技大学等）都在为非英语专业学生开出英语专业的第二学位课程。应当说，他们的英语水平已经接近（某些甚至超过）英语专业学生的水平。第三，大学英语和英语专业的课程设置、考试难度等都在趋于一致。（蔡基刚，2007）可见，非英语专业中有一部分学生，其英语技能能够达到英语专业学生水平。这部分学生是有能力学习国学典籍英译选读课的。

这种提法也吻合笔者一年前做的一项高校英语选修课需求调研结果。2009—2010学年第一学期，杭州电子科技大学高校英语选修课需求调查项目组曾对学生的英语选修课需求进行调查。此次问卷调查涉及英语专业243名在校学生，非英语专业539名在校学生。共收回学生有效问卷782份，有效问卷率为100%。为了看出学生对于国学典籍英译选读这门课的欢迎程度，我们将这门课的调查结果与最受学生欢迎的八门课调查结果进行了对比，见表1。

表 1　高校英语选修课需求调研结果(含前八门最受欢迎课型和国学典籍英译选读课)

课程(教材)	英语专业(243 人)		非英语专业(539 人)		合并(782 人)	
	人数	百分比(%)	人数	百分比(%)	人数	百分比(%)
高级英语口语	147	60	433	80	580	74
英语影视欣赏	144	59	335	62	479	61
高级英语听力	110	45	342	63	452	58
旅游英语	163	67	216	40	379	48
商务英语	134	55	244	45	378	48
英语歌曲欣赏	114	47	251	47	365	47
英汉互译	123	51	229	42	352	45
英语小说欣赏	119	49	224	42	343	44
国学典籍英译选读	68	28	50	9	118	15

从调查结果我们可以看出,国学典籍英译选读选修课在英语专业学生中选择比例为 28%,在非英语专业学生中选择比例为 9%,平均比例为 15%。这份调查,也基本奠定了国学典籍英译选读这门课的地位。那就是,一方面,这门课是有需求的。如果师资条件具备,我们没有理由忽视这种个性化需求。另一方面,这门课是一个小众课型。学生选课多数还是选那些对就业有帮助或者娱乐性强的课程。在学生选课日益受到就业导向和娱乐导向的时代,我们应该保持清醒的认识,不能期望"国学典籍英译选读"成为一个热门的、覆盖面大的课型。

三、"国学典籍英译选读"作为高校英语选修课的需求

为有的放矢地安排教学,解决教学中的具体操作方面的实际问题,本文针对"国学典籍英译选读"课,通过问卷的方式,在学生群体和老师群体中,对需求进行了进一步的调查。

(一)研究方法

1. ESP 教学一般程序

如果把所有英语课按照教学目的划分,可分为通用英语(English for General Purposes,简称 EGP)和特殊用途英语(English for Specific Purposes,简称 ESP)。从这个角度看,国学典籍英译选读可看作 ESP 课程。因而该课程的教学应该遵循 ESP 教学的一般程序,大体分为六个阶段,包括需求分析、语言描述、大纲设计、教材选编、教学方法、教学实施和课程评估(LI,H,1999)。其

中,需求分析是第一步骤,它决定了其余步骤的实施。

2.拟研究问题

本文拟解决的是一些课程设置中的具体操作问题,如课时安排、班级大小、上课时间、授课语言、教材选编、教学内容及顺序、教师素质、授课方式、教学目的、教学评估方式等。

3.方法描述

本论文撰写前,笔者先进行了两次问卷调查,然后对问卷调查结果进行汇总,用 EXCEL 表格进行数据处理,最后根据调查数据得出结论。

4.被试样本

此次问卷调查包括学生样本和教师样本。学生样本来自杭州电子科技大学英语专业61名学生,非英语专业(包括电子信息工程,国际经济与贸易等专业)134名学生。共收回学生有效问卷195份。调查时间为2010年4月底。教师样本来自于2010年5月8日至10日在河南大学参加第六届全国典籍英译学术研讨会的老师,调查时间为5月9日上午。一共收回有效教师问卷49份,有来自复旦大学、郑州大学、河南大学、西安外国语大学、南开大学、解放军信息工程大学等三十多所高校教师。其中,职称一项,除了11份问卷教师未填,在其他的38份中,助教4人,讲师18人,副教授10人,教授6人。在学历一项,有10人未填,其他的39人,拥有本科学历的1人,硕士26人,博士12人。

(二)结果与讨论

对于195份学生问卷和49份教师问卷统计结果和讨论如下。

1.课时量安排

第2题:您认为此选修课的课时量多少为比较合适?

A.2 课时/周　　　　B.4 课时/周　　　　C.6 课时/周　　　　D.8 课时/周

表2　调查结果:课时量安排

选项	英语专业	百分比(%)	非英语专业	百分比(%)	合计	百分比(%)	教师	百分比(%)
A	42	68.8	88	65.7	130	66.7	34	69.4
B	16	26.2	35	26.1	51	26.1	14	28.6
C	2	3.3	5	3.8	7	3.6	0	
D	1	1.7	6	4.4	7	3.6	0	

第2题调查的是教师和学生对国学典籍英译选读的课时量安排方面的意见。从表中我们可以看出英语专业选择一周2个课时的占到68.8%,非英语专业为65.7%。教师卷中,选择一周2个课时的34人,占总人数的69.4%。此项

调查结果,教师和学生意见趋于一致。

2.班级人数

第 3 题:您认为选修课一个班的人数多少为合适?

A.20~40 人的小班教学　　　　　B.41~60 人的小班教学

C.61~100 人的大班教学　　　　D.101~200 人的大班教学

表 3　调查结果:班级人数

选项	英语专业	百分比(%)	非英语专业	百分比(%)	合计	百分比(%)	教师	百分比(%)
A	40	65.6	50	37.3	90	46.2	40	81.6
B	16	26.2	52	38.8	68	34.8	7	14.3
C	4	6.5	20	14.9	24	12.3	2	4.1
D	1	1.7	12	9.0	13	6.7	0	0

第 3 题调查的是学生对于班级人数的意见,英语专业有 65.6% 的学生选择 20~40 人的小班教学。非英语专业也是选择小班教学的学生占了大多数,只是小班的具体规模是 20~40 人还是 41~60 人之间没有太大差别。学生之所以选择小班授课,原因可想而知。小班授课,每个人参与课堂活动的几率会上升,学习效果会好一点。教师卷中,选择 20 至 40 人小班教学的有 40 名,占 81.6%,选择 41 至 60 人的小班教学的 7 人,占 14.3%,选择 61 至 100 人大班教学的有 2 人,占 4.1%。不管是教师还是学生,选择小班教学的还是占到大多数。大班课教学中,师生互动交流受限,学生上课的时候注意力易分散,学生课堂参与少,语言交际能力的发展受到一定影响。

3.上课时间

第 4 题:您认为此选修课的上课时间何时为比较合适?(可多选)

A.上午(周一至周五)　　　　　B.下午(周一至周五)

C.晚上(周一至周五)　　　　　D.周末

表 4　调查结果:上课时间

选项	英语专业	百分比(%)	非英语专业	百分比(%)	合计	百分比(%)	教师	百分比(%)
A	22	36.1	23	17.2	45	23.1	23	46.9
B	11	18.0	31	23.1	42	21.5	2	4.1
C	28	45.9	72	53.7	100	51.3	17	34.7
D	0	0	8	6.0	8	4.1	4	8.2

第 4 题调查的是选修课上课时间。表 4 说明,不管是英语专业还是非英语

专业选择周一至周五晚上上课的人数都是最多的。也许他们主要为了选课方便,学生往往晚上有空,可以选修课程。然而,教师对于此项的选择和学生有一定的出入。在 49 份问卷中,有 3 份问卷此项未填。其余的 46 人,有 23 人选择周一至周五上午,占 46.9%,而选择晚上的是 17 人,占 34.7%。可能由于教师住宅离校较远,下班之后要照顾家人和处理别的事情,部分教师也许认为晚上上课效果不好,故而不选晚上。具体到各个学校,学校可以依据自己学校的实际情况,结合教师和学生的意见,适当安排授课时间。

4. 教材建设

第 5 题:您认为此选修课应使用以何种语言为主的教材?

    A. 以中文为主(国内教材)   B. 以英语为主(国外教材)

    C. 中英文并重(提供相应译本) D. 若没有合适教材的情况下,你的意见?

表 5　调查结果:教材语言

选项	英语专业	百分比(%)	非英语专业	百分比(%)	合计	百分比(%)	教师	百分比(%)
A	11	18.0	36	26.9	47	24.1	7	14.3
B	1	1.7	22	16.4	23	11.8	1	2.0
C	47	77.0	74	55.2	121	62.0	40	81.6
D	2	3.3	2	1.5	4	2.1	1	2.0

第 6 题:您认为教学内容(教材)编排顺序应当以什么为主?

    A. 按照文章体裁编排,分为诗歌、小说、戏剧、散文等

    B. 按照传统学科分类法,分为经、史、子、集等

    C. 按照现代学科分类,分为自然科学、社会科学和艺术等

    D. 按照作品历史年代编排,分为先秦、汉……清朝等

表 6　调查结果:教学内容编排顺序

选项	英语专业	百分比(%)	非英语专业	百分比(%)	合计	百分比(%)	教师	百分比(%)
A	15	24.6	44	32.8	59	30.3	24	49.0
B	11	18.0	17	12.7	28	14.4	10	20.4
C	11	18.0	47	35.1	58	29.7	8	16.3
D	24	39.4	26	19.4	50	25.6	8	16.3

第 7 题:您认为此选修课的内容应涉及哪些领域?

    A. 文学作品(包括诗歌、散文、小说和戏剧)的英译

    B. 文学作品为主,同时涉及哲学、法律、历史、农业科学等社会和自然科学

方面的作品的英译

C. 文学、哲学、法律、历史、农业科学等社会和自然科学方面的作品的英译均匀分布

表 7　调查结果:授课内容

选项	英语专业	百分比（%）	非英语专业	百分比（%）	合计	百分比（%）	教师	百分比（%）
A	8	13.1	27	20.1	35	17.9	8	16.3
B	36	59.0	71	53.0	107	54.9	28	57.1
C	17	27.9	36	26.9	53	27.2	13	26.5

第 8 题:鉴于很多典籍有多个译本,您认为所选教学材料应该:

A. 选定一个比较权威的译本　　　　B. 提供多种译本供读者比较鉴赏

表 8　调查结果:译本选择

选项	英语专业	百分比（%）	非英语专业	百分比（%）	合计	百分比（%）	教师	百分比（%）
A	28	45.9	78	58.2	106	54.4	12	24.5
B	33	54.1	56	41.8	89	45.6	37	75.5

　　第 5～8 题主要想调查一下教师和学生对于教材的需求。教材语言方面,从表 5 可以看出,英语专业有 77% 的学生选择中英文并重的教材,非英语专业选择此项的也是大多数,占到 55.2%,教师中也有 81.6% 的绝大多数人选择中英文并重的教材。表 6 表明,教材章节编排顺序,学生比较欢迎按照文章体裁编排或按照现代学科分类的教材。教师中有 49.0% 的人选择按文章体裁编排。为此,我们可以选择汪榕培、王宏主编的《中国典籍英译》(按文章体裁为主编排),或是王宏印编著的《中外文学经典翻译教程》(按学科分类为主编排)。如果教师有兴趣,也可以自己编写部分教材。第 7 题调查授课(教材)内容。国学典籍包含了社会科学,自然科学等多个方面,文学作品占据了很重要的位置。学生大部分选择的是文学作品为主,同时涉及哲学、法律、历史、农业科学等社会和自然科学方面的作品的英译也是合情合理的。而教师在这一项的选择中与学生也是不谋而合,有 28 人选择以文学作品为主,同时涉及哲学、法律、历史、农业科学等社会和自然科学方面的作品的英译,占到教师总数的 57.1%。笔者也很赞成这样的教材内容设置。第 8 题关于译本选择,英语专业更倾向于教材能够提供多种译本,供读者比较鉴赏,非英语专业却更倾向于选择一个比较权威的译本。考虑到专业学生和非专业学生的专业方向,这样的差异我们也是可以理解的。他们的学习目的是不同的。英语专业学生的学习目的是多方

面的,比如提高翻译对比鉴赏能力,学习翻译技巧等等,包括知识和技能方面的能力;非英语专业学生更多的是学习知识,最佳的译本已可满足他们需求,至于去比较分析鉴赏译本优劣并不是他们的目的。教师也有高达 75.5% 的人选择提供多种译本供读者比较鉴赏。

5. 教师素质

第 9 题:您更注重担任此选修课教师的哪些方面素质?(可多选)

A. 职称　　　　B. 学历　　　　C. 教龄　　　　D. 幽默风趣等个人讲课特色

E. 语言表达能力等语言修养(包括语言的顺畅、组织等)

表 9　调查结果:教师素质

选项	英语专业	百分比(%)	非英语专业	百分比(%)	合计	百分比(%)	教师	百分比(%)
A	2	3.3	7	5.2	9	4.6	8	16.3
B	21	34.4	14	10.4	35	17.9	21	42.9
C	7	11.5	21	15.7	28	14.4	8	16.3
D	52	85.2	109	81.3	161	82.6	27	55.1
E	53	86.9	87	64.9	140	71.8	45	91.8

第 9 题调查学生对老师素质的要求,是一个多项选择题。教师素质的高低是大学英语教学改革成功与否的关键,也是学科长远发展的关键(刘兰福,2007)。从统计结果我们不难看出,不管是英语专业还是非英语专业学生,他们最关心的并不是老师的职称,教龄或是学历,而是老师讲课是否幽默风趣,是否有个人讲课特色或是老师的语言表达能力等语言修养(包括语言的顺畅、组织等)怎么样。所以作为教师,我们还是要不断提高自己的教学能力。教师对于此问题选择人数较多的分别是语言表达能力等语言修养(包括语言的顺畅、组织等)、幽默风趣等个人讲课特色以及学历。教师选择学历的也比较多,这是由于教师的自身经历让他们意识到学历的重要性。一般来说,学历高的人,对学科了解有一定的深度,他们的视界相对来说更宽、更广。

6. 授课方式

第 10 题:您希望此选修课采用何种授课方式?

A. 教师讲课为主的理论结合练习的授课模式

B. 教师简要讲解、学生做练习后提问为主的授课模式

C. 典籍英译赏析、疑点难点讲解为主

D. 教师学生互动讨论为主的授课模式

表 10　调查结果：授课方式

选项	英语专业	百分比（％）	非英语专业	百分比（％）	合计	百分比（％）	教师	百分比（％）
A	14	23.0	19	14.2	33	16.9	4	8.2
B	4	6.6	17	12.7	21	10.8	5	10.2
C	19	31.1	36	26.9	55	28.2	22	44.9
D	24	39.3	62	46.2	86	44.1	20	40.8

　　第 10 题主要调查学生对授课方式的意见。学生选择最多的是"教师学生互动讨论为主的授课模式"。在这一项教师选择较多的是典籍英译赏析、疑点难点讲解为主和教师学生互动讨论为主的授课模式,前后两者的选择比例分别为 44.9％和 40.8％。

　　7.教学目的

　　第 11 题:假如您选择了这门课程,那么您选此课程的目的在于:(可多选)

　　A.学习国学典籍的英译基本翻译理论和技巧

　　B.了解掌握国学典籍原文及英译本,弘扬传播中国优秀文化

　　C.加深对两种语言异同点的认识,有助于进一步学习外语

　　D.加深对两种文化异同点的认识,有助于提高跨文化交际能力

　　E.学习了解某一特定学科典籍的英译方法,加强自己的专业修养,有助于日后求职

表 11　调查结果：教学目的

选项	英语专业	百分比（％）	非英语专业	百分比（％）	合计	百分比（％）	教师	百分比（％）
A	18	29.5	38	28.3	56	28.7	22	44.9
B	19	31.1	62	46.3	81	41.5	41	83.7
C	15	24.6	57	42.5	72	36.9	25	51.0
D	31	50.8	80	59.7	111	56.9	34	69.4
E	16	26.2	35	26.1	51	26.2	12	24.5

　　第 11 题调查教学目的。英语专业学生倾向于加深对两种文化异同点的认识,有助于提高跨文化交际能力;了解掌握国学典籍原文及英译本,弘扬传播中国优秀文化;加深对两种语言异同点的认识,有助于进一步学习外语。非英语专业倾向于加深对两种文化异同点的认识,有助于提高跨文化交际能力;了解掌握国学典籍原文及英译本,弘扬传播中国优秀文化学习国学典籍的英译基本翻译理论和技巧。这与我们开设这门课的目的不谋而合,也是我们很高兴看到

的。教师中选择比较多的是了解掌握国学典籍原文及英译本,弘扬传播中国优秀文化;加深对两种文化异同点的认识,有助于提高跨文化交际能力;加深对两种语言异同点的认识,有助于进一步学习外语等。

8. 课程评估

第12题:您认为此选修课的评估方式怎样较为合适?

A. 闭卷考试 　　　　　　　　　　　B. 开卷考试

C. 考察1(平时做各类课外作业)　　D. 考察2(写课程论文)

表12　调查结果:课程评估方式

选项	英语专业	百分比(%)	非英语专业	百分比(%)	合计	百分比(%)	教师	百分比(%)
A	3	4.9	11	8.2	14	7.2	1	2.0
B	8	13.1	25	18.6	33	16.9	9	18.4
C	35	57.4	58	43.3	93	46.7	17	34.7
D	15	24.6	40	29.9	55	28.2	19	38.8

　　第12题是调查课程评估方式。学生选择比较多的还是C和D两项。大家更喜欢将它作为考查课程来对待。教师选择较多的也是这两项,有38.8%的人选择写课程论文的考查方式,34.7%的人选择平时做各类课外作业的考查方式。

9. 课程前景

第13题:您对开设此选修课程的前景看法如何?

A. 能够逐步形成稳定发展的态势 B. 保持相对稳定

C. 由师资队伍决定此选修课前景 D. 不看好典籍英译选修课的发展前景

表13　调查结果:课程前景1

选项	英语专业	百分比(%)	非英语专业	百分比(%)	合计	百分比(%)	教师	百分比(%)
A	24	39.3	44	32.8	68	34.9	20	40.8
B	10	16.4	24	17.9	34	17.4	3	6.1
C	23	37.7	49	36.6	72	36.9	26	53.1
D	4	6.6	17	12.7	21	10.8	0	0

　　第13题调查对课程前景的看法。选择比较多的是"能够逐步形成稳定发展的态势"和"由师资队伍决定此选修课前景"。我们不难看出,学生对这门课程并没有很强的排斥心理,典籍英译选修课的前景还是不错的,当然,有好的师资水平也是决定它前景的重要因素之一。教师中53.1%的人选择"由师资队伍

决定此选修课前景",40.8％的人选择能够逐步形成稳定发展的态势。

对教师卷的调查还有另外三个问题,分别涉及授课对象、是否开课和是否愿意开课。结果表明,这些老师目前的授课对象大部分是英语专业;其中已经开设此选修课的是南开大学,西安外国语大学两所高校;选择愿意开设此选修课的占到93.9％。

表 14　调查结果:课程前景 2

选项	授课对象	百分比(％)	是否已经开课	百分比(％)	是否愿意开课	百分比(％)
A	28	57.1	3	6.1	46	93.9
B	14	28.6	40	81.6	1	2.0

在调查学生对这门课前景的看法时,有平均36.9％的学生认为由师资队伍决定此选修课前景,学生对这门课发展前景的看法与46个老师选择愿意开课之间有一定的相关性。

四、结　语

通过上述对国学典籍英译选读选修课的理据分析和问卷调查,可以得出如下结论:

1. 开设国学典籍英译选读作为高校通识类选修课还是必要的。它可以提高学生的英语能力和古汉语阅读能力,有利于培养学生跨文化交际能力,有利于我国传统文化的对外传播,符合《纲要》、《大纲》和《要求》的有关叙述,也符合老师和同学们的需求。

2. 国学典籍英译选读可以基本定位为一个小众课程,它适合的对象是少数英语基础好并对国学典籍感兴趣的同学。

3. 要开好这门课程,要把教学内容裁剪到每周两课时,最好采用小班授课。

4. 教材应中英文并重,内容编排应按文章体裁、现代学科分类和历史年代相结合的方式编排,以文学作品英译为主,同时涉及哲学、法律、历史、农业科学等社会和自然科学方面的作品的英译。教材应选定一个比较权威的译本的基础上,提供多种译本供读者比较鉴赏。

5. 老师应该讲课幽默风趣,语言表达能力较强。而职称、学历和教龄等因素则不是那么重要。在授课方式方面应该加强师生互动。

6. 在课程评价方式方面,该课程应以考察为主。

7. 教师和学生对这门课程并没有很强的排斥心理,典籍英译选修课的前景还是不错的,当然,有好的师资水平也是决定它前景的重要因素之一。

本论文的意义在于从实证角度明确了国学典籍英译选读作为一门小众选修课的可行性,并为课程安排提供了可供操作的各项指标依据,为这门课的成功开设奠定了基础,并为其他选修课的开设论证和需求调研提供了一个可以借鉴的方法。

但是本研究至少存在两个局限性。我们在对教师的调查卷中知道,国内已有个别高校开设了此门选修课,但是我们对这些高校未做调研。另一个局限是课程开设后学生需求有可能有变化,我们欠缺这方面的跟踪调研。笔者对于下一步研究有两个建议:一是对于已开设该课程的高校进行调研,他山之石可以攻玉。二是进行课程跟踪调研,了解课程进行中和完成后学生需求变化。

参考文献

[1]王宏印.探索典籍翻译及其翻译理论的教学与研究规律[J].中国翻译,2003,24(3):48—49.

[2]黄中习.文化典籍英译与苏州大学翻译方向研究生教学[J].上海翻译,2007(1):56—58.

[3]王丹丹.怎样建设完整的典籍英译教学体系[J].吉林省教育学院学报,2009,25(11):46—47.

[4]王宏,付瑛瑛.试论典籍英译教材的编写——以本科翻译专业教材《中国典籍英译》为例[J].中国外语,2009,6(2):105—108.

[5]王宏印编著.中外文学经典翻译教程[M].北京:高等教育出版社,2007.

[6]汪榕培,王宏主编.中国典籍英译[M].上海:上海外语教育出版社,2009.

[7]教育部.国家中长期教育改革和发展规划纲要(2010—2020年)[EB/OL].(2010-07-30)[3].http://www.gov.cnjrzg2010-07/29/content_1667143.htm.

[8]外语界编辑部编.高等学校英语专业英语教学大纲[M].上海:上海外语教育出版社,2000.

[9]教育部高等教育司.大学英语课程教学要求[M].北京:高等教育出版社,2007.

[10]蔡基刚.转型时期的我国大学英语教学特征和对策研究[J].外语教学与研究,2007,39(1):27—32.

[11]LI H. Reflections on an esp course:practice and limitations[J]. Teaching English in China,1999,9(3):30-36.

英语专业学生 TEM-4 口试焦虑研究

郭继东

杭州电子科技大学外国语学院

摘　要：考试焦虑是语言测试中重要的个体特征,对考生考试行为和考试效果有较大的影响。本研究以 142 名英语专业学生为研究对象,采用问卷调查和访谈等研究工具,对他们在英语专业四级口试情形下的焦虑情况进行了研究。结果表明,整体而言,英语专业学生由于口试焦虑产生了相当程度的不适感,他们的口试焦虑与口试成绩呈显著负相关,男生和女生的口试焦虑无显著差异。基于以上结果,文章做了必要的讨论,并提出了相应的建议。

关键词：考试焦虑;英语专业四级口试;成绩;性别

Test Anxiety of TEM-4 Spoken English Test Candidates

Guo Jidong

Abstract：Test anxiety affects test behavior and test results. This paper explores test anxiety of 142 candidates of TEM-4 Spoken English Test by questionnaire and interview. Result shows that candidates in general experience a considerable degree of discomfort caused by test anxiety，that their anxiety bears considerable negative correlation with their test performances，and that no considerable difference is detected between test anxiety of boys and that of girls.

Key words：test anxiety；TEM-4 Spoken English Test；test performances；gender

一、引　言

在二语教学中,学习者是教育的对象,处于主体地位。人们通过对学习者

基金项目：杭州电子科技大学人文社会科学基金资助项目

作者简介：郭继东(1969—),博士,教授,研究方向为应用语言学。

的研究发现,焦虑是影响二语学习成功与否的情感因素之一,要提高二语教学和学习的效率,学习者的焦虑状况不容忽视。一般认为,焦虑是指个体不能达到目标或克服障碍的威胁,自尊心与自信心受到挫折,或使失败感和内疚感增加而形成的紧张不安、带有恐惧感的情绪状态(王银泉等,2001)。虽然有研究者认为一定程度的焦虑有助于学习,但大多数研究表明焦虑对语言学习行为的作用是负面的(Oxford,2000:60)。考试焦虑(测试焦虑)是外语学习焦虑的一种,是指学习者由于担心考试失败而产生的行为焦虑(Horwitz,Horwitz & Cope,1986)。考试焦虑十分常见,在重要考试和英语口语考试中尤为突出(韩文芳、李养龙,2005)。本文将以参加全国英语专业四级口试(TEM4-Oral)的英语专业二年级学生为研究对象,考察英语专业学生口语考试的焦虑情况,一方面为教师、学生和考试设计人员,提高教学效率,在考试中发挥应有水平,减少考试误差,提高考试效度,提供一定的参考,另一方面为丰富外语考试焦虑研究做一定的贡献。

二、文献综述

有关考试焦虑的研究早在 20 世纪初期就出现了,但对考试焦虑的正式研究始于 20 世纪 50 年代初期,美国耶鲁大学的心理学家 Sarason 和 Mandler 对建立和验证考试焦虑的概念做出了重大贡献,被公认为是考试焦虑研究领域的先驱(陈慧麟,2010:3)。在随后的时间里,学者们从分类、成因和作用等角度对考试焦虑进行了较全面的研究,但成果一直集中于教育心理学研究领域。

语言焦虑研究始于 20 世纪 70 年代初期的学习者个体差异研究,之前对学习者个体差异研究主要集中于智力和语言学能方面,忽略了情感因素(李炯英、林生淑,2007)。后来,随着外语教学目标的明确和语言测试研究的发展,以学习者为中心的教学逐渐被认可和采纳,对外语焦虑的研究受到人们越来越多的重视,再加上受教育心理学领域考试焦虑研究的影响,除了一般意义上的外语学习焦虑外,有关考试情形下的学习者焦虑也受到关注,研究成果也陆续出现。

Chastain(1975)认为语言考试焦虑与结果之间存在负相关,考试焦虑较低的学习者往往在考试中表现较好。Kleinmann(1977)的研究以母语为西班牙语和阿拉伯语的英语学习者为对象,发现焦虑症状与学生口头表达复杂的语言结构(如被动句)的难易程度有关系。Horwitz,Horwitz & Cope(1986)指出,外语(二语)学习中的焦虑是影响外语学习的重要情感因素之一,是学习者因外语学习过程的独特性而产生的一种与课堂外语学习相关的自我知觉、信念、情感和行为的情结,包括交际畏惧(communication apprehension)、考试焦虑(test anxiety)和负面评价恐惧(fear of negative evaluation)。Horwitz,Horwitz &

Cope 认为考试焦虑是学习者由于担心考试失败而产生的行为焦虑。20 世纪 90 年代以来,研究者更清楚地认识到焦虑等个体特征(Characteristics of individuals)对学生的考试行为具有重要影响,从具体语言测试形式和环境等角度对语言学习者的考试焦虑进行了较系统的研究。

Young (1991)发现,如果考试内容教师在课堂上没有讲过,学生就会有明显的焦虑感;如果学生对语言考试的题型不熟悉,他们的焦虑水平就会明显提高。Aida (1994)认为外语学习焦虑对学生考试行为具有消极影响。Everson 等(1994)认为在阅读测试过程中,考试焦虑中属于认知成分的忧虑对应试者的元认知词汇知识的表现有负面作用。Arnolds (2000)研究发现在听力理解考试过程中,学生会产生很大的焦虑感。In'nami(2006)发现考试焦虑对学生在低风险听力测试中的表现没有显著影响。具体到焦虑与口语考试的关系,Phillips (1992)以 44 名 17~21 岁法语学习者为被试,采用测试和面谈等研究方法,调查了外语学习焦虑对学生口试行为等方面的影响,发现学生的外语学习焦虑对他们的口语考试表现有较大的影响,与其口语考试成绩呈显著负相关。Cheng, Horwits & Schallert (1999)认为对于很多学生而言,口语是外语学习中最容易导致焦虑的环节。Woodrow(2006)认为口语焦虑对口试结果有显著的影响。Shomoossi & Kassaian (2009) 研究了考试焦虑对学生听力和口语考试行为的不同影响,发现考生的口语考试焦虑水平明显高于他们的听力考试焦虑水平。

近年来,中国学者虽然也对外语焦虑问题进行了比较深入的探讨,但很少有人对口试等测试情形下的学习者焦虑情况进行研究。在为数不多的几项成果中,韩文芳、李养龙(2005)以英语口试和问卷为研究工具,对非英语专业大学生在英语口语考试中的焦虑进行了研究,发现在英语口语考试中焦虑和考试成绩呈显著负相关,必要的焦虑对学生的发挥有一定的积极作用。沈蕾等(2010)以理科专业背景的大学生为研究对象,采用实验的方法,对计算机辅助口试与传统面对面口试两种形式中考生的焦虑状况和考试成绩进行了对比,发现新技术的应用并没有明显加重考生的焦虑程度,也没有显著影响考生口语水平的发挥。陈慧麟(2010)以英语专业四年级学生为研究对象,采用测试和问卷调查等方法,探讨了口试题目对测试焦虑与测试行为之间关系的影响,发现高特质考试焦虑学生的考试行为与低特质考试焦虑学生的考试行为之间存在显著差异。

从以上可以看出,目前有关口试情形下的外语学习者焦虑研究相对不足,特别是在国内,外语口试焦虑研究在研究范围、深度和研究方法上都有很大的局限性,有关全国英语专业四级口试情形下的考生焦虑状况的研究成果尤为鲜见。另外,随着社会的不断发展,口试必将在外语教育过程中发挥更加重要的作用,所以对外语口试过程中学生所表现的焦虑进行研究,并提出相应的干扰机制,不仅对于改善口语测试效果和教学水平具有重要参考价值,而且对于完善语言测试和语言焦虑的研究也有一定的理论意义。

三、研究方法

(一)研究问题

本研究主要探讨英语专业二年级学生英语专业四级口试焦虑情况,具体研究问题包括:第一,英语专业学生口试焦虑程度和分布情况如何?第二,英语专业学生口试焦虑与口试成绩之间有何相关?第三,英语专业学生口试焦虑是否存在性别差异?

(二)被试

本研究的被试是以随机抽样的方法,从浙江省某普通本科高校选取的 142 名英语专业二年级学生,其中男生 22 人,女生 120 人,平均年龄 20.17 周岁。另外,在 142 名被试中,3 名男生和 9 名女生还参加了访谈。他们在大二第二学期都参加了 2011 年全国英语专业四级笔试和口试。

(三)研究工具和研究过程

为回答上述问题,本研究采用全国英语专业四级口试(TEM4-Oral)、问卷调查和访谈作为研究工具。问卷主要由对研究对象的姓名(为方便以后获取他们的对应考试成绩)、性别和年龄等基本信息部分和口试焦虑量表组成。口试焦虑量表选用美国著名心理学家 Sarason(1978)的考试焦虑量表,部分问题的表达根据英语专业四级口语考试的特点进行了一定的调整。该量表经过相关研究验证,具有较高的可靠性、稳定性和同质性,可以在有关研究和诊断工作中推广使用(王才康,2001)。该量表共有 37 个问题,每个问题要求作是或否的二选一的回答,其中"是"记 1 分,"否"记 0 分。问卷调查是在英语专业四级口试(TEM4-Oral)结束后 2 天内实施,由相关教师在课堂上组织学生填写完成。教师除了向学生讲解问卷填写方法外,还向他们说明本调查只用于学术研究,请大家客观地填写。问卷收回后,我们首先对其进行初步核对、整理、编号,进行电脑录入,然后运用 SPSS19.0 对反向问题重新编码,对量表的内部一致性进行信度分析,结果表明量表信度较好,alpha 值达到 0.854。最后用 SPSS19.0 对上述变量作进一步分析。统计分析结束后,我们根据分析的结果,随机在高、中、低不同焦虑水平的学生中各选出 4 人就相关问题进行了访谈。

四、结果与讨论

(一)英语专业学生 TEM4 口试焦虑总体状况

表1是英语专业学生四级口试焦虑总体情况描述性统计分析结果。从表1可以看出,被调查的学生口试焦虑水平介于 4 到 33 之间,平均值达到了16.6761。超过了 Newman(1996)(引自王才康,2001)提出的 15 分或以上表明学习者确实感受到了因要参加考试而带来的相当程度的不适感。另外,口试焦虑值达到 15 分或以上的学生有 89 名,占总人数的 62.7%。我们根据Newman(1996)(引自王才康,2001)提出的 12 分以下考试焦虑属于较低水平,12 分至 20 分属于中等水平,20 以上属于较高水平的划分标准,按口试焦虑总值把所有学生分成低、中、高三个焦虑水平组,其中低焦虑水平组 33 人,占总人数的 23.2%,中焦虑水平组 78 人,占 54.9%,高焦虑水平组 31 人,占总人数的 21.8%。

表1 口试焦虑总体情况描述性统计分析结果

焦虑值		焦虑值分组		
		组别	人数	百分比(%)
最小值	4.00	低焦虑组	33	23.2
最大值	33.00	中焦虑组	78	54.9
平均值	16.6761	高焦虑组	31	21.8
人 数	142	合计	142	100.0

从以上结果不难看出,在英语专业四级口试时,多数被试有中等或以上程度的焦虑感,62.7%的被试甚至有相当程度的不适感。究其原因,除了自身的英语水平和性格等因素外,口试的情景压力、被试的考试观念、对话题的熟知程度和应试策略不足也是不能忽略的因素。我们通过访谈了解到,由于缺乏针对性的训练,被试对英语专业四级口试等录音口试的形式不是很习惯,感觉不自然,有的被试甚至在考试过程中手忙脚乱,不能自已。其次,被试对专业四级口试非常重视,普遍希望能够顺利通过。他们认为,作为英语专业的学生,没有通过四级口试是很难为情的事;如果不通过四级口语考试对他们以后的就业或升学会有很大的消极影响。再次,有的学生对口试题目不熟悉,不知从何说起,产生了焦虑。最后,有的被试不善于利用交际策略等应试策略解决口试过程中出现的问题,一旦遇到不熟悉的话题或表达方式,往往会很到很紧张,不能积极应对。总之,这些学生对英语专业四级口试有一定的不适感、担心或畏惧,产生了

较大的焦虑感。

（二）英语专业学生 TEM4 口试焦虑与口试成绩的关系

英语专业四级口语考试（TEM4-Oral）的成绩是按"优秀"、"良好"、"合格"和"不合格"四个级别评定的。在参与本研究 142 名学生中，4 人口试成绩优秀，14 人良好，82 人合格，37 人不合格（由于种种原因，5 名被试的英语口语成绩我们没有得到）。为了比较不同口语成绩被试的口试焦虑值，我们根据口语成绩把他们分成"优秀"、"良好"、"合格"和"不合格"四组，然后对四组的口试焦虑值进行了方差分析。表 2 是以上 4 个成绩组的口试焦虑值的描述性统计分析结果。

表 2　各成绩组口试焦虑值的描述性统计分析结果

口试成绩	人数	焦虑均值	标准差	标准误	最小值	最大值
不合格	37	17.9189	5.75605	0.94629	4.00	31.00
合格	82	16.5000	6.67268	0.73687	4.00	33.00
良好	14	13.5714	4.68573	1.25231	7.00	24.00
优秀	4	15.7500	9.10586	4.55293	6.00	28.00

表 2 比较清楚地显示，整体而言，随着学生们的口试成绩级别的升高，其口试焦虑平均值不断下降。这是因为，测试焦虑较高的学生往往在各种学术技能上有缺陷，这些缺陷直接影响测试行为和测试成绩（陈慧麟，2010:9）。但不能忽略的是，优秀组的口试焦虑平均值（15.7500）高于良好组（13.5714）。经过分析和访谈，我们认为其主要原因在于两个方面。首先，优秀组人数少，只有 4 人，只占所有被试的 2.8%。第二，优秀组的一名被试英语综合水平一般，在之前的英语专业四级笔试中的表现不理想（后来获知，她的专业四级成绩只有 54 分），所以她在四级口试的时候比较担心和紧张，其焦虑值达到了 28，拉升了整组的口试焦虑平均值，而且该组焦虑值标准差（9.10586）也反映出该组平均焦虑值的离散程度较其他组明显大。

表 3 是各组间口试焦虑值的多重比较。只有不合格组和良好组焦虑值之间存在显著差异（$t = 0.030$），不合格组和优秀组、良好组和优秀组的口试焦虑不存在统计意义上的显著差异。

表3 各成绩组间口试焦虑值多重比较

口试成绩	口试成绩	焦虑均值差	标准误	显著性	95%置信区间	
					下限	上限
不合格	合格	1.41892	1.25413	0.260	−1.0617	3.8995
	良好	4.34749*	1.98700	0.030	0.4173	8.2777
	优秀	2.16892	3.33303	0.516	−4.4237	8.7615
合格	不合格	−1.41892	1.25413	0.260	−3.8995	1.0617
	良好	2.92857	1.83123	0.112	−0.6935	6.5507
	优秀	0.75000	3.24257	0.817	−5.6637	7.1637
良好	不合格	−4.34749*	1.98700	0.030	−8.2777	−0.4173
	合格	−2.92857	1.83123	0.112	−6.5507	0.6935
	优秀	−2.17857	3.59021	0.545	−9.2799	4.9227
优秀	不合格	−2.16892	3.33303	0.516	−8.7615	4.4237
	合格	−0.75000	3.24257	0.817	−7.1637	5.6637
	良好	2.17857	3.59021	0.545	−4.9227	9.2799

* $P < 0.05$。

为了进一步明确学生口试成绩和口试焦虑间的关系,我们对其进行了相关分析。鉴于英语专业四级口语测试(TEM4-Oral)的成绩是定序变量,便于统计分析,我们首先对"优秀"、"良好"、"合格"和"不合格"四个级别的口语成绩分别赋值为"4"、"3"、"2"和"1",然后我们对他们的口试焦虑和口语成绩进行了斯皮尔曼(Spearman)相关分析,结果见表4。从表4可以看出,学生的口试焦虑值与其口语成绩呈非常显著正相关($r = -0.201$,$p = 0.018$),即他们越焦虑,其口试成绩就越低,反之亦然,这与 Chastain (1975)、Horwitz et al. (1986)、Aida (1994)、韩文芳、李养龙(2005)和吕红艳(2010)等的研究发现一致。

表4 口试焦虑与口试成绩的相关分析结果

	焦虑值		口试成绩	
Spearman's rho	焦虑值	相关系数	1.000	−0.201*
		显著性	0.	0.018
	口试成绩	相关系数	−0.201*	1.000
		显著性	0.018	0.000

* $P < 0.05$。

焦虑和技能成绩互为因果,呈现负相关(王天剑,2010)。高焦虑的学生由于担心外界的消极评价等原因,会产生较多的紧张感和忧虑情绪,在口试过程中，往往会瞻前顾后，心浮气躁，难以充分展示自己实际的语言水平。另一方面，焦虑程度较低的学生在口试过程中往往会比较从容和镇定，比较擅于捕捉各种有利信息为其所用，能够较灵活、有效地应对和解决考试过程中遇到的困难或问题，在同等条件下，容易考出较好的成绩。

（三）英语专业学生 TEM4 口试焦虑的性别差异

在考试焦虑研究方面，学习者的性别因素也是人们关注的对象。为了比较男、女学生的口试焦虑情况，我们对其口试焦虑平均值做了独立样本 t-检验。表 5 和表 6 是相应的统计分析结果。表 5 清楚地表明，男生的口试焦虑值（16.8636）比女生（16.6417）稍高，而且男女生的焦虑值都超过了 15，接近全部被试的焦虑平均值（16.6761）。所以整体而言，男生和女生在口试中都受到口试焦虑的困扰，有相当程度的不适感。

表 5　男、女被试的口试焦虑描述性统计分析结果

	性别	人数	均值	标准差	标准误
焦虑值	男生	22	16.8636	6.71385	1.43140
	女生	120	16.6417	6.32960	0.57781

从表 6 可以看到，男生和女生的口试平均焦虑值不存在统计意义上的显著差异（$t = 0.150$，$p = 0.881$），所以可以认定男生和女生经历同样程度的口试焦虑。这一结果和 Aida（1994）、吕红艳（2010）的研究发现相近。

表 6　男、女学生的口试焦虑独立样本 t-检验结果

	t 值	显著性	均差	标准误	95％置信区间	
					下限	上限
焦虑值	0.150	0.881	0.22197	1.48168	-2.70740	3.15134

在访谈中我们了解到，男生和女生都希望顺利通过英语专业四级口试，有的还希望取得较好的成绩，因为通过这个口试意味着他们的口语已经达到一定的水平，这对他们以后的求职就业很有帮助。另外，他们认为，作为英语专业的学生，他们应该通过这个考试，否则是"很没面子"的事。所以，英语专业学生在对四级口试的期望值和担心外界的否定评价方面没有显著性的性别差异，男生和女生都要承受一定的心理压力，从而产生相近程度的口试焦虑感。

五、结　语

本研究发现，多数英语专业二年级学生有中度以上的口试焦虑感，甚至有相当程度的不适感；他们的口试焦虑值与口试成绩呈显著负相关，即口试焦虑

对他们的口试行为和结果已经构成了较大的消极影响;男、女学生的口试焦虑平均值都较高,但无显著差异,即他们受到相同程度的口试焦虑的困扰。根据以上结果和分析,我们得出以下启示。

首先,教师应帮助学生认识到口试的主要功能在于服务教学和改善教学,充分了解口试的评分标准,减少他们对口试和口语表达失误的畏惧感。其次,有针对性地进行模拟练习,增强学生对英语专业四级口试等录音口试的熟悉程度,减少他们因对口试方式和环境的不适应而引起的焦虑。再次,教师在注重语言知识能力传授的同时,努力培养学生的语言应用能力,适当地对学生进行交际策略方面的指导和抗交际压力的训练,使他们即便在一定的交际压力下,也能够自如地表达,充分发挥出实际的语言水平;鼓励和引导学生广泛阅读,勤于思考,增强对事物的认识和表达能力,使他们在口试时有一定的见解,言之有物,思路清晰,逻辑性强。最后,试题编写者应多设计贴近生活的口试题目和内容,提高口试的真实性,增强学生对话题和任务的适应性,使他们有话可讲。

事实上,由于自身语言能力有限和担心负评价等原因,学生难免对口试产生焦虑情绪。虽然一定程度的焦虑是必要的,会引起学生对考试的足够重视,但如果焦虑过高,口试行为和结果就会受到消极影响。所以,对学生的口试焦虑进行研究,并相应地采用必要的策略消除或减少口试焦虑的消极抑制作用,减少口试的测评误差,增加口试的效度,客观、有效地评价出学生实际语言水平,对于改善教学,提高学生的学习效果,增强他们的语言运用能力,具有重要意义。

参考文献

[1] Aida, Y. Examination of Horwitz, and Cope's construct of foreign language anxiety: The case of students of Japanese [J]. The Modern Language Journal, 1994,78(2):155-168.

[2] Chastain, K. Affective and ability factors in second language acquisition [J]. Language Learning,1975,25(1):153-61.

[3] Cheng, Y., E. K. Horwitz & D. L. Schallert. 1999. Language anxiety: Differentiating writing and speaking components [J]. Language Learning, 1999,49(3):417-446.

[4] Everson, H., I, Smodlaka. & S, Tobias. Exploring the relationship of test anxiety and metacognition on reading test performance: A cognitive analysis. Anxiety, Stress & Coping: An International Journal, 1994(7):85-96.

[5] Horwitz, E. K., M. B. Horwitz & J. Cope. Foreign language classroom anxiety [J]. The Modern Language Journal,1986,70(2):125-132.

［6］In'nami，Y. The effects of test anxiety on listening test performance [J]. System，2006，34(3)：317-340.

［7］Kleinmann，H. Avoidance behavior in adult second language acquisition [J]. Language Learning，1977，27(1)：93-107.

［8］Oxford，R. L. Anxiety and the language learners：New insight [A]. In J. Arnord（ed.）. Affect in Language Learning [C]. Beijing：Foreign Language Teaching and Research Press，2000.

［9］Phillips，E. M. The effects of language anxiety on students' oral test performance and attitudes. The Modern Language Journal，1992，76(1)：14-26.

［10］Sarason，I. G. The Test Anxiety Scale：Concept and research [A]. In C. D. Spielberger & I. G. Sarason（eds.）. Stress and Anxiety [C]. Washington D. C. ：Hemisphere Publishing Corp，1978：193-216.

［11］Scott，M. L. Student affective reactions to oral language tests [J]. Language Testing，1986，3(1)：99-118.

［12］Shomoossi，N. & Z，Kassaian. Variation of test anxiety over listening and speaking test performance [J]. Iranian Journal of Language Studies，2009，3(1)：65-78.

［13］Young，D. J. Creating a low-anxiety y classroom environment：What does language anxiety research suggest? [J]. The Modern Language Journal，1991，75(4)：426-439.

［14］陈慧麟.语言测试中的焦虑因素[M].杭州：浙江大学出版社，2010.

［15］韩文芳，李养龙.大学英语口语考试中的焦虑研究[J].外国语言文学研究，2005(1)：55－62.

［16］李炯英，林生淑.国外二语/外语学习焦虑研究 30 年[J].国外外语教学，2007(4)：57－63.

［17］吕红艳.非英语专业大学生英语口语焦虑与口语学习策略的相关性[J].外语研究，2010(5)：65－71.

［18］沈蕾等.计算机辅助英语口试中考生的焦虑程度研究[J].外语教学理论与实践，2010(2)：51－58.

［19］王才康.外语焦虑量表(FLCAS)在大学生中的测试报告[J].心理科学，2001，26(2)：95－97.

［20］王天剑.焦虑和效能与口语和写作技能关系的 SEM 研究[J].外语与外语教学，2010(1)：27－30.

［21］王银泉，万玉书.外语学习焦虑及其对外语学习的影响：国外相关研究概述[J].外语教学与研究，2001，33(2)：122－126.

独白与对话

——巴赫金对话理论启迪下的英美文学教学

周小娉

杭州电子科技大学外国语学院

摘　要：以巴赫金对话理论为基础，探讨英美文学教学新思路。英美文学课教师在设计课堂"独白"时应考虑三个因素：学校课程设置和教材内容编排、学生的知识结构和需求、教师自身研究兴趣和专长。英美文学教学应在多元"对话"中展开，其中教师与学生、学生与学生、学生与社会的对话为三个主要层面。"独白"与"对话"是互相依存的关系。

关键词：巴赫金；对话理论；英美文学教学

Monologue and Dialogue：British and American Literature Teaching in the Light of Bakhtinian Dialogism

Zhou Xiaopin

Abstract：Based on Bakhtinian dialogism, this paper explores new methods in British and American literature teaching. In designing classroom "monologues", the teacher should pay due consideration to three aspects：school curriculum and textbook contents, students' knowledge structure and requirement, teacher's own academic interest and speciality. Literature teaching should be organized in a "dialogic" way, involving dialogues between teacher and student, student and student, students and society. "Monologue" and "dialogue" are interdependent.

Key words：Bakhtin；dialogism；British and American literature teaching

作者简介：周小娉(1976—)，硕士，副教授。主要研究方向为英美文学。E-mail：zxp@hdu.edu.cn.

一、英美文学教学边缘化现状及学界呼声

在实用主义教育思想盛行的今天,英美文学课程在各大高校处于边缘化困境,在理工科大学的外国语学院或英语系,情况尤为严重。具体表现在"课时被无情缩减,教材良莠不齐,学生认为文学'没用',部分文学教师亦妄自菲薄"(周小娉,2010)。关于英美文学课的重要性、它在市场经济冲击下的困窘境地及应对策略,论述者不少。尤其是 2005 年以后,此类文章如雨后春笋般出现在各类学术期刊上,可见国内英语学界的有识之士已经意识到文学课程受排挤的严峻问题,及由此带来的英语专业人才培养的诸多弊端。讨论可粗略分三类:第一类是高屋建瓴式的论述,把文学课和大学的理想、人文素质教育联系在一起,如"大学的理想和英美文学教学改革"(蒋洪新,2005);"让文学回归其原有的位置——文学本体性与英美文学教学和研究反思"(许庆红、威涛,2012)。第二类以建构主义、接受美学等理论为指导,探索新时代英美文学教改的新范式,如"建构主义理论与英美文学教学"(张晓舸,2005);"接受美学视角下的高校英美文学教学模式探讨"(范丽娟,2006)。第三类聚焦多媒体、语料库等现代科技手段,对英美文学课教改提出具体实施策略,如"英美文学教学改革与多媒体课件的制作与应用"(史惠风,2003);"构建语料库促进英美文学教学改革"(张显平,2007)。本文以巴赫金对话理论为切入点,结合笔者的实际教学经验,探讨对话理论对英美文学教学的启迪以及在教学中的具体方略。

二、对传统英美文学课堂的反思

《高等学校英语专业教学大纲》(2000)对文学课程的要求如下:文学课程的目的在于培养学生阅读、欣赏、理解英语文学原著的能力,掌握文学批评的基本知识和方法。通过阅读和分析英美文学作品,促进学生语言基本功和人文素质的提高,增强学生对西方文学及文化的了解。简言之,《大纲》要求学生读原著,懂理论,提高人文素质。那么,现实中的英美文学课教学是否达到了这个要求呢?

以教师为中心的教学模式在我国流行多年,影响深远,英美文学课也不例外。从目的性行为的角度讲,它有着明显的优点:有利于教师高效率地组织课堂,有利于各类知识的系统传授。但是传统的英美文学教学往往只涵盖教师的教和学生的学两个模块,它们各成体系,交流不够。通常,在课堂上,教师以历史背景为起点;转而介绍作家生平、故事梗概;最后进行文字梳理、作品分析;偶尔有相关文学理论的介绍。学生学习的模式则可概括为倾听,记忆加重复。即

在课堂上认真倾听教师宣讲的内容,考前机械地记忆大量文史知识,考试中重复教师在课堂上所宣讲的观点或是专家之见就可获高分(周小群,2006)。如此教与学的循环模式下,学生课前无需准备,课堂上少有参与意识、发言积极性低,课外阅读原著基本为零,文学想象力贫乏。遇到学期论文撰写,或是毕业论文构思,往往一筹莫展,只会通过上网查资料、拼贴剪辑资料来草草完成论文。拼贴出来的文章,语言文字都不一定过关,更不用说人文素养和创新思维了。

近年来,随着多媒体技术在大学教学中的广泛应用,文学课教学也从"你讲我听","板书教材"的单调授课形式,转变为融和文字、图片、声音、视频于一体的 PowerPoint 课件教学,这显然有助于改善文学课堂枯燥乏味的境况。但是,图片、声音、电影片段的加盟只是一种外在的科技手段,它们对教学有改革、促进的作用,却不一定触及填鸭式教学模式的本质。在有些极端的情况下,文学课变相地成为影视欣赏课,老师成了电影放映员,学生成了追求新奇和刺激的观众。科技辅助教学的副作用在此可见一斑。

我们认为,语言基本功和人文素质的提高,创新思维的培养,不可能在单向的课件输入中产生,而只会在对话和交际中产生。因此,作为英语语言文学学科重要支柱的英美文学教学,在形式上,它是教与学的对话;在内容上,它是两种语言、两种文化的对话(李巧慧,2009)。教学中具体的对话形式涵盖教师与学生、学生与学生、学生与社会三个层面。

三、对话理论启迪下的英美文学教学思路

(一)巴赫金对话理论概述

对话理论最远可追溯到古希腊圣哲苏格拉底。苏氏认为真理并不是产生或者存在于某个人的头脑里,它是在共同寻求真理的人们的对话和质疑中诞生的。巴赫金是 20 世纪享誉世界的文艺理论家,他最早在对陀思妥耶夫斯基小说的叙事研究中提出对话理论,后将其运用于社会、历史、文化等诸多层面,使对话成为一种哲学理念和人文精神。巴赫金把对话看做是人类基本的生存方式,在《陀思妥耶夫斯基诗学问题》一书中,他指出,存在就意味着对话交流。一切都是手段,对话才是目的。一个声音什么也结束不了,什么也解决不了。两个声音才是最起码的生活,是最起码的存在(巴赫金,2010:278)。巴赫金倡导人与人之间对话交往、多元共生的生存状态。他认为,人的生命存在是一个不断参与对话的动态过程,"他者"及差异性的存在是构成对话的前提;对话是一个运动的过程,始终处于开放的未完成的状态;在对话与交流之中,人的思想不断得到更新(祁晓冰,2010)。

（二）英美文学教学中的教师独白

在很多高校，英美文学课程作为英语专业高年级必修课在三年级开设，修课学生中的绝大部分是已经接受过听、说、读、写等基本语言技能训练的专业学生，也有极少数跨专业学生。对于这些同学而言，语言问题虽然也占有一定的比例，但浩如烟海的历史背景、陌生的文学术语、晦涩的批评理论是更大的困难。因此，课堂上教师的适当"填鸭"是必需的。在课时紧张、教材内容庞杂的情况下，高质量的"独白"显得尤为重要。教师的"独白"是否高效、精彩，直接影响到学生对这门课的兴趣和合作态度，具体体现在他整个学期的学习表现上。那么，教师应该如何设计、取舍"独白"呢？

首先，根据学校课程设置和教材内容编排来设计教师必要的"独白"。笔者以手中这本《精编英国文学教程》（2009）和所在学校英语专业本科课程设置为例来说明。此教材以时间为脉络，分成七大章节，每一章又遵循由大到小的规则，先概括某一时代的社会历史背景，再对那个时代的文学各体裁发展概况作介绍，然后转入具体作家介绍，最后进入选文细读。此教材没有编排文学术语附录，也没有介绍文学理论。同时，笔者所在学校的英语专业本科课程设置中没有文学理论课。在学校不开理论课程，教材不提供术语及理论介绍，而《大纲》又要求学生"掌握文学批评的基本知识和方法"的情况下，结合教学内容及时向学生补充文学术语、传授文学批评方法就成为教师"独白"的重要部分。

其次，根据学生的知识结构和需求来设计部分"独白"。20世纪以来，文学批评领域学派林立，层出不穷。从英美新批评、原型批评、精神分析、女性主义，到读者反应理论、解构主义、新历史主义、后殖民理论、文化批评等等，叫人眼花缭乱。往往是：旧的理论还没吃透，新的学派又产生了。文学课不讲理论就不深入，讲多了理论课堂容易陷入沉闷的僵局。在这种情况下，教师除了结合教材内容，还应该根据学生的知识结构和兴趣来进行选择和讲解。例如，英语专业学生对西方现代哲学往往接触不深，在讲到荒诞派戏剧时，教师就应该以存在主义哲学为切入点，先介绍萨特、加缪等哲学家的思想，然后再进入作品分析与讨论。

再次，根据教师自身的研究兴趣和专长来设计"独白"。随着高校教师科研意识的日渐增强，文学课教师和其他学科的教师一样，通常都有"专攻"的研究方向。论及自己的研究专项，教师就不是泛泛而谈，而是能说他人之未说，这样的"独白"质量高，吸引听众，还能促进独白者与聆听者的问答、互动，最值得推荐。如配以具体文本作案例，则能达到事半功倍的效果。

(三)英美文学教学中的多元对话

1.教师与学生对话

教学活动是师生共同参与的双向活动,从"教"这一面看,教师是主体;从"学"这一面看,学生是主体。对教师这个主体来说,学生和课程是他设计各类教学活动的客体;对学生这个主体来说,教师和课程是他自身学习发展的客体。因此,教师与学生的对话是英美文学教学多元对话中最为重要的一种。此处选择课前对话、课堂问答、课后交流、期中面谈为例说明。

课前,教师针对下节课的教学内容,对学生提出一些问题和要求。这些问题和要求一方面对教材内容作了重点、难点的限定,另一方面也是向学生抛出绣球,期待学生的积极反馈。因为有问题要回答,有选文要讨论,学生自然而然进入预习状态。通常,在准备问题的过程中,学生的个体差异性体现出来,即某个学生对某个(某类)问题特别感兴趣,因而投入较多的时间精力去寻找答案。这样的学生在课堂互动中就会显得异常活跃。在课堂上,教师既要发挥自己的引导作用,通过提问启发学生进行思考,也要发扬民主精神,平等对待每个学生,耐心聆听,悉心答疑。"弟子不必不如师,师不必贤于弟子",在文学课堂上,教师和学生人格平等、心灵相通、在对话中互相学习、共同提高。课后,教师和学生有多种对话的渠道:QQ群,电子邮件,网络教学平台,手机信息等等。对于一些性格内向、害羞、课堂上相对焦虑、压抑的同学来讲,课后选择合适的方式和老师及时沟通、解惑,这也是一种有效的对话。期中面谈是笔者近年来采用的一种师生对话方式,尤其针对新接手的班级。以面对面问答的形式,老师向学生了解两个月来的学习情况;学生向老师反映学习中的困难和疑惑;老师也可以根据同学们的信息反馈,及时调整教学方式或进度,以便更好地开展后半学期的教学工作。

2.学生与学生对话

课堂的时间很有限,因此更多的对话是在朝夕相处的同学之间。学生与学生的对话又可根据规模大小分为:同桌之间、寝室同学之间、课程小组同学之间等。

同桌之间的交流与合作无时无刻不在进行中,小到一个眼神的提醒,大到轻轻说出答案帮同桌解围。一个热情好问、善解人意的同桌总是学习生涯中宝贵的财富。预习教师的提问,讨论下次课的内容,评价教师及同学的表现,同桌之间最适合此种小型对话。寝室一般有4~6个同学,也是一个小团体。寝室同学之间适合进行"故事会"或"故事接龙"这样的对话。所谓"故事会",就是教师预先指定一个主题,寝室同学围绕这个中心主题开展讲故事大会。比如,美国文学中的爱伦·坡是个恐怖小说作家,他的《黑猫》、《一桶酒的故事》吸引了无数读者的心。利用在寝室的时间,同学们搜肠刮肚讲各自的恐怖故事,既可练习口语,也可扩展文学视野和想象力。既然有"讲"故事的人,必然会产生"评"故事的人,对话自然而然展开,同辈评估更能激发同学们的学习热情。有时候,英美文学课的教师会把全班同学分成若干个学习小组,这些小组每学期可按兴趣选择 2~3 个 Group Work(小组任务),认真准备后,到班级展示,如电影配音、莎士比亚戏剧表演等。其他同学和教师一起给予评价,作为此课程平时成绩的重要参考。各小组准备 Group Work 的过程又是一个对话契机,期间会有争议、有摩擦,也会有齐心合力,直至最后任务完成时的喜悦。

3. 学生与社会对话

在我们这个日新月异的信息化时代,纸质传媒受到电子传媒的挑战,纸质文本受到电子文本的挑战,传统文化受到电子文化的挑战。无论是老师还是学生,都不可避免地生活在电视、电脑、互联网、IPAD、手机等电子传媒构成的符号环境中。在英美文学教学中,如果老师和学生依然死守着一本教材,充耳不闻窗外瞬息万变的社会话语,文学这门课就失去了它作为"人"学的诸多现实意义。作品是死的,教与学的思路却是活的,只有把教材和现实社会的种种现象联系起来,才能拓宽学习思路,提高教学境界,活跃课堂气氛,最后达到审美共鸣。例如,简·奥斯丁的《傲慢与偏见》是英国维多利亚时期的婚恋小说,涉及几桩目的各不相同的婚事。在熟悉原著、精读选文的基础上,学生可以结合如今社会上流行的"速配"电视节目(如"非诚勿扰"、"相亲才会赢"等),发表各自观点。这里既有师生对话,也有学生之间的对话,还体现了文学阅读者对当今社会某种特殊现象的思考和对话。

四、结 语

英美文学课有其自身特点,既需要教师的"独白",也少不了课堂内外各个层面的"对话"。作为教师,应悉心备课,吃透教材,了解学生知识结构,发挥自身科研特长,为学生提供言简意赅、深入浅出的"独白";作为学生,应认真学习,积极参与到和老师、和同学、和社会的各类对话中去:了解历史背景、掌握文学批评方法、在对话中增强对英美文学历史及作品的了解和热爱。在英美文学教学过程中,独白和对话并不对立,而是互相依存的关系。

参考文献

[1]陈庆生,陈许.精编英国文学教程[M].杭州:浙江大学出版社,2009.
[2]高等学校外语专业教学指导委员会英语组.高等学校英语专业教学大

纲[M].上海:上海外语教育出版社,2000.

　　[3]范丽娟.接受美学视角下的高校英美文学教学模式探讨[J].黑龙江高教研究,2006(10).

　　[4]蒋洪新.大学的理想和英美文学教学改革[J].外国文学,2005(1).

　　[5]李巧慧.巴赫金对话理论与外语教学[J].安阳师范学院学报,2009(6).

　　[6]巴赫金.陀思妥耶夫斯基的诗学问题[M].刘虎译.北京:中央编译出版社,2010.

　　[7]祁晓冰.巴赫金对话理论的人学解读[J].求索,2010(7).

　　[8]史惠风.英美文学教学改革与多媒体课件的制作与应用[J].外语电化教学,2003(3).

　　[9]许庆红、戚涛.让文学回归其原有的位置——文学本体性与英美文学教学和研究反思[J].山东外语教学,2012(4).

　　[10]张显平.构建语料库促进英美文学教学改革[J].四川外语学院学报,2007(5).

　　[11]张晓舸.建构主义教学观与英美文学教学[J].现代大学教育,2005(1).

　　[12]周小群.对话理论和英美文学教学[J].文教资料,2006(20).

　　[13]周小娉."主导－主体"教学模式在英美文学课中的应用[J].华中师范大学学报社会科学版,2010(S1).

独白与对话

语篇翻译教学探讨

郑　玮

杭州电子科技大学外国语学院

摘　要:与传统翻译教学受到诸多批评相比,语篇翻译教学已经得到众多翻译专家和教师的认可。如何利用语篇进行翻译教学对提高翻译教学质量至关重要。从介绍语篇概念入手,提出树立语篇意识是语篇翻译教学的首要任务,并指出建立在合适的文本基础之上并以任务为中心的探究式教学模式以及多元化的综合评价体系是语篇翻译教学的三个重要方面。

关键词:翻译教学;语篇;语篇意识

On Text-level Translation Teaching

Zheng Wei

Abstract: Compared with the traditional translation teaching which has been much criticized, translation teaching on the text level has been largely recognized. How to make use of text to teach translation is of great importance to the improvement of translation teaching quality. This paper, beginning with the introduction of "text", proposes that the building of textual awareness be the primary task in translation teaching and points out that the key factors for textual translation teaching are proper "text", task-oriented inquiry teaching mode and diversified evaluation system.

Key words: translation teaching; text; textual awareness

　　长期以来,我国许多高等院校的英语专业高年级翻译教学仍然停留在词句层面,主要传授的是翻译的基本技巧。这种以词句为单位的传统的翻译教学是结构主义语言学观念的产物,不仅脱离跨文化交际的具体语境,造成译文缺乏

作者简介:郑玮(1977—),浙江缙云人,硕士,讲师。主要研究方向为翻译理论与实践。

连贯性和可读性,而且限制了学生的主观能动性和创造性。这种静态翻译教学的结果与翻译教学旨在培养、提高翻译能力背道而驰,更难以实现翻译乃跨文化交际的本质。对此,广大的英语专家和翻译教师已有深刻的认识,并试图对翻译教学进行改革以解决翻译质量欠佳、翻译人才紧缺的现实问题。自 20 世纪 90 年代中期以来,随着语篇分析理论逐渐受到重视,语篇翻译教学的必要性和可行性也越来越多地被翻译教师所认可,并逐渐将其用于教学实践,对此,有学者甚至说"翻译课正在经历一次从以句子为中心到以语篇为中心的改革"(杨雪燕,2003:59)。

一、语篇以及翻译教学中的语篇意识

"语篇"通常是指大于句子的一个语言片段。它长可以是一部著作,短可以是一首小诗、一则广告,甚至是一条简短的公示语。语篇不是任意堆砌而成,它是结构和意义的统一体,在结构上具有衔接性,意义上具有完整性。因此,语篇可以说是一个能够独立实现一定交际目标的、语义连贯的整体。

翻译就其本质而言是一种跨文化交际,其对象是具体语境中有着具体社会功能的一个语段,即,语篇。Neubert & Shreve(1992:10)曾这样说过翻译和语篇之间的关系,"翻译作品是语篇,翻译是一个将语言的形式与过程结合起来的谋篇过程。语篇在广义上可谓交际的材料;在狭义上可谓翻译的材料"。由此可见,从语篇概念出发,则翻译过程不再是静态而是动态。貌似现成,但实为语义体现形式的原文词句,其语义会因情景语境以及译文读者的文化语境而与原文产生偏差。因此翻译活动绝不是对文本的机械操作,而是具有能动性,译者必须根据语境分析语篇,以选择恰当的词句来进行语义转换。语篇翻译教学就是要立足于语篇的交际功能,联系情景语境,对比分析语篇各要素,结合文化语境等因素(张小曼,2008:135),通过培养学生的语篇意识,也就是"在翻译研究及实践中始终强调篇章在交际过程中的完整性和一体性"(李运兴,2001:19),来提高学生的翻译能力。换句话说,要想真正实现语篇翻译教学,首先要让学生了解语篇的特点及其交际功能,不仅关注语篇的衔接、连贯、意向性及结构等内部因素,而且要关注语篇的语域、语境和功能等外部因素,在翻译过程中把语篇作为一个动态的有机的整体来看待,重视语篇分析、语用意义、文化对比以及文体风格,而不是静止地孤立地处理词句和段落。

以下语篇来自 TEM 8 试题,是对"'英年早逝'则意味着'生命不完美'"这一普遍看法提出的驳斥,言简意赅,逻辑清晰,具有极强的说服力。

If people mean anything at all by the expression "untimely death", they must believe that some deaths run on a better schedule than others. Death in old age is rarely called untimely——a long life is thought to be a full one. But with the passing of a young person, one assumes that the best years lay ahead and the measure of that life was still to be taken.

History denies this, of course. Among prominent summer death, one recalls those of Marilyn Monroe and James Dean, whose lives seemed equally brief and complete. Writers cannot bear the fact that poet John Keats died at 26, and only half playfully judge their own lives as failures when they pass that year. The idea that the life cut short is unfilled is illogical because lives are measured by the impressions they leave on the world and by their intensity and virtue.

在翻译第一段时，有不少考生将 untimely death 译为"早年夭折"。在没有语境的情况下，这种译法无可厚非，但是从整篇文章内容来看，作者所提到的名人都是成年人，是一些很年轻就去世的名人，因此，将 untimely death 译为"夭折"，即"未成年死亡"是错误的。正所谓，"No context, no text"。但是，如果将其译为"死得太早了"则不仅太过口语化，不符合源语篇的语体风格，而且表达亦不甚准确，相比之下，"英年早逝"则比较合适。同样，将 death in old age 译为"一大把年纪的时候去世"、"很老了才死"也是忽略了文章的整体风格，"年迈而逝"或"寿终正寝"则要恰当得多。本段最后一句 the best years lay ahead 体现了英汉语中表示"将来时间"的不同方式，但是由于受制于原文，不少考生将其译为"最好的年华还在前面"而不是"最好的年华尚在后头"。第二段中提到几位名人，但是有不少考生由于缺乏英美文化知识，把美国著名演员玛丽莲·梦露和詹姆斯·迪恩以及英国著名浪漫主义诗人约翰·济慈的名字译得面目全非。此外，也有不少考生由于不明白 summer deaths 到底是指何种死亡，干脆就照字面意思译为"夏天的死亡"。其实，如果明白文章的主题是对"英年早逝"的看法，借助于上下文，尤其是所举的几个例子，再联想汉语中类似的情景，summer 的含义是不难理解的，即"壮年时期、最盛时期"。此外，该语篇中还有不少翻译重点或难点，如第一段中 But with the passing of a young person 中的 passing 以及 some deaths run on a better schedule than others，第二段中 History denies this 以及 and only half playfully judge their own lives as failures when they pass that year 等等，若没有整体意识和文体意识，都是很难译得准确的。

由此可见，树立语篇意识异常关键，而要完成这一任务，学生不仅要具备良好的双语基础、善于对比两种语言的异同，还应该拥有丰富的文化背景知识和文体知识。

二、语篇翻译教学应重视的三个方面

　　培养学生的语篇意识是语篇翻译教学中的一个认识问题，要想真正提高学生的翻译能力，实践环节显得尤为重要。而这里的实践，并非是指语篇层面上的盲目性翻译，而应该从方法上去解决，以真正实现语篇翻译教学的目的。

（一）合适的文本

　　要真正贯彻语篇翻译教学，首先要有合适的文本。翻译文本作为知识的载体，是实现特定教学目标的重要保证（王湘玲、毕惠敏，2008：54）。传统翻译教材以一个个孤立的词句为单位讲解翻译原则和技巧，忽视了翻译是一种交际行为的本质。以语篇为基本对象和翻译单位的语篇翻译教学应着眼于社会实际需求，尽可能地采用真实翻译项目中具有不同功能和目的翻译素材，如当地的旅游、经贸、教育、广告、新闻、法律等不同文本类型。在翻译这些文本的过程中学生可以更加真切和深刻地体会到翻译的实用性和交际性，从而提高对学习翻译的兴趣。当然，在传统翻译教学中占有重大比例的文学文本也不应完全排除在外，毕竟这些文本也是取材于社会生活，只是应该在实际操作过程中特别注意选择在交际功能上相对独立、内容上相对完整的文章或著作节选，即要注意语篇信息的完整性。总之，选择合适的文本是语篇翻译教学的一个重要方面，文本的实用性、多样性和完整性都不容忽视。

（二）以任务为中心的探究式教学模式

　　长期以来，翻译教学模式单一，大都遵循的是：介绍翻译原则和技巧→翻译练习→作业批改→译文讲解的模式。这种方法基本由教师全程讲授，以改错为教学手段，以教师提供的参考译文为终极目标，并且参考译文往往是现成的，不是经过集思广益而成，具有很大的局限性。学生不仅在整个教学活动中缺乏主观能动性，对教师的批改意见也不加重视，或者只关注所给的成绩，久而久之，逐渐失去对翻译的兴趣，教学效果自然不尽如人意。因此，要提高翻译教学质量，必须改变传统的以教师为中心的"一言堂"的教学模式，以便提高学生的参与度以及学习的主动性。

　　根据建构主义教学理论，教学应以学生为中心，学生是信息加工的主体，是意义的主动建构者（王晓农，2008：116）。语篇翻译教学强调翻译是一个动态的过程，更应该充分发挥学生的主动性与能动性。但是，这一目标的实现不是靠盲目的实践，而应该构建以任务为中心、"以教带学、以学促教"的互动式教学模式。首先，教师应该配合教学任务将合适的文本呈献给学生，让学生自行或合作完成所给的文本,强调无论是在原文的理解阶段还是译文的再现阶段,始终要重视语篇分析,掌握语篇的交际功能和文体特点,必要时查阅文本的相关背景和资料,同时应将翻译中碰到的问题记录下来。如果是真实的翻译项目,则首先要将涉及的各翻译要素交代清楚,如翻译的发起者及其意愿、译文的功能、读者对象等等。其次,针对学生翻译过程中碰到的无论是涉及语篇内还是语篇外因素的问题和难题,都以探讨的方式进行交流,教师可根据学生提出的问题进行讲解,不仅要让学生明白怎么译,更应该明白为什么要这么译,后者自然涉及理论的讲解,包括英汉语言文化的对比、翻译技巧以及翻译理论的讲解等等。这种建立在具体语篇分析基础上的、结合交际语境的、有针对性的翻译教学是以学生为主体、教师为主导的师生互动式的教学模式,这种模式不仅能够提高学生的翻译实践能力和教师的科研和教学水平,达到教学相长的良性循环,而且还能培养学生间的团队合作精神,而经过集思广益而成的译文也将比现成的译文更合理,更容易让学生接受,从而保证良好的教学效果。

(三)多元化的综合评价体系

改变师生在翻译教学中的传统角色,并不意味着语篇翻译教学的全部。任何实践都有一个评价体系,以确保能够有效地检验实践活动的结果。在传统翻译教学中,也有译文评价这一环节,但是这个环节的方法不够科学,不够客观,评判的标准是教师单方面的意见,或者是以翻译教科书为唯一的标准而不是"多元"标准。这种单一的或现成的参考译文往往会挫伤学生的积极性,因为在与唯一的"标准译本"的对照中,学生会发现自己的译文和参考译文有较大出入。同时,这种评价体系也激不起教师对自身翻译水平和授课水平的追求,不利于教师业务水平的提高,最终将大大影响教学的总体质量和效果。

正如上文所说,语篇翻译教学视翻译活动为动态的交际活动,把翻译的对象当作一个完整的意义单位,把译文与原文的语篇对应当作翻译的标准。因此,教师对学生译文的评判不应只看某个单词、某个段落译得如何,更应该看语篇的整体效果,如语言是否衔接自然,语义是否连贯,信息是否完整,以及译文是否再现原文的文体风格、语用意义,是否完成文本的交际功能等。也就是说,教师在评判译文的过程中,应该"既见树木,又见森林",参天大树自然值得赞叹,但美妙的森林则更令人神往。在实际的操作过程中,教师可以通过给同一源语提供两种或以上的译语来开阔学生的视野,也可以通过让学生完成回译练习来进行积极的自主学习和有效的自我评估,以上这些方法都有助于建立多元化的综合评价体系,同时让学生对翻译的主体性能有一个直接的、深刻的认识。

三、结　语

　　翻译是一项具有创造性的跨文化交际活动,它绝不是仅靠认识几个英语单词,掌握英语句子,加上字典就能完成。若没有语篇意识,没有这种自上而下的大局观,翻译就不可能创造出衔接自然、语义连贯、功能明确的译文。而真正的语篇翻译教学,正如前文所述,是集哲学认识论、实践论和方法论为一身的,既要对语篇和语篇翻译的重要性有足够的认识,又要进行充分的翻译实践,与此同时,还应该讲究教学以及翻译实践过程中的方法问题,否则任何既定的教学目标都将难以实现。就方法而言,除了涉及上文教学模式中所提到的内容之外,还应该学会如何在翻译过程中利用各种翻译资源,如词典、参考书籍、术语表、网络资源、学科专家以及具体翻译项目中客户所能够提供的资源等,从而也能在微观上解决翻译方法问题。

　　总之,语篇翻译教学要以帮助学生树立语篇意识为首要任务,任何忽略源语篇中语言的衔接性、语义的连贯性、信息的完整性和准确性的翻译行为都必将会对翻译效果产生负面的影响。有些译者或以语篇翻译为借口,将原文内容任意增删,语序随意颠倒,使译文与原文无论在形式上还是在内容上都有很大的出入,或忽视英汉语篇的差异,对源文的语言结构马首是瞻,不敢越雷池一步,两者自然都违背了翻译的实质、难以实现语篇翻译教学的目标。而要使语篇翻译教学能够真正有效地开展,合适的文本、以任务为中心的探究式教学模式和多元化的综合评价体系则是必须要重视的三个方面。

参考文献

　　[1] Neubert,A. & G. M. Shreve. Translation as Text [M]. Kent,Ohio: Kent State University Press,1992.

　　[2] 李运兴.语篇翻译引论[M].北京:中国对外翻译出版公司,2001.

　　[3] 王湘玲,毕惠敏.构建基于真实项目的过程教学模式——兼评翻译能力的培养研究[J].上海翻译,2008(2):52—56.

　　[4] 王晓农.翻译教学中的答辩式教学模式探析[J].唐山师范学院学报,2008(1):116—118.

　　[5] 杨雪燕."语篇"概念与翻译教学[J].中国翻译,2003(5):59—64.

　　[6] 张小曼.语篇分析与翻译教学[J].合肥工业大学学报(社会科学版),2008(6):134—137.

熟知化和陌生化理论在电影名称翻译中的应用

张丽萍

杭州电子科技大学外国语学院

046

摘　要：熟知化和陌生化策略是人类基本的认知方式，电影名称翻译中常用到这两种策略。本文以熟知化和陌生化理论为视角，分析了汉译外国电影名称的特点，得出汉译电影名称以熟知化策略为主的结论。文章还指出，熟知化和陌生化不是完全对立的，他们是相对的、可以相互转化的。最后，我们还简要地分析了它们的修辞效果。

关键词：熟知化；陌生化；电影名称；翻译；修辞效果

The Application of Familiarization and Foreignization in the Translation of Movie Titles

Zhang Liping

Abstract：Familiarization and Foreignization, as two basic human cognitive strategies, are often adopted in the translation of movie titles. This article, based on the theory of familiarization and foreignization, analyzes some features in the translation of foreign movie titles into Chinese, finding that the strategy of familiarization plays a major role in the process. The study also shows that the two strategies do not necessarily repel each other. In some cases, they can even interchange with each other. Lastly, some rhetorical effects of these strategies are also explored.

Key words：Familiarization；Foreignization；movie titles；translation；rhetorical effects

随着社会的发展和人们对电影多样化的需求，越来越多的外国电影被引进，这也对电影台词等的翻译提出了挑战，尤其是电影名称的翻译。电影名称就好比电影的眼睛，名称翻译的好坏会一定程度上影响电影的推介。本文以熟

作者简介：张丽萍（1978—），江西丰城人，硕士。主要从事语料库语言学、应用语言学、翻译研究。

E-mail：zlp@hdu.edu.cn.

知化和陌生化理论的视角,探讨电影名称的翻译问题。

一、熟知化与陌生化理论

谭学纯(2004)指出:修辞话语建构有两种看似相反的建构方式:熟知化和陌生化。熟知化就是"用熟知的常规经验,接近陌生的对象",从而缩小认知差距。说得简单点,就是通过已知的事物来认识未知的,通过常见的来推知罕见的,从而减小我们获取新知识的难度。熟知化是我们人类一种基本的认知方式,它也是人类一种基本的学习策略。我们总是通过旧知识学习新知识的。陌生化是熟知化的反动,谭学纯(2004)认为它是"通过话语重构,扩大认知距离,用陌生的经验,接近熟悉的对象。"这种认知方式,人们一般觉得不可思议,怎么可能通过陌生化来认识事物呢? 我们也认为陌生化的作用主要不是认知理解事物,而是给已知的事物赋予新意的策略。我们认为熟知化是通过已知事物推知未知事物,陌生化是给已知事物重新解构,从而产生旧事物所不具有的新特点、新意来。它们的作用分别是:

	策略	结果
陌生的事物	熟知化	新事物为人们所熟悉
熟知的事物	陌生化	旧事物具有了新的特点、新的意涵

熟知化和陌生化作为两种认知方式,在电影名称的翻译中发挥着十分重要的作用。在电影名称翻译中,如果陌生的事物没有采用熟知化的策略,结果新事物还是新事物,没有使人们易于知晓,我们把这种情况也认作为陌生化策略。熟知化与陌生化理论同翻译界的归化与异化理论有一些相似之处,但两者还是有比较大的不同。我们将第四部分阐述熟知化和陌生化的关系,这两者的相互转化关系是归化与异化理论所不具备的。

二、汉译外国电影名称的熟知化倾向

熟知化与陌生化是两种看似背离的策略。谭学纯(2004)对什么时候应该"变熟悉为陌生",什么时候应该"变陌生为熟悉"的答案是:要看具体的表达语境。具体到电影名称翻译,一般认为对于中国观众所熟悉的民族文化特征性很强的人名、地名或历史事件为片名的电影宜采用陌生化策略,这样可以使中国观众更多地领略外国的风情与文化蕴含。其他的大多数情况下,多采用熟知化策略。这样可以使观众降低理解的难度,提高可接受性。如在翻译片名的过程中有时会遇到一些不同于本民族文化的"异质",而这些"异质"一时又难以得到认可和接受,那么,熟知化策略就是一个必然的选择。下面我们举几个外国电影名称翻译成中文过程中运用熟知化策略的例子。如"Notting Hill"直译为《诺丁山》，普通观众可能认为代表的是一座山或一个人的姓名，因而容易产生误解。而意译为《摘星情缘》则能充分体现电影的浪漫主义风格，观众也能揣摩电影剧情大概：一位普通人与明星的浪漫爱情故事。再如"Blood and Sand"翻译为《碧血黄沙》，这个译名堪称是片名翻译的一大经典了。一个"碧"字，一个"黄"字的增加在形式上是对原名的背叛，事实上译名只是把原名的气氛渲染出来了。更为重要的是，这个名称的用词十分贴切，符合汉语的习惯，让人不觉得来自异域。《夺面双雄》(*Face Off*)也是一个翻译十分成功的例子，影片围绕正反两个人物用化学药品变脸换成了对方的面容从而展开斗争的故事，情节跌宕起伏，惊心动魄，最终是正义战胜了邪恶。"Face off"原指的就是"变脸"。译名"夺面双雄"既用"夺面"二字表达了"变脸"的意思，又用"双雄"来点睛影片的两个主人公，整个片名富有动感，把影片的气势氛围都译出来了。还有很多这样的例子，我们列举几个：《风月俏佳人》(*Pretty Woman*)、《人鬼情未了》(*Ghost*)、《石破天惊》(*The Rock*)、《魂断蓝桥》(*Waterloo Bridge*)、《廊桥遗梦》(*the Bridge of Madison County*)、《忍无可忍》(*Enough*)、《窈窕淑女》(*My Fair Lady*)、《热情如火》(*Some Like It Hot*)、《母女情深》(*Terms of Endearment*)、《啼笑因缘》(*My Big Fat Greek Wedding*)、《情迷巧克力》(*Like Water for Chocolate*)、《修女也疯狂》(*Sister Act*)、《布拉格之恋》(*The Unbearable Lightness of Being*)、《西贡风云》(*The Quiet American*)、《碟中谍》(*Mission：Impossibe*)、《亡命鸳鸯》(*Flesh and Bone*)、《金枝玉叶》(*Roman Holiday*)等等。如果说《风月俏佳人》等汉译电影名称中还可以见到原英文名称的影子的话，那么《布拉格之恋》、《修女也疯狂》、《西贡风云》、《碟中谍》、《亡命鸳鸯》、《金枝玉叶》等汉译名称则连英文电影名称的蛛丝马迹都寻不到，这些电影名称多是根据内容重构出来的。但它们的流行程度远远高于直译的名称，因为这些汉译电影名称的熟知化翻译策略既使人们可以很容易记住这个电影名称，也使人们比较容易地能联想到电影内容，所以可接受性远高于直接翻译的名称。

三、汉译外国电影名称的陌生化策略

在外国电影名称翻译中，熟知化策略的应用占主导地位，远远多于陌生化策略。但有些场合我们必须注意陌生化策略的运用。我们在上文指出了翻译电影名称中两种策略运用的具体的情境，即那些对于中国观众所熟悉的民族文化特征性很强的人名、地名或历史事件为片名的电影宜采用陌生化策略。如《云中漫步》(*A Walk in the Clouds*)，描写一对男女在弥漫着葡萄花香的葡萄园中动人的爱情故事，影片中的葡萄园取名"云"，相爱的男女主人公漫步园中，浪漫又富有诗意!《云中漫步》这个译名十分切合影片浪漫爱情的主题,既保持了原名的含义,又充满诗情画意,让人产生无限的遐思。又如:《哈利·波特》(*Harry Potter*)、《特洛伊》(*Troy*)、《拯救大兵瑞恩》(*Saving Private Ryan*)、《珍珠港》(*Pearl Harbor*)、《曼哈顿女佣》(*Maid In Manhattan*)、《人工智能》(*Artificial Intelligence*)、《杀死比尔》(*Kill Bill*)等等。

四、电影名称翻译中熟知化和陌生化的关系

　　电影名称翻译的熟知化和陌生化策略不是完全对立的,有时还是互补的。那些增译、音译意译结合法翻译的影片名称多半就是熟知化和陌生化结合的产物。如《怪物史瑞克》(*Shrek*)若是直接音译成"史莱克",则没有太大的吸引力,而加上"怪物"两个字,译名顿时变得新奇,很多观众就会产生关于 *Shrek* 形象的联想。类似的例子还有《人猿泰山》(*Tarzan*)、《阿甘正传》(*Forrest Gump*)、《阿拉莫之战》(*The Alamo*)、《加菲猫》(*Garfield*)等。

　　熟知化和陌生化关键在于视角的不同。一个从自我视角看来是熟知化的例子,如果从对方视角看来却是陌生化的用例。上面第二、三节我们探讨的汉译外国电影名称的熟知化和陌生化是就我们的翻译活动来说的。如果一个美国电影商,为了打进中国市场而给他的英文影片取一个中国名字,那他的翻译活动是熟知化还是陌生化呢? 很显然,对于他来说,这样的翻译过程是个陌生化的过程,但对于中国人来说,则是个熟知化的过程。近年来,随着国际市场上对中国电影需求的增大,越来越多中国片商在拍摄电影时就注意迎合国际观众的口味。除了内容外,电影商们也十分注重电影的包装,电影名称翻译就是包装过程中重要的一环。把中国电影名称翻译成外文,也主要有两种方式:直译和意译。直译对于中国人来说是熟知化,而对于外国观众来说,则是陌生化。意译对于中国观众来说是陌生化,而从外国观众的角度看,则是熟知化。所以熟知化和陌生化也是视角的不同。

　　熟知化和陌生化有时还是相对的,可以转化的。一个很有意思的例子是《洛丽塔》(*Lolita*)。该小说出版后引起很大的反响,1962 年,该小说被改编成电影《洛丽塔》,由斯坦利·库布里克执导。1997 年,由阿德里安·莱恩导演重拍。但是,值得注意的是,新版的电影名不再翻译成"洛丽塔",而是译成"一树梨花压海棠"(台湾译名)。"一树梨花压海棠"这句话出自宋代诗人苏轼的一首诗,全诗这样写道:"十八新娘八十郎,苍苍白发对红妆。鸳鸯被里成双夜,一树梨花压海棠。"该诗是苏轼针对张先 80 岁时娶一位只有 18 岁的姑娘调侃而作。这里的白色梨花象征白发,指的是上了年纪的人;而红色的海棠则意寓红妆,指的是年轻人。暗指一位白发老者娶一少女为妻。"一树梨花压海棠"的意涵正

好与小说《洛丽塔》情节相符。用一句古诗很巧妙地表达的影片的内容,因此我们可以认为这是电影名称翻译过程中熟知化策略成功运用的例子之一。但对于看过小说原著或小说汉译本的人来说,《一树梨花压海棠》电影名对于他们来说则是个陌生化的过程,尤其是对于那些对"一树梨花压海棠"出处和意涵不甚了解的人来说,更是产生了陌生化的作用。因此我们认为熟知化和陌生化是相对的、可以转化的。

五、熟知化与陌生化翻译策略的修辞作用

熟知化的目的是使人们更易于接受新的事物,陌生化的目的是使人们对旧事物产生新的理解。在电影名称翻译中,陌生化还包括外来的电影名称采取音译的方式。熟知化和陌生化是手段,不是目的。在翻译过程中如果正确地运用这两种手段,不但使观众易于接受该影片,还会给观众对影片内容的理解产生积极的作用。熟知化和陌生化不仅仅见于名称翻译中,还常见于商品名称的命名。如药名"护彤"就是"护童"的陌生化操作过程。准确地说,熟知化和陌生化先见于别的领域,然后借用到名称翻译中的,但他们的修辞效果都是类似的,即使人们易于接受,对旧事物产生新的审美情趣。

参考文献

[1]卢志君.电影片名翻译的归化与异化[J].重庆交通学院学报(社会科学版),2003(3).

[2]谭学纯.修辞话语建构双重运作:陌生化和熟知化[J].福建师范大学学报(哲学社会科学版),2004(5).

[3]吴爽.从电影片名看翻译中的归化和异化[J].北京第二外国语学院学报,2005(4).

[4]杨洋.从《洛丽塔》到《一树梨花压海棠》——初谈英文电影片名的汉译[J].西华师范大学学报(哲学社会科学版),2005(5).

"六特征评估体系"对英语写作教学模式改革的启示

黄 巍

杭州电子科技大学外国语学院

摘 要:英语写作教学是英语教学中的重要环节。英语写作教学模式的改革和发展过程中存在着若干关键的问题。"六特征评估体系"在英语写作教学中的应用能有效解决很多重大问题,对于写作教学模式改革具有很强的启示意义。

关键词:英语写作;"六特征评估体系";教学改革

The Inspiration of the "Six-Trait Assessment" to the Reform of Model in English Writing Teaching

Huang Wei

Abstract: Teaching English writing is an important part of English teaching. Students' writing ability is closely related to other skills in English learning. The current teaching model can not meet students' demand of improving their writing ability. A full reform in the teaching model of writing class is needed in aspects of ideology, content, methodology and evaluation system.

Key words: English writing; teaching model; reform

一、英语写作教学研究现状

英语写作能力是英语学习者需要掌握的基本语言技能之一,更是衡量英语专业学生学习水平的重要标准。全国各高校的英语专业普遍开设了针对不同

作者简介:黄巍(1978—),硕士,讲师,主要研究方向为英美文学。E-mail: huangwei@hdu. edu. cn。

阶段学习特点的写作课程。在我国的高校英语专业教学中,写作课一直是传统的重点课程。随着大学英语改革进程的加快,大学英语教育朝着"公共英语专业化"的方向发展,英语写作已不仅成为大学英语教学的重要内容,有不少高校针对非英语专业的学生已经开设了英语写作类的后续课程。

英语写作教学及其研究在其母语国家美国经历了长足发展。在美国的ESL写作教学中,也经历了由重视形式的"引导式"教学过渡到在母语写作教学中首先流行起来的"过程教学"并继续发展到"后过程教学"(战菊,2007:42)。在国内,虽然强调语言准确性的形式主义教学思路仍然有着最广泛的影响,对英语写作教学的研究和实践一直在不同的方向发展。广东外语外贸大学的王初明教授提出了"以写促学"的教学理念与"写长法"教学法,强调语境对于语言能力,特别是写作能力提高的重要作用(王初明,2005:46);清华大学杨永林教授主持的国家级精品课程《体验英语写作》强调写作技巧与思维拓展的平衡关系,重视学生写作兴趣的提高(杨永林、丁韬,2011:77)。对于"过程法"国内也有教育实践者编写的多种典型教材(郑超,2008:i)。无论国内还是海外,对写作的研究和实践仍然处在摸索、评估和发展的动态过程中(祁寿华,2000:60)。

纵观各种教学理念和手段,或多或少都存在着写作教学中"形式"和"内容"脱节的问题。一边是将学习者固定在语言学习的范畴中强调词句、篇章的规范而忽视了学习者作为创作者的真实写作过程和体验的形式主义理念;另一边是极力激励学生的写作体验、强化放大学生的外在写作过程,却无法真正指导和帮助学生内在的认知过程的过程教学理念。这种脱节的状况主要是因为缺少一套联系教育者和学习者的学习语言和沟通范畴,从而使得写作教学只能在语言准确性的层面进行比较具体的操作,而在写作过程的教学活动中却缺少方向性和实质内容。

作为写作评估体系的"六特征评估法"(Six-Trait Assessment)恰好为教学活动提供了这种必要的工作语言、沟通渠道和教学内容。以这一评估体系为导向的教学实践活动已经在不同领域取得了明显效果,并仍在不断发展和完善。然而,国内英语写作教学一方面仍然极大地受到形式主义理念的影响,另一方面为国外ESL教学中"英文学术写作"思潮的启发,对于这套评估体系及其教学实践意义缺少应有的关注。本文旨在介绍这一体系的主要特征及其对英语写作教学的重要启示意义。

二、"六特征评估体系"及其在英语写作教学中的应用

美国教师与学者 Vicki Spandal 在 *Creating Writers：Through 6-Trait Assessment and Instruction* 一书中革命性地尝试将写作的评估运用到课堂教

学中,用以指导学习者和教育者的教学活动。她认为,只要教师和学生掌握了一套通用的话语,用以思考、讨论、构思习作,写作教学实质上和写作评估并无本质区别。一套具体的评估标准可以使教和学的过程目的明确(Spandal,xiii)。

Spandal 将决定一篇文章水平高下的因素分为思路(ideas)、结构(organization)、风格(voice)、遣词(word choice)、造句(sentence fluency)和规范(conventions)六种特征。这一分类方法受到早先作文评估方面的研究成果的启示,经过 Spandal 自己从 20 世纪 80 年代起开始的对全美教师的调查所确认,具有较强的合理性(Spandal,2001:42)。

Spandal 认为这一评估体系不仅有利于教师对学生习作的评估变得更加合理、全面,而且可以用以指导英语写作课堂教学活动。Spandal 设计的教学流程为:对某一特征的定义及评分标准—范文解析—学生评分练习—学生习作自评与互评—学生对自己习作的修改。根据这一理念,英语写作的教学应该在某一阶段集中讨论英语写作的一个方面。学习者应首先明白这一方面作文应该达到的水平、容易出现的问题和进行修改的角度。

"六特征评估体系"因其出发点是作文的评估,容易被误认为只是写作环节完成后的一种评价方法。在国外,关于这种把评估的概念贯穿整个写作教学的可行性研究几乎没有。Spandal 试图构建出一种特殊的写作教学理念的努力没有得到应有的重视。国内甚至连这方面进行译介的论述都很难找到。在实践中,美国英语教育界对于"六特征评估体系"的应用是比较广泛的。不同的教育者还根据自身实践的情况对其进行了改革,发展出"6+1 traits"等版本的教学思路。但这种实践活动往往只出现在中小学阶段的英语写作教育中,并未能在大学本科及以上水平的 ESL 教学中得到尝试。国内教学界更鲜少有人进行过这方面的尝试。

实际上,根据 Spandal 的想法,一个合理的评估体系的意义远远超出评估环节,而是给英语写作教学的整个过程提供了一个有力的核心内容和一套行而有效的工作语言。

三、"六特征评估体系"对英语写作教学的启示

笔者通过对英语写作教学模式改革的思考,结合自己的教学实践,总结出"六特征评估体系"在如下几个方面对英语写作教学的启示意义。

(一)"隐性"与"显性"结合的过程写作

国内很多进行过程写作教学尝试的教育者往往可以比较好地体现写作步骤构成的显性过程,而容易忽视写作意义从自我到读者再到文本的隐性过程。

隐性过程因其笼统、模糊的"隐性"特征,很难在教学活动中被体现。引入六特征评估体系后,作为写作主体的学习者、作为读者的教师和其他学习者以及作为评估者的学习者自己、同学和教师就拥有了进行沟通的工具和依据。在写作的各个步骤中所有的参与者都有比较清晰的工作目标和标准。在过程写作中教师所起的作用不再零散、具体到一篇作文、一名学习者的指导,而是进行普遍、适用性广泛的指引。同时,学生自身参与和学习者互动的活动也有了明确的内容和一致的目标。这样,整个写作教学的效率将大大提高。

(二)内容和形式的统一

受古典修辞学的影响,形式主义教学理念倾向于割裂语言的形式和内容,结果往往重内容而轻形式(姜言胜、杨玉晨,2011:79)。诚然,注重词句、篇章准确性的教学理念的弊端在于它往往容易忽视写作的内容,但对于 ESL 或 EFL 学习者而言,语言的准确性又的确是一个跨不过去的难关。"六特征评估体系"的引入可以比较好地把写作的形式和内容进行结合。一方面,篇章结构(organization)、词语(word choice)和句子(sentence fluency)的准确性仍然是这种新的写作教学思路的重要组成部分,适合 EFL 学习者进行英语写作活动的需要。另一方面,这些内容又是作为作文的某一环节的标准被强调的。在这种格局下,传统的词句、段落、篇章的讲解可以比较好地融入过程写作的框架中,形成良性互补。

(三)方向明确的写前活动

根据过程写作理念,写作过程分为写作前的准备阶段、具体撰写阶段以及修改加工阶段。教师应注重组织上述阶段相应的活动,使学生掌握应有的技巧和知识。但在实际操作中,私人性明显的写前活动很难得到有效的指导,往往要么流于形式、要么受制于教学班级的规模和教师的个人背景效果有限。"六特征评估体系"对于"ideas"的强调,以及对于合理或不合理的写作思路较为详尽的描述、对于写作思路修改的提示都有助于学习者的写前活动达到有的放矢、有所依循。

(四)指向清晰的评判性思维训练

过程写作同时强调学习者的批判性思维。无论是写前准备、搜集材料、制定提纲还是评估修订过程中都需要发挥学习者的批判性思维。批判思维的重要作用是学习者通过评估策略进行自我调节,完善自己。"六特征评估体系"给了这种思维活动进行深入的方向,从而使得这种批判思维具有较强的针对性。

(五)富有成效的自主学习

过程写作教学认为学习者应具有自主写作能力，即能够树立自主写作学习观念，能明确写作目标、内容、材料和策略并进行自我监控和评估（唐芳，徐锦芬，2008:26）。"六特征评估体系"注重对写作要求的预先教授，训练评估和修订能力，从而可以较好地保证自主写作学习的有效进行。

四、"六特征评估体系"指导下的英语写作教学新模式初探

综合以上分析，"六特征评估体系"在英语写作教学中能够起到较强的指导作用和实践意义。笔者综合这一评估体系和过程写作教学理念，结合教学实践，认为写作课教学模式改革应该包括如下几方面的内容。

(一)"全写作"教学理念

写作的过程性特征决定了英语写作教学不能孤立地强调"写"这一单独的语言技能，更不能只关注写作的结果，而应该在教学过程中围绕构思、研究、起草、编辑、发表的完整写作过程设计教学活动，从而尽可能多地实现写作技能的训练与其他各项语言技能的训练以及相关知识的积累之间的两性互动。不少学者提出"以写促读，以读促写"的观点，实际上这种相互促进的关系可以扩展到更大的范围。英语写作课教师应从这一关系出发，在写作各环节的教学活动中把口语、听力、泛读等语言技能的训练以及词汇、语法知识的传授与实际运用能力的培养增加进去，而这些技能和知识的提高反过来可以促进写作水平的增长，实现语言技能与知识的全面增长。在教学活动中还要注意培养学生的逻辑思维能力和英语交际能力。这一类能力是学生完成写作全过程所必须提高的方面，同时也会反过来促进写作和其他技能的改善，从而达到综合素质的全面提高。这一过程中通过"六特征评估体系"可以有机地将各项技能和知识的培养与写作过程紧密结合。

(二)全方位的教学内容设计

基于"全写作"理念，教学内容的设计在如下几点需要改进。

1. 知识传授的全面性

新型的写作教学其教学内容应不同于传统的句—段—篇写作技巧的传授，而应包括全方位的英语写作体裁介绍、英语写作所涉及的文化内涵的讲解等。除了传统的论说文，文章体裁的介绍应包括实用性更强的新闻、文学评论、广告、通知、实验报告、求职信、求学信等类型以及各类文学体裁。这样一方面可

以拓展学生的视野,一方面可以强化学生对于不同语境下交际原则的理解。在介绍文体的同时通过文化教学可以训练学生的逻辑思维能力和语言组织能力,同时也有助于提高学生的人文修养与社会意识。

在实践过程中,围绕六项各种文体共同需要注意的特征进行分析,可以实现教学内容的全面丰富和教学思路的一致两方面的高度融合。

2.课堂活动的多样性

新型的写作教学课应围绕写作的各个环节设计相应的小组讨论、辩论、专题研究、即时写作等活动,利用音频、视频材料或网络资源进行信息输入,在丰富课堂形式的同时对学生的写作、口语、听力、阅读、翻译能力进行有效的全方位训练。

面对形式各异的课堂活动,"六特征评估体系"可以帮助确立用以规范、引导的教学目标,实现教学活动效率最大化。

3.写作任务的广泛性

英语专业学生目前普遍存在知识面狭窄的问题。针对这一情况在设计写作任务应有意扩展写作题材,从学生熟悉的题材入手,在掌握了某一类文体的特征和风格后逐渐要求学生通过调查研究扩展写作题材的范围。写作题材的广泛性同样适用于非英语专业的英语学习者,不同类型的写作任务能够激发学生英语思维和表达的热情。写作任务的广泛性还体现在作业类型的丰富上。课后作业采用口头作文、续写、改编甚至创造性写作等多种方式,既对作业的长度、格式和内容做出具体要求,又给学生一定的自由发挥空间,实现"写之有物","文为心声"。目前通行的英语写作教材很难满足上述要求。因此,教学模式改革应同时进行相应的教材编写、资料库建设工作。

教材改革中的编排、选材、任务设计各种环节要实现放而不散,"六特征评估体系"可以起到较好的指导作用。

(三)立体化的教学模式

为了体现上述教学理念、适应上述教学内容,在教学活动中应该形成立体化的教学模式。具体来说,在课堂教学的准备上教师应该从语言、体裁、题材等不同层次准备教学内容;在教学方法的运用上应该灵活采用交际法、任务型教学法、互动教学法等不同手段;在教学资料上应根据不同阶段教学要求采用期刊、书籍、多媒体音频视频材料、网络资源、实物资源等各种工具。立体化教学模式的一个重要内容是课外教学活动。学生进行网上作业互评、在线限时作文、在线辅导等活动,使得学生的学习过程扩展到课堂之外,有利于所学内容的强化与吸收。另外,课程注重学生习作的"发表"环节,除了在课堂通过范文点评、论文答辩等形式使学生得到反馈,更在课后通过征文比赛和帮助优秀文章投稿等方式增强学生英语写作的积极性与自信心。英语写作教学应该充分利用网络资源和现代化教学手段,尝试不同方式的写作发表过程。如可以开展学生英语班级博客写作活动,把学生轮流进行博客写作并发布的过程作为平时成绩的一个重要考察内容,帮助学生树立起用英语写作的兴趣和信心,并给学生思维和情感的表达提供真实的英语语境,这样往往可以起到事半功倍的效果。

立体化的教学模式大大超越了传统的课堂教学范围,在很大程度上依赖于学习者之间的互动和学生自学水平。在这一环境下,"六特征评估体系"可以发挥最大的自学、互评、修订、编辑过程中确定思路、厘清标准的作用。

(四)多维度的评估体系

英语写作教学模式改革应在评估体系上进行多维度、阶段性的改造。首先,学生英语写作学习的效果不应完全由教师独自评判,而应借助网络平台实现学生自评、同学互评和教师评阅三方面相结合的体系。针对不同要求的写作任务,每次评阅均应有明确的侧重点,分别从思想、措辞、结构、语言风格和格式等方面进行评价和讨论,使学生能够有的放矢地提高英语写作各个方面的能力。其次,在课程总评成绩的设定中应淡化期末考试的比重而强调平时成绩的地位,在给定成绩时应充分考虑学生的进步程度和自评、互评过程中体现出来的分析能力。最后,在对学生的综合考评中既要考虑到学生习作的最终质量,更要体现学生在整个构思、写作、修改过程中体现出来的努力程度、创新精神和思想深度。这样,在教学中才能真正实现评价与鼓励相结合、全面反映学生写作水平和英语学习状态的目的。

"六特征评估体系"既强调习作不同方面的评估、也符合过程写作各环节的评估要求,更提供了行之有效的修改手段,这非常有利于教学评估实现过程评估、档案袋评估等创新手段,保证评估的合理与全面性。

五、结　语

英语写作是长期困扰学习者和教育者的难题,其教学模式的改革势在必行但又困难重重。在教学改革过程中英语教育者和语言研究人员应该深入探讨写作教学中的深层次规律,结合当前教育现状、充分利用教育资源,在教学理念、内容、手段各方面努力钻研,为我国的英语写作教学乃至整个英语教学实践注入新的活力。在以具体的教学实践为出发点的前提下,我们要善于"拿来"国内外教育界和研究界的成果,为我所用。"六特征评估体系"作为一种较新的教学手段和思维方法,值得各界同仁进行深入探索,为我国的英语写作教学研究增加新的动力。

参考文献

[1] Spandal, V. Create Writers: Through 6-Trait Writing Assessment and Instruction[M]. New York: Addison Wesley Longman, 2001.

[2] 姜言胜, 杨玉晨. 觅材取材与布局谋篇: 英语篇章建构之修辞基础[J]. 中国外语, 2011(5): 78—88.

[3] 祁寿华. 西方写作理论教学与实践[M]. 上海: 上海外语教育出版社, 2000.

[4] 唐芳, 徐锦芬. 国内外英语自主写作研究述评[J]. 外语界, 2008(4): 26—33.

[5] 王初明. 外语写长法[J]. 中国外语, 2005(1): 45—49.

[6] 杨永林, 丁韬. 从社团实践理论到英语写作课堂[J]. 中国外语, 2011(1): 72—77.

[7] 战菊. 从学术边缘的游走到学科理论体系的建立——美国 ESL 写作教学研究 40 年[J]. 中国外语, 2007(2): 42—47.

[8] 郑超. 英语写作通用教程[M]. 北京: 科学出版社, 2008.

浙江外贸企业对商务英语专业人才的
素质要求的调查研究

姜　龙

杭州电子科技大学外国语学院

摘　要:基于董本云的能力结构,通过网络问卷和访谈相结合的形式对杭州、宁波、义乌的 49 家外向型企业对商务英语专业人才素质要求及目前从业人员的基本现状进行了调查研究。研究结果表明企业对人才的基本面貌要求不高,更加注重员工学习外贸知识的能力,从事进出口业务的能力,思维方法创新能力及业务创新能力等几个方面;这就要求我们的学校教育在培养学生各种专业技能的同时,更应注重学生能力的培养。

关键词:外贸企业;商务英语;人才;素质;调查

An investigation on the quality of Business English majors required by Zhejiang foreign trade companies

Jiang Long

Abstract: according to Dong Benyun's ability structure, an investigation is made on the quality requirement of Business English majors and current situation of professional talents in 49 companies located in Hangzhou, Ningbo, and Yiwu through questionnaire survey and interview. The result shows that these companies do not pay attention to talents' qualifications, but that they care a lot about their abilities to learn business and trade in practice, the abilities to do international trade, their innovations of idea and business, etc. Thus, it requires college education to give more weight to the cultivation of students' practical abilities during the process of technical skills and professional knowledge.

Key words: foreign trade companies; Business English; talents; qualifications; inrestigation

作者简介:姜龙(1972—),辽宁沈阳人,讲师。主要从事系统功能语言学研究。

E-mail:jianglong@hdu. edu. cn.

国际金融危机对中国经济的冲击直接表现为对中国对外贸易的严重影响。它引起了中国外需市场的严重萎缩、国际融资困难以及全球贸易保护主义加剧等一系列的负面效应。2009 年 1～7 月份我国对外贸易出口总额同比下降了13.9％，面对如此严峻的挑战，外贸企业采取各种手段加以应对，对人才的素质要求更高便是其中之一。面对新的形势，企业对人才的要求有哪些改变呢？为市场提供需要的人才是我们培养学生的目标，因而掌握相关专业动态，改变教学计划及培养目标是当务之急。就此我们对杭州、宁波、义乌的 49 家外贸企业进行了调查。

一、研究设计

（一）研究方法

本研究根据董本云[1]的能力结构分类，采用问卷调查及实地访谈的形式对杭州、宁波、义乌三地的 49 家外贸企业对商务英语人才的需求进行调查统计分析；问卷部分由两部分构成，其中第一部分包括对应聘者的年龄、性别、从业经验、受教育程度、所学专业、外语知识等自然情况的要求；第二部分为对从业人员的学习能力，应用知识的能力及创新能力的调查。调查部分主要采用招聘现场问卷及走访、信函的方式，本次调查涉及现场问卷企业 22 家，走访为 5 家，信函发出 28 封，收回 22 封。

（二）研究对象

本次调查对象为浙江省内杭州、宁波、义乌三地目前主要以国际市场为导向，为满足国外市场需求而进行生产和营销的外向型中小企业。其中杭州 20 家，宁波 15 家，义乌 14 家。

二、结果分析及讨论

（一）外贸企业对商务英语人才的基本要求调查分析

1. 对商务英语人才基本状况要求调查结果的分析与讨论

经过对调查结果进行统计，三地的外贸企业对商务英语人才基本状况要求基本情况为：

（1）年龄要求：我国外贸企业对年龄的要求主要集中在 20 到 40 岁之间（91.8％），这个年龄段的人正值人生的上升阶段，体力和精力也处在最佳时期。

对事业和人生有追求,也是学习的黄金时间。

(2)性别要求:在问卷与访谈过程中显示,女性更受这些企业的青睐(占65.3%),因为这些外贸业务大多是细节问题,单证中有很多的数据,经常要与人交流,而女性在这方面显示出很大的优势,更加符合岗位的需求。

(3)工作经验要求:大部分企业对于应聘者的工作经验都有一定的要求,1~3年工作经验的人最受企业的欢迎,这部分人经过一到三年的工作,对于外贸业务流程、工作性质、特点都有一定的了解。国际金融危机下的市场已经没有资本和耐心去给毫无工作经验的人熟悉业务的时间,来之能战的人才省去了培训适应的过程,为企业节省了时间和经费。

(4)学历要求:本科生目前比较受欢迎,原因是一方面,面对危机,企业紧缩银根,节省一切能够节省的开支,另一方面,就业的困难使得本科生能够更加清醒地认识自身的窘迫,薪资要求渐趋合理,而研究生需要的薪金待遇要明显高于本科生,以前受青睐的专科生随着本科生人数的不断增多,专业技能相对薄弱,境况大不如前。

(5)外语水平要求:大学英语四级水平现在已经基本不在企业的视野之内,大量企业招聘时明确要求英语水平为六级以上(55.1%),同时附加英语口语水平较强,当然,专业英语四级和专业英语八级的学生英语知识更为扎实,口语水平相对较强,更为企业所接受。对于第二外语而言,很少有企业有明确的要求,受访的企业大多认为,大部分学生的第二外语水平不足以应对专业的需求,而真正涉及其他语种要求时,临时求助专业人员即可。

(6)其他证书要求:受访企业中只有 10.2% 的单位要求必须有报关员、单证员、跟单员、外销员、报检员等职业资格证书,这个特点应该和当代社会职业分工越来越细致,服务越来越专业化有关,当然,在招聘过程中证书还是很有吸引力的资质证明。

2. 对商务英语人才能力结构的要求调查的统计分析

在调查中我们将能力结构化分为三个方面,即学习能力,应用知识的能力及创新能力,调查结果显示企业最为看重的能力大致包括以下各方面:

(1)学习外贸知识的能力(20.4%的企业看重此项)。

学习外贸业务知识的能力主要包括对国际贸易理论知识的理解能力、对国际贸易实际业务流程的逻辑抽象思维能力和国际贸易业务知识的整合能力,这需要员工具备基本的学习能力,这种能力的培养对在职人员今后更好地从事国际贸易工作至关重要。

(2)从事进出口业务的基本能力(22.4%的企业看重此项)。

这项能力是企业最为看重的基本能力,是一个员工是否合格的基本保证,是保证外贸业务成功的关键。问卷中这些能力主要包含判断市场机会的能力、选择交易对象的能力、建立业务关系的能力、交易磋商的能力、拟订合同条款的能力、海关报关的能力、阅读、翻译、审核信用证内容的能力、出口制单结汇、进口审单的能力、国际贸易惯例的运用能力、结算国际货款的能力、核算外贸企业经济效益的能力以及市场信息的收集、处理能力。

（3）思维方法创新能力（18.4％的企业看重此项）。

即正确判断国际贸易活动中出现问题的类型和基本性质，确定解决问题的方法、途径、政策和策略的能力。科学的方法是解决国际贸易实际问题，实现最终目的的途径和手段。随着科学的发展，解决问题的方法越来越多，国际贸易人员必须提高运用各种科学方法的能力，逐步形成自己的特色，以便更好地处理和解决进出口业务中出现的问题。学习型社会要求国际贸易人员具有主动改变自己并改变环境的应变能力，具有丰富的经验，遇拂逆而能够冷静，能巧妙地打破僵局、随机应变的能力。

（4）业务创新能力（20.4％的企业看重此项）。

国际贸易的从业人员应该能够根据市场变化的具体情况，灵活运用创新思维来发现市场机会，开拓新的市场。这种能力是国际贸易的业务人员所具备的较高层次的能力。

三、结论及启示

从调查结果来看，随着企业面临的压力越来越大，竞争越来越激烈，企业对人才的需求也越来越高，在对员工的基本面貌要求方面，对员工的学历要求相对毛伟[2]的研究结果要求更高，外语水平的要求也更加明确；在注重人才的基本面貌的同时，更加注重人才的能力是否符合公司的长远发展。而目前正在从事该行业的在职人员基本面貌大多符合企业对人才的需求；而企业非常看重的能力方面大多都有欠缺，这就要求现在的人才培养过程，不仅仅需要提升学生的基本能力，更应采用多种方法培养学生具备合理的能力结构，使学生能够满足企业的需求。因此，必须增加实训教学在专业建设中的比重，提高学生的动手能力、操作能力和实战能力，有效弥补应届毕业生在工作经验上的不足。通过综合训练，提高学生的知识综合运用能力；通过实训实习，提高学生实践动手能力实务操作能力；通过企业顶岗，提高学生商务知识应用能力商务实战能力，增加实务处置经验。

参考文献

[1]董本云.国际贸易专业人才能力结构分析[J].吉林商业高等专科学报，

2005(1):7－9.

　[2]毛伟.地方高校培养民营企业外贸英语人才模式研究 以浙江温州为例[J].武汉职业技术学院学报,2010(2):18－21.

　[3]何兰芳.福建省外向型中小企业对商务英语专业人才素质需求调查研究[J].云南农业大学学报,2011,5(5):55－59.

　[4]张娜.襄樊对外经济发展与商务英语人才培养问题探析[J].襄樊职业技术学院学报,2008,7(5):5－7.

　[5]黄宝华,郑艳,杨珂.以工作能力为导向的高职院校商务英语教学改革[J].高等函授学报(哲学社会科学版),2008(2):66－67.

　[6]丁红朝,刘春林.高职商务英语人才需求问卷调查[J].番禺职业技术学院学报,2007,6(2):29－33.

浙江外贸企业对商务英语专业人才的素质要求的调查研究

再议功能对等理论在文化翻译中的指导作用

方　璞

杭州电子科技大学外国语学院

摘　要：语言之间的交流实质上是文化之间的交流。然而，其所蕴含的文化内涵有时候会在翻译中失去。本文认为功能对等理论是我们在跨文化翻译中应该遵循的原则和方法。通过分析各种英汉互译的实例来证明将功能对等理论应用于跨文化翻译是非常有效的。

关键词：文化差异；跨文化翻译；功能对等；源语文化；目的语文化

Rethinking Cultural Translation and Funetional Equival ence

Fang Pu

Abstract：The exchange and communication between languages are in essence those between cultures. However, more often than not the cultural connotation is lost in translation. In view of the linguistic and cultural differences between English and Chinese, functional equivalence should be the aim pursued by translators. The author endeavors to prove the effectiveness of the application of functional equivalence in cross-cultural communication with a set of examples.

Key words：Cultural differences; Cross cultural translation; Functional equivalence; Source-language culture; Target-language culture

一、引　言

文化翻译已经成为近年来翻译研究的重要领域，也是翻译理论和实践者面

作者简介：方璞（1981—），浙江德清人，硕士，讲师。主要研究方向为翻译理论与实践。
　　　　　E-mail：Annie_zju@126.com.

临的难题之一。翻译的理想状态就是对等。很多翻译理论家和实践家都提出了自己系统的翻译理论。在他们之中,最有名且最具影响力的翻译理论非奈达莫属。泰勒(E. B. Taylor)是最早提出文化定义的学者。在我国当代,较早意识到翻译与文化的相互影响并明确提出对需要文化与翻译的关系进行研究的是王佐良先生。他在《翻译中的文化比较》中提出,"翻译者必须是一个真正意义的文化人",开创了我国当代文化与翻译研究的先河(郭建中,2000)。文化翻译观的领军人之一巴斯奈特(Susan Bassnet)认为翻译研究发生了"文化转向"。于是乎,"文化翻译"这一翻译术语频频出现在译者的研究论文中。

美国著名语言学家及翻译学家尤金·奈达(Eugene A. Nida)提出了功能对等的理论,它对深入理解并解决跨文化翻译中意义对等问题有很大的启示。译者的译文应使译入语读者与原语言读者反应相近,而不是绝对的一致。因为文化差异决定了完全的对等是译者追求的目标。奈达认为,动态对等是"最接近自然的对等"(the closest natural equivalent to the source language)(Nida,2011)。曼切斯特大学的语料库翻译专家,翻译界的代表人物莫纳·贝克(Mona Baker)教授也指出,翻译中的对等不应该是一味追求等同。苏珊·巴斯纳特的观点是译者不应该把原语文化强加给译入语。笔者认为,对等理论所追求的目标是:译文和原文可能在形式上会有所不同,但是译文读者能和原文读者同样顺利地获得相同或基本相同的信息。奈达指出,对等不能从数学的角度去理解成完全等同,而应理解成相似度,也就是说功能对等的程度(奈达,2003:87)。他还说,对功能对等理想的定义就是,译文的读者能像原文的读者一样去理解并且赏析文本(奈达,2003:87)。

二、功能对等应用于文化翻译的原则

在运用功能对等处理文化翻译时,在理解原文的基础上,要注意避免看似对等其实不等的情况发生,同时也要将读者的地位摆到重要位置。

(一)避免看似对等其实不等

以"布衣蔬食"为例。译者可将该成语直译为"wear cotton clothes and eat vegetable food"。经历过旧中国,人人挨饿吃不到肉的年代的人是很好理解该成语的真正含义的。但是对西方人来说,吃素并不一定是坏事。甚至还有专门的素食主义者,倡导健康的素食生活方式。因此,该看似可以直译的例子却无法直译。再如,由于地理位置的差异,中国的西风是寒冷的,是人人厌恶的。因此,在翻译"Ode to the West Wind"的时候,译者该如何定夺,是值得思考的问题。

(二)读者的重要性

对译者而言,最重要的莫过于帮助读者最好的赏析原作。我们来看如下几个例子。

一家商店的售货员在黑板上写了'现在另售'四个字。旁边一顾客说:"同志,零售的'零',你写的是别字。"售货员瞪了顾客一眼说:"得了吧,'别'字还有个立刀旁儿呢!"

该笑话和汉字的结构相关,造成了不可译性,因此作者根据功能对等理论,试图做出如下翻译:

An assistant wrote 'On Sell' on the blackboard which stands in front of their store. A customer went by and told her: "It should be 'On Sale'. What you wrote is silly." The assistant stared at the customer meanly and replied: "You are silly. Silly spells 's-i-l-l-y' instead of 's-e-l-l'!"

再看类似一例。

儿子:"爸爸,简化字的'会'字怎么写?"

父亲:"人字下面一个云字。"

儿子:"为什么?"

父亲:"开会的时候,别人怎么说你就怎么说,这叫'人云亦云'。"

译者试译:

(1) Manage

Son:"Dad, how do you spell 'manage'?"

Father:"It is composed of a 'man' and an 'age'."

Son:"Why?"

Father:"When people are capable enough to manage, they usually will have reached an old age!"

(2) Innocent

Son:"Dad, how do you spell 'innocent'?"

Father:"It is composed of an 'in', a 'no' and a 'cent'."

Son:"Why?"

Father:"Because when a man says he is innocent, usually 'in' his pocket there is 'no' 'cent'."

(3) Industry

Son:"Dad, how do you spell 'industry'?"

Father:"It is composed of an 'in', a 'dust' and a 'try'."

Son:"Why?"

Father："Because when people are doing industry, they are usually 'trying' to do experiments 'in' 'dust'."

鉴于这两个中文文本和汉字结构紧密相关,直译是不可行的。唯一的出路是在功能对等理论的指导下,力求使译入语读者尽量获得原语言读者相同的感受。

三、功能对等理论应用于典故翻译

汉语典故是汉语词汇的精华,是中国人民智慧的结晶。典故以其丰富的内涵,简练的文字,体现了一个民族深厚的文化积淀,折射出丰富的民族文化特色。汉语典故大多有它的历史文化背景。而用典者的用意都是"言在典中,意在典外"。由于汉、英两种语言不仅在形式上有天壤之别,在意义及其所涉及文化方面也有较大差异,两种语言的成语中包含的文化信息也就迥然而异。这就要求人们在翻译典故时要准确把握典故中的文化信息,以便在译文中能更好地表达出来。如何有效地向目的语读者传达源语中典故的隐含意义和文化内涵而又能保持源语的味道是典故英译的关键。本文试图用五种翻译方法来对典故进行翻译以期达到对等的效果。

(一)直译达到对等(保留文化意象)

虽然汉语没有英语说得广泛,但随着中国国际地位的提高,汉语也日益受到国际上的重视。因此,在英译一些汉语典故时,可以保留其原有形象。比如:"狗拿耗子,多管闲事"可以译为"(like) a dog trying to catch mice-poke one's nose into others' business",如此翻译的话,英语读者也可以领略到一番汉语的文化风味。再有一例:"放下屠刀,立地成佛"可以翻译成"drop one's cleaver and become a Buddha"。随着文化交流的日益频繁,我们不仅要吸收外来文化,也要不失时机发扬汉语文化。

(二)增译达到对等(保留文化意象)

尽管直译在很多场合是可以达到对等的效果,但也有很多时候,单纯的直译会导致误解甚至曲解。有时候译者可以尝试通过脚注来解决,有时候脚注却也未必能达到理想的效果。这时候,译者可以尝试通过增译解释的方法来力求达到对等。例如:"三个臭皮匠,顶个诸葛亮"可以译为"three cobblers with their wits combined would equal Zhuge Liang, the master of mind",再如"这对年轻的夫妻并不相配,一个是西施,一个是张飞。"可以译为"This young couple is not well matched; one is a Xi Shi—a famous Chinese beauty, while the other is a Zhang Fei——a well-known ill-tempered brute",这样一来,不仅读者可以理解原文,也能从中一窥源语文化。

(三)通过脚注达到对等

如上所提到的,脚注是译者为求对等通常会付诸的办法。但是太多的脚注会让读者失去阅读的信心。所以增加脚注一定要注意限度。

如逼上梁山可以译为:be driven to join the Liangshan Mountain rebels.
Note:Liangshan Mountain in Shandong Province was a rebel peasant base in the Song Dynasty. Most of the rebel leaders in the classical novel Water Margin were forced to take refuge on Liangshan Mountain as a result of oppression by the authorities or despotic landlords. The expression "driven to join the Liangshan rebels" has since come to mean that one is forced to do something under pressure.

(四)通过找同义词(句)达到对等(改变文化意象)

各个文化的相似相通性是文化翻译传播的可能和前提,英语和汉语也是如此。很多英汉典故都能在对方的语言中找到形式不同但所传达的内容相同的对应语句。

(1)醉翁之意不在酒 Many kiss the baby for the nurse's sake
(2)破釜沉舟 Burn one's boats (bridges)
(3)猫哭老鼠假慈悲 shed crocodile tears
(4)说曹操曹操到 Speak of the devil and he will appear

(五)意译达到对等(省略文化意象)

但并不是所有的典故都能找到对应,文化差异也不胜枚举。在这样的情况下,为了达到对等,一种较好的处理办法就是省略文化意象,进行意译。

(1)情人眼里出西施 Love is in the eye of the beholder.
(2)毛遂自荐 to volunteer one's service
(3)叶公好龙 professed love of what one really fears
(4)南柯一梦 a fond dream
(5)四面楚歌 to be besieged on all sides

四、翻译中的语言障碍和文化障碍

文化赋予了语言独一无二的特征。各个文化均有自己的少数民族群体、地

068

理位置、宗教信仰、政治体系等等。这些引起的文化差异在语言中得到体现，在翻译时构成障碍。为方便起见，作者将其分为两大类。

（一）语言障碍

从语言障碍来说，可以从这几个方面来探讨：押韵的可译性限度；汉字结构的可译性限度；修辞手法的可译性限度（双关、回文、镶字、析字等）以及语言风格的可译性限度。如：

九溪十八涧则以"曲曲环环路，叮叮咚咚泉"著称。

The place called Nine Creeks and Eighteen Gullies is well-known for its twisting paths and murmuring streams.

此句出自一个旅游景点的广告。但汉语中的"曲曲环环"和"叮叮咚咚"的效果没有在译文中体现出来。再如：

A：What kind of money do girls like the most?

B：Matrimony.

甲：女孩子喜欢怎样致富？

乙：嫁大腕成妇人。／ 收财礼变富婆。

双关是译者面对的棘手难题之一。译文中的"富"多多少少达到了源语一定的对等效果。

（二）文化障碍

由于物质文化、民族习惯和方言等引起的可译性限度作者将其归纳为文化障碍。举个最简单的例子——"粽子"。国人司空见惯的粽子对西方人来说很新鲜。由于文化空缺所引起的交流障碍必须通过一系列的解释说明才能加以构架起沟通的桥梁。再如由于地理位置引起的不同方言该如何翻译。例如，"俺们"该在英语中如何对等呢？在英语中，黑人英语（Ebonics）也是一种独特的语言。有时候美国人自己都不太理解这种方言，那让译者又情何以堪呢？

五、结　语

功能对等理论在多年之前就已经提出。尽管近些年来很多新的翻译理论层出不穷，同时功能对等理论也受到不同程度的质疑，无可否认的是，功能对等理论在英汉互译实践中将一直扮演重要的角色。

在文化翻译的过程中，想要达到完全的对等是不太可能的。一个有责任心的译者的目标就是尽可能去做到对等。面对两种完全不同的语言——英语和汉语，译者应尽量去架起文化交流的桥梁。译者不仅要将原语文化介绍到译入语中来,与此同时,也要确保目的语读者对译作的接受性。在大学英语教学课堂,遇到文化翻译问题时,功能对等理论往往能帮助学生更好的解决面对的疑惑和不解。

参考文献

[1] Baker,Mona. In Other Words:A Coursebook on Translation [M]. Beijing:Foreign Language Teaching and Research Press,2000.

[2] Bassnett,Susan. Translation Studies (Third Edition) [M]. Shanghai: Shanghai Foreign Language Education Press,2004.

[3] Newmark,Peter. A textbook of Translation (2nd impression) [M]. Shanghai:Shanghai Foreign Language Education Press,2002.

[4] Nida, Eugene. Toward a Science of Translating [M]. Shanghai: Shanghai Foreign Language Education Press,2004.

[5] Nord,Christiane. Translation as a Purposeful Activity (2nd impression) [M]. Shanghai:Shanghai Foreign Language Education Press,2002.

[6] Venuti, Lawrence. The Translator's Invisibility [M]. Shanghai: Shanghai Foreign Language Education Press,2004.

[7] 包惠南,包昂编. 中国文化与汉英翻译[M]. 北京:外文出版社,2004.

[8] 郭建中编. 文化与翻译[M]. 北京:中国对外翻译出版公司,2003.

[9] 金惠康. 跨文化交际翻译续编[C]. 北京:中国对外翻译出版公司,2004.

[10] 马会娟. A Study on Nida's Translation Theory [M]. Beijing:Foreign Language Teaching and Research Press,2003.

多媒体英语任务对综合英语教改的启示

胡 淼

杭州电子科技大学外国语学院

摘 要：综合英语教学存在教学内容滞后和教学方法无新意两大问题，而目前教改的结果显示这两大问题并没完全解决。本文基于对多媒体英语实践的成果，分析多媒体英语任务对综合英语教学改革的启示，给综合英语教改提供一种新的可能。

关键词：综合英语教改；教学内容；教学方法；多媒体英语任务

Multimedia English Tasks and Comprehensive English Teaching Reform

Hu Miao

Abstract：There are two major problems in the teaching of Comprehensive English：the backward teaching materials and the uncreative teaching methods. However，the present reform of this course does not help a lot. Based on the previous research on use of multimedia in English teaching，the article explains the concept of the multimedia English tasks and analyzes the insights they may bring to Comprehensive English，so as to provide another possibility for the reform of the course.

Key words：the reform of Comprehensive English；teaching materials；teaching methods；multimedia English project

一、综合英语教学现状

《2012 年中国大学生就业报告》中，英语专业被列入 2012 年本科就业"红牌

作者简介：胡淼（1975—），浙江杭州人，杭州电子科技大学外国语学院讲师，硕士。研究方向为翻译和英语语言教学。E-mail：173739838@qq.com。

警告专业",虽然,实际就业的困难并不像听起来那么恐怖,但学生能力不足确是一个因素。目前,除了教师、专职翻译以及语言研究等职业外,对于大多数工作而言,英语只是一种必备的辅助工具,因此,具有扎实综合能力,符合市场需求的实践型、复合型英语人才是英语专业的培养目标。

综合英语是英语专业最重要的课程之一。其主要目的在于培养学生的听、说、读、写、译综合技能。综合英语教学是以篇章为基础的语言学习,这种传统的教学法在内容和形式上都有一定的缺陷。

内容上,由于课文数量和教学时间的限制,学生学到的内容很少,涉及的知识面不大。以外研社《现代大学英语精读》第四册为例。该册有 15 个单元,每单元正副课文各一篇,共 30 篇文章。如平均每单元需要 10 个课时,则一学期只能完成 8 到 9 篇文章,还不包括副课文。另外,由于材料的选择、编辑及出版发行需要一定时间。到教材使用时,有些课文内容与社会发展会有一定程度的脱节,时效性差。出版于 2003 年 2 月的《现代大学英语精读》第一版第四册中,全部 30 篇课文都写于 20 世纪。最近的、最贴近现代生活的 *Globalization's Dual Power* 发表于 1999 年,距今有 12 年的时差。最后,语言的新鲜度也往往跟不上飞速变化的时代。在新名词、新表达层出不穷的情况下,学生常感到课文中的词汇不能满足日常表达和讨论的需要。因此,从内容的广度、时效性和语言的新鲜度来讲,教材学习不能满足学生现实的需要。而形式上,综合英语教学基本还是课上教师讲解,学生参与课堂活动,或者完成一定课外任务为主要形式。课堂和课外的活动都是比较小型的任务,学生从中得到的综合能力的锻炼并不多,而其他与英语无关的技能更是少有。

目前,国内对综合英语教学改革的研究绝大多数从教学模式、方法出发,主要目的在于提高学生的学习积极性。大部分学者注重任务型教学,以学生为中心的教学模式的研究。不少学者、教师设计了扩充课文内容的学习任务,以便补充内容上的不足。而形式上也以完成 PPT,说明讲解为主。这些方法主要还是训练学生阅读和呈现理解的能力。目前,有所创新的当属浙江师范大学的 RICH 教学。这是一项持续十多年的教学改革实践和研究。RICH 为 Researched based(以小型学生课题研究为基础),Integrated curriculum(语言基本技能综合训练课程),Cooperative methodology(合作学习方法),Humanistic outcome(人文素质的提高)首字母缩写。RICH 教学以人文主义思想为指导,以发展学生的综合素质,提高学生英语运用能力为主要目的(黄爱凤等,2000)。教学内容改革是 RICH 很重要的一部分。在使用课本的同时,注重学生自选自编的教材,每学期教师会指导学生编写教材。这种方法使得学生要通过大量阅读,获取资料,同时必须经过思考、选择、编辑,才能成为教材。这锻炼了学生有机会运用已学知识,同时也在一定程度上解决教材内容局限性、语言滞后问题。但有学者认为 RICH 教学的"学生自发编教材"有可能破坏基本功训练体系;"小型课题研究为基础"会导致学生学习重心的偏移(尚新、李刚,2002)等问题。

二、已有实践研究

为解决综合英语教材内容和教学形式的变革,并消除 RICH 教改中的问题,笔者认为可以充分利用学生对多媒体英语的兴趣。笔者曾对任教的英语专业二年级两个班学生实施了为期一个学期的基于英文报刊的实验性研究。利用英语报刊,开展针对听、说、读、写的学习任务,形成一种综合英语教学辅助模式,后发表《基于英文报刊的综合英语教学辅助模式——从 RICH 教育理念出发的研究》。此实验研究包括两个任务。任务一:每个学生根据自己的能力选择一份外报,每天阅读 1~2 篇新闻,听或看相关音频和视频。选择一篇感兴趣的报道写概述和评论,并列出其中新词或生词。每次课前十分钟,抽一位学生做演讲。全班就该新闻话题进行讨论。任务二:教师给出政治、民生、科技等主题,学生根据爱好分组,确定话题。搜集、分析、编辑相关新闻资料,完成 PPT。每位学生必须对其他组的选题也做相关阅读。最后以新闻发布会的形式开展。每组做完演讲后,全班对该组同学提问,并展开讨论。学期末,对学生进行的问卷调查结果(共 51 份)显示 96% 的学生认为英文报刊学习任务既可以提高英语综合能力,也可以提高综合素质。88.23% 的学生认为利用英文报刊来辅助课文提高英语综合技能是可行的。存在的问题是听和写的锻炼不足。

此外,笔者所在学院曾连续四年在短学期实训中开展多媒体英语新闻采编活动。在为期两周的实训里,学生 6 人一组,选择完成一份英文报纸、英文视频或英文音频。所有内容都由学生自己采制、编写、录音、录像。学生对此的反馈比较积极,认为活动很有意思,能充分展示已有的英语水平和创造力。但作为此项活动的主持者,笔者发现由于短学期时间短,任务比较重,学生往往没能对所有材料认真阅读分析、总结编写,成品在语言上比较粗糙。加上教师和学生人数比悬殊,教师无法仔细地指导过程中出现的语言问题,因此学生从中获得的语言提高并不大。

基于以上的前期研究和实践,笔者认为多媒体英语任务可以结合综合英语教学,在以课文为中心的基本功训练基础上,发挥重要的作用以弥补目前综合英语教学在教材、教学法创新上的缺陷,创造一种新的教学模式。

三、多媒体英语任务在综合英语教学中的运用

(一)形式

多媒体英语任务形式包括:报纸、视频、音频、(电子)杂志、教参,网页制作,话剧表演等。报纸可定为 A3 大小的一张,对折,正反四面排版,软件可用 publisher。视频或音频为 10 到 20 分钟为宜。内容的表现形式上可以是短新闻,深度新闻调查,访谈节目,纪录片,甚至娱乐节目的形式。杂志可以是电子的,也可以做成传统纸质的;与报纸的编排有所不同,可以参照现有的杂志形式。可以包括小说、散文、诗歌、议论文等各种文体。教参的重点在对文章本身的解读,语言点的分析说明,其他内容不变。网页制作需针对变化持续的话题会更有意义。话剧的形式稍有不同,要针对合适的文章,利于用舞台表演来呈现的主题,由学生自己撰写剧本,自己表演。其他形式还有广告,海报,简介等小册子的制作。

(二)内容

多媒体英语任务的内容应以课文主题为中心,向外辐射、扩展。可以包括与课文主题相关的历史、现状及最近新闻及相关信息;该作者背景、写作特色及其他著名作品的介绍;其他作者有关该主题的研究,评论;不同观点的碰撞;相近观点的补充等等;还可以包括学生自己对课文的读后感,或者作者其他作品的读后感;比较相似写作风格的文章,由学生分析并评论等等。

(三)具体实施方法

此任务并不抛弃课文学习,也不只是处于辅助地位,而是对文本学习的扩展、巩固、运用,是课文学习的重要部分。因此,传统的对文本的精读讲解必不可少。教师应充分挖掘,深入分析,引导学生对主题的认识,使得学生对课文主题思想、语言重点,写作风格等有全面理解,详细掌握。在课文学习的同时,学生要根据自身能力及喜好分组,选择做某一多媒体作品。结合课文中已学知识,运用相关语言点,施展各自才能完成任务。每组同学就某一单元而言可以选择完成不同形式的作品,但每学期必须把所有形式都尝试一遍。教师确保每位组员都有切实展现自己才能和运用语言的机会,同时要对每组所收集到的资料给出参考意见,对学生编辑,改写后的文章进行点评,对学生自己创作的文章更要认真修改,在作品形式上也必须给予指导。最后,各组学生展示并讲解自己的成果,其他学生提出问题,意见及评论。同时教师可以引导学生针对新信

息和新形式的主题再次讨论,深入理解,完成一个单元的学习。

四、结合此任务的综合英语教学特点

(一)教学内容上弥补目前教材的缺陷,符合大纲对教材的要求

《高等学校英语专业英语教学大纲》(2000)在关于外语专业本科教育改革的基本思路中提到 21 世纪的外语专业教材应该具备以下几个基本特征:

(1)教学内容和语言能够反应快速变化的时代。以课文主题为中心扩展的任务解决了目前教材内容和语言的滞后性。学生必须从媒体从收集大量最新资讯,尤其是英语新闻。而新闻语言是最鲜活,最贴近时代的。广泛的阅读不仅有利于学生的知识面扩展,也更新了课文的内容,帮助学生更好地理解课文主题。

(2)要处理好专业知识、语言训练和相关学科知识之间的关系。在相关主题的挖掘和深入中,学生会涉及专业知识和相关学科的内容。不同形式的任务使得学生的听、说、读、写、译五项技能都得到锻炼。

(3)教材不仅仅着眼于知识的传授,而要有助于学生的鉴赏批评能力、思维能力和创新能力的培养。为完成任务学生必须要大量阅读、判断、分析资料,这就锻炼了学生的鉴赏批评能力和思维能力。同时培养了学生对社会时事的关注,对观点的辨析、批判能力。不同形式的任务也给了学生展示其创造性的机会。

(4)教学内容有较强的实用性和针对性。由于多媒体英语任务的完成会涉及很多软件,如报纸编辑软件 publisher,电子杂志软件 e-book,音频、视频制作软件会声会影等,学生在过程中会获得许多实用性很强的知识。

(5)注意充分利用计算机、多媒体、网络等现代化的技术手段。要完成多媒体英语作品学生必须充分利用计算机、多媒体、网络等现代化技术,以及各种软件。这也是此模式重要特点之一。

(二)不抛弃传统的教学法

此模式并不抛弃传统的教学法。原因有以下几点:首先,英语综合技能的提高主要还是靠扎实的基础训练,即认真细致地学习课文中词、句、语法等语言基本用法,分析理解篇章结构、文体修辞等。多媒体英语任务中对文章本身的研究并不深入,偏重内容和量的扩展。其次,任务资料来源主要为媒体英语,属于独特的新闻英语。其形式相对固定,篇章结构主要是倒金字塔式和顺叙式,语言上缺乏文学性。只读这一类文章,未免掩盖了其他英语文体的光芒。而教

材选取的都是上层之作、语言的精品。英语专业的学生不仅要有精湛的语言技能,更要有较高的文化、文学素养。

(三)教学活动形式上的多样化

传统的小组讨论、角色扮演,PPT 展示已为所有教师所熟用,英语专业学生更是在各门课程中反复得到锻炼,因此学生在兴趣上可能会有所减退。但在课文学习中仍然可以使用。多媒体作品的制作更复杂,能更好地运用各项语言技能及其他各项综合能力。学生对现代科技产品总有较高的热情。

(四)教学评估更加客观

综合英语教学评估目前还是以考试为主要形式。即使许多学校加强了对学生平时表现的比重,如平时作业,测验,学生的成绩主要还是从测验、考试前的突击而来。而课堂上的表现,只能凭教师对学生发言、提问情况的记忆给分,不够科学公平。此模式下的对学生平时表现的评估有了比较客观的依据。教师可以根据学生在过程中的积极性、参与性、作品的水平等多方面进行考量、打分,加上期末考试成绩,得出的总评,更能真实反映学生的努力。

五、结　语

综合英语教学的改革进行了多年,学者们普遍认同以学生为中心,任务型教学法。然而,实际教学中如何真正以学生为中心,如何设计任务来教学,目前学者和教师们正在实践的基本上继续研究着。本文所提出的多媒体英语任务是对英语专业综合英语教改的新设想。以多媒体作品为依托,以课文为中心的任务是明确的;而学生为了完成任务必须相互合作,充分发挥自己的主动性,教师仅起指导、辅助作用,是真正的学生为中心。在课文学习中训练基本功,在任务完成中巩固基本功,不仅综合技能得到提高,综合素质也将得以发展。不过,此设想还需实践证明,希望对综合英语的教改能起到一定的启示作用。

参考文献

[1] 黄爱凤,郑志恋,胡美馨. RICH 教学模式——师范英语专业综合英语课改革探索[J]. 国外外语教学,2000(2):7—13.

[2] 贾陆依. RICH 教育视角与"英美报刊选读"课程的改革[J]. 中国大学教学,2009(2):83—87.

[3] 高等学习外语专业教学指导委员会英语组. 高等学校英语专业英语大

纲[Z].上海：上海外语教育出版社,2000.

[4] 尚新,李刚.外语教学改革的趋势与语言基本功训练——谈师范学院校英语专业基础阶段的综合英语教学兼评 RICH 教学模式[J].外语教学,2002(1):70—75.

[5] 汤岩.《21世纪报》对英语专业学生综合能力的培养[J].中山大学学报论丛,2007(4):29—31.

[6] 李涵,易点点.英文报刊阅读对于提高高职院校商务英语专业学生综合能力的意义[J].考试周刊,2009(32):91—92.

[7] 刘润清,戴曼纯.中国高校外语教学改革——现状与发展策略研究[M].北京:外语教学与研究出版社,2003.

[8] 李金仙.任务型教学法在大学英语精读教学中的应用[J].安徽师范大学学报(人文社会科学版),2009(2):244—248.

对理工类院校英语学科建设的思考

曾庆勇

杭州电子科技大学外国语学院

摘　要:英语学科是理工类院校学科建设中一支不可忽视的力量。随着时代的发展,理工类院校英语专业应与时俱进,准确定位,明确发展目标,科学构建英语学科课程体系,建设具有创新素质的师资队伍,以应对新世纪新形势下面临的挑战。

关键词:英语学科建设;理工类院校;英语人才培养

Some Thoughts on Construction of English Academic Discipline in Universities and Colleges of Science and Technology

Abstract: In universities and colleges of science and technology, English academic discipline is a force that cannot be ignored in the discipline construction. With the social development, it is required that, to meet the challenges in the new era and situation, English discipline should keep pace with the times, position its developing target accurately, construct its curriculum system scientifically and build a team of teachers of innovative quality.

Key words: construction of English discipline; universities and colleges of science and technology; cultivation of English talents

一、引　言

在我国 20 世纪末开始的高校合并和建设多科性大学的过程中,英语专业

作者简介:曾庆勇(1974—),硕士,助理研究员。主要研究方向为教育管理、英语语言文学。
E-mail:zqy@hdu.edu.cn.

迅速进入传统的理工类院校,并逐渐发展成为理工类院校学科建设中一支不可忽视的力量,其中发展较快的已经具有硕士学位和博士学位授予权。这说明了新形势下市场对英语人才需求的增加,另一方面也反映出部分理工类院校走向综合化发展的趋势。然而,随着改革开放的步伐加大和市场经济的进一步发展,理工类院校英语学科建设面临着一些迫切需要解决的问题。正确分析和处理好这些问题,对理工类院校的英语学科建设具有重要的实际和现实意义。

二、当前我国理工类院校英语学科建设面临的问题

(一)英语学科建设目标定位不清

在理工类院校,英语专业是为数不多的文科专业之一。自 20 世纪末伊始,一些理工类院校为了求得学科门类齐全,不顾自身办学条件和学科基础,不考虑社会实际需要和学科发展的内在规律,或盲目扩张,竞相增设英语专业。但是自计划经济时代开始,在具体实践过程中英语包括其他外语专业的人文内涵和发展潜力并未引起足够的重视。这是因为长期以来英语只被视为一门公共课,是人与人之间进行交流的工具。这些理工类院校之所以办英语专业,是因为他们在理论层面上已经认识到,科技与人文的相互补充与协调发展对高素质创新人才的培养具有重要的战略意义。即使这样,在部分管理者、建设者与施教者的惯性思维中,英语也没有摆脱是科技工作者的必备工具的地位。[1]

(二)墨守成规,英语专业人才培养观念落后于时代要求

自我国加入 WTO 以来,改革开放与对外交往的步伐加快。21 世纪初的前十年,英语专业成为热门专业,生源与就业形势非常好,这导致不少理工类院校的教育工作者盲目乐观,忽视时代的发展及英语人才市场的需求变化,在大部分院校对外语学科建设进行改革时,没有预见到理工类院校的英语专业正面临潜在的生存危机,没有及时对英语专业进行教学改革。相对于其他学科及其他类型院校的英语专业,部分理工类院校没有充分利用自己的理工类优势,英语专业还是重传授知识,轻能力培养,重基础知识,轻提高阶段应用能力培养和训练,教育缺乏理念,对英语专业未来发展无充分准备。英语专业的培养目标、教学大纲表现出对社会需求的不适应。现行的教学计划、课程设置、对学生的要求与以前相比没有太大区别。[2]

(三)英语专业人才从业空间萎缩,专业优势减弱

随着高校扩招政策的实施,全国几乎八成以上的本科院校都开设了英语专

业,其中也包括部分理工院校。专业设置雷同并盲目扩大招生规模,加之现阶段人们学习英语的意识不断提高,非英语专业学生不断提高的英语水平使英语专业学生面临许多强劲对手。各种外语培训机构也如雨后春笋般迅速兴起,人们学习英语的环境在逐步改善,很多人通过学习能够自如地应用英语,致使劳动力市场上英语人才供给量迅速增加,而社会上对英语专业人才的需求并未大幅度增加,甚至有些单位精兵简政,使得需求岗位减少。这种市场吸纳能力与市场需求的不相符的现象,是导致理工类院校英语专业毕业生就业困难的部分原因。

(四)重物轻人,没能建立起一支高水平的英语专业师资队伍

多年来,各理工类院校虽然也十分重视师资队伍建设工作,采取了一些有效的措施,建立和稳定了一支师资队伍,基本上满足了英语专业教学和科研工作的需要。但不可否认的是,由于受计划经济时代轻视人的物质需求和建立社会主义市场经济初期过分注重人的物质需求两种惯性思维的束缚,在英语专业师资队伍建设上不可避免地存在着重物轻人的现象。[3]具体表现在过分注重物质诱惑,轻视事业吸引,如在招聘人才时动辄开出多大面积的房子、多少万的年薪,唯独不提院校的事业基础、科研条件、发展前景。另外在英语师资的使用上,片面强调成果产出,忽视教师多方面需求的满足。为了调动教师工作的积极性,理工类院校都制定了一系列物质奖励办法等等,但忽视了教师其他方面的需求,如对职称、学历、出国培训、事业前景的追求等。

三、理工类院校英语学科建设的对策和出路

(一)科学定位,明确英语学科建设的发展目标

准确定位是一所院校进行学科结构调整、改善学科布局的前提。一所院校究竟应该怎样进行学科结构调整,要考虑人的发展要求、学科的发展规律、社会的发展需要,但是,人的发展要求分层次,不同学科的发展规律也不一样,这就要求理工类院校的英语学科定位必须有所选择,必须符合学校在科学分析外部环境和自身实力的基础上,按照一定的标准,准确界定自己在所属系统中的地位。与计划经济体制时期不同,现在我国要建立的是社会主义市场经济体制,这就既对学校自我定位提出了客观要求,又为其自我定位创造了条件。在这种情况下,理工类院校英语学科建设若不能很好地自我定位,就会错失良机、贻误发展。英语学科的定位应该是在实现大众化高等教育的过程中,结合自己的学科基础和办学条件,找准自己的合适位置。以笔者所在的杭州电子科技大学为

例,她是一所电子信息特色突出,经管学科优势明显,工、理、经、管、文、法、教等多学科相互渗透的教学研究型大学,身处长三角经济、科技技术发达地区。目前,其各项事业正处于蓬勃发展的时期,全体师生秉承优良传统,发扬传统精神,为把学校建设成特色明显、国内知名的教学研究型大学而努力奋斗。学校致力于培养德智体美全面发展的,具有锐意进取、创新精神和实践能力的高素质人才。与之相应,在 2011 年的培养计划中,其本科英语专业的培养目标是培养适应社会主义建设和经济发展需要,德、智、体、美发展,具有扎实的英语语言基础知识、较强的英语交际能力、良好的人文与科学素养以及广阔的国际视野与较强的创新意识,能在外事、经贸、文化、教育、科研、旅游等部门从事翻译、教学、管理等工作,具有竞争力的应用型高素质创新人才。其英语语言文学硕士研究生的培养目标是坚持德、智、体全面发展的方针,培养具有坚实的基础知识和创新能力,从事英语语言文学研究的专门人才,以承担大、中专院校教学、科研,企事业单位文秘、翻译及外事工作。由此可见,在理工类院校,英语专业应该回归其人文学科本位,强调英语专业的核心地位和英语学科存在的真正价值。

(二)与时俱进,科学构建英语学科课程体系

教育部颁布的《高等学校英语专业教学大纲》明确提出新时期英语专业培养复合型的英语专业人才包括五个方面:扎实的基本功、宽广的知识面、一定的相关专业知识、较强的能力、较高的素质。与一些条件较好的重点外语院系可以培养精英型的英语人才相比,理工类院校可以定位于培养听、说、读、写、译等技能出色全面,英语语言、文学、社会文化等人文素养深厚,知识面宽广,具备批判意识和创新能力,具有社会责任感并能较快适应各类工作的为院校所在地社会经济发展服务的通识型、应用型、复合型英语人才。但是,不论哪一类院校在按照其人才培养目标和规格进行教学时都必须加强而不能削弱对学生英语语言、文学、文化等基本知识的讲授,因为这些知识是英语专业学生的看家本领。任何一类院校都必须加强而不是削弱对学生人文思想、分析能力和创新思维等素质的培养,因为这些是英语专业的本质所在。[4]理工类院校英语学科应考虑市场经济的实际需要,尤其要考虑我国社会发展的长期需要,根据《高等学校英语专业教学大纲》的要求,科学构建英语学科课程体系。应立足现实,根据不同类型、不同层次的学生制定符合自己特点的复合型专业课程,并安排学分,合理设计学时,满足学生的需要,增加包括语言技能型、语言知识型和职业型在内的实用型系列课程。技能型的课程如听、说、读、写、译等课程旨在培养学生的综合技能。杭州电子科技大学在此方面开设了英语公共演讲、口译、翻译理论与实践、中国典籍英译阅读与欣赏;知识型课程则开设了英语报刊选读、跨文化交际、英语国家概况、当代英国戏剧选读、美国西部文学选读、美国华裔文学选读、

当代美国印第安文学选读等,以支持语言技能课,扩大学生的视野,丰富课堂教学,提高学生的跨文化交际能力;职业型课程则增开了科技英语阅读与写作、国际营销英语、机器翻译、科技翻译实务、影视翻译、英语教学法等,目的在于为学生提供应用型的职业培训。当然,为了进一步扩大学生的知识面,提高其文化素养,理工类高校还可开设西方民俗文化、圣经故事、希腊神话等课程。同时开设旅游英语、外贸英语、广告英语这些偏重实际用途的课程,使学生将学习与生活及未来有可能进行的商务联系起来,激发他们学习外语的兴趣。[5]

(三)以人为本,建设一支具有创新素质的英语学科师资队伍

英语学科师资队伍主要由资深的英语教师带领中青年教师组成,英语教师往往对英语教育的忠诚大于对单位的忠诚。不论哪一所院校,只要能创造出有利于英语学科发展的环境,它就能吸引英语学者们向该校流动。所以理工类院校(包括其他类型高校)要建设一流的具有创新素质的英语学科师资队伍,就必须坚持以人为本的办学理念,创造出一流的学术和工作环境。杭州电子科技大学英语专业近年来采取多种措施来激发和培养教师的创新素质。一是优化教师队伍、改变教师知识结构单一化。这几年,外国语学院引进了一批具有丰富的其他专业知识的外语人才和具有其他专业背景、外语水平较高的人才。也从校内外聘请了其他专业的教师来承担创新型课程的教学,从美国、英国、澳大利亚、法国、巴西等国家聘请了非语言专业毕业的外教,利用他们的语言和专业优势来教授课程。二是创造条件,鼓励教师尽量多接触海内外教学改革的新理念、新动向,并及时组织交流、讨论,为教学改革献计献策。例如,外国语学院近年来承办的全国英国文学教学专题研讨会、浙江省多元文化背景下的当代美国文学研讨会、浙江省高校翻译教学研讨会、当代美国西部文学高级研修班、首届全国网络化语言学科平台建设与外语教学研讨会、中国比较文学学会中美比较文化研究会第八届年会暨国际学术研讨会等,邀请国内专家学者给我院师生传递新的教学内容及理念,使我院全体教师受益匪浅。我院还鼓励教师去省内外或美国、英国、澳大利亚等英语国家去进修相关课程、参加会议进行交流。回来后学院组织他们向全体教师报告在外面获得的新信息,以及相关的教学改革建议,使全体教师不断得到新刺激、新动力,从而不断产生教学改革的新主意。三是鼓励并安排进修回来的教师开设新课,并为他们提供各种便利条件。这几年,我院教师开设的西方文化与礼仪、实用文体学、美国西部文学、印第安文学、应用文写作、经典英语影视欣赏、跨文化交际视听说、雅思英语等课程就吸引了很多学生去选课并得到他们的好评。四是尽早让年轻教师参与科研,提高其科研能力。科研能力是衡量教师创新素质的重要指标。近十年来,外国语学院不少有事业心和进取心的外语教师都在积极行动,从近年来申报的项目、发表论

文的数量和质量,新编出版的教材,参加研讨会或研修班的踊跃程度来看,都可以感受到外语教师参与科研的形势在变化,在发展,在进步。[6]

四、结　语

　　新世纪社会发展日新月异。新形势下社会对英语人才提出了更新、更高的要求,这既给理工类院校的英语教育事业带来挑战也带来机遇。理工科院校英语学科应结合实际认真分析研究,充分利用自己强大的学术资源,结合自身发展的特色和专业优势,加强师资队伍建设,优化学科管理运行机制,积极推进英语学科与各个学科知识相结合。我们相信理工类院校只要立足现有资源条件和工作基础,通过学科、专业、课程的协调联动,定能促进英语学科建设,培养出更多、更好地服务于社会经济发展的通识型、应用型、复合型、创新型英语人才。

参考文献

　　[1]吴格非.理工科大学外语专业建设与发展的思考[J].中国大学教学,2004(5):37.

　　[2]郑明秋.本科外语专业教育面临的问题与出路[J].中国俄语教学,2005(2):17.

　　[3]罗云.中国重点大学与学科建设[M].北京:中国社会科学出版社,2005.

　　[4]高翔.注重人文教育,走多元化培养之路——关于英语专业教学改革的再思考[A].金国华.高校应用型人才培养新探[C].上海:上海社会科学院出版社,2007.

　　[5]曾庆勇.杭州理工类高校外语人才培养模式的思考[J].语文学刊,2011(6):101-102.

　　[6]陈许,郭继东.高校外语教学的理论探索与实践创新——外语教学研究文集[A].杭州:浙江大学出版社,2011.

084

德国功能翻译理论对英语专业
翻译教学的几点启示

马玉军

杭州电子科技大学外国语学院

摘　要：翻译教学改革首先需要解决的是翻译观的问题。传统的翻译教学存在种种弊端，翻译教学亟需观念上的转变。功能主义学派研究的重点是文本功能、翻译行为及其目的、翻译策略。把功能主义翻译理论应用到英语翻译教学中，有利于帮助学生在翻译过程中更好地理解篇章内容，较快地培养翻译能力。作者根据功能翻译理论提出了可遵循的翻译教学方法和策略，以期指导实际翻译教学。

关键词：翻译教学；英语专业；目的论；功能主义

The Inspiration of Functio nalism to Translation Teaching for English Majors

Ma Yujun

Abstract：The priority for the reform of translation teaching is to have a proper view on translation. Traditional way of translation teaching is far from satisfactory and calls for urgent transformation. According to German functionalism，translation is a purposeful activity and the purpose of translation determines the translation methods and strategies that are to be employed in order to produce a functionally adequate result. In Vermeer's terminology, a translation is thus a new offer of information in the target culture about some information offered in the source culture and language. This paper attempts to propose some efficient ways of translation teaching in the enlightenment of the Functionalism.

Key words：Translation teaching；English major；Skopos theory；Functionalism

基金项目：杭州电子科技大学高教研究中心项目（YB1131）

作者简介：马玉军（1974—），江苏盱眙人，讲师，研究方向为翻译理论与实践。

一、引　言

　　高校英语专业高年级阶段开设的翻译课课程设置的目的是使学生通过这门课的学习,不仅掌握翻译的一些最基本理论和方法,而且还能获得较强的实际翻译能力,以便他们日后在工作岗位上能较自如地面对可能遇到的各种翻译任务。[1]

　　然而,目前国内院校的翻译教学还是差强人意。一些外语院系本科阶段翻译课的教学模式仍然局限于"练习—对答案的模式,辅之以翻译技巧说明、翻译原则和文体介绍,对非英语专业的学生来说翻译课几乎就等于答案加技巧介绍"[2]这种以教师为中心,以改错为手段的传统翻译教学方法把教师提供的参考译文作为翻译课要实现的最终目标,把翻译局限在语言层面,只注重分析原文文本的内在因素,忽视了除语言之外文本的语用、文化等因素,忽视了在真实情况下从事翻译的本质特点,从而在很大程度上扼杀了学生学习翻译的主动性和创造性[3]。这样的教学模式自然难以取得理想的教学效果。在一篇题为《关于英语专业翻译教学的调查与研究》的文章中,作者王占斌对天津市十多所院校英语专业四年级学生的调查问卷中,学生对所用教学材料表示不赞成的达66.60％,对教师授课方法不赞成的高达 73.33％,认为翻译理论没有用的占76％,对翻译课的效果不满的占 62.66％。[4]从这组数据中可以看出我们的翻译教学改革任重道远。传统的以教师为中心,以典型例句讲解一个个翻译技巧的做法仍未有大的改观。许多外语专业的学生本科毕业之后难以胜任翻译工作,所学知识难以应用于翻译实践。为此,须反思翻译教学,革新传统翻译教学模式,真正做到教有所为、有所用,提高学生实际翻译能力是改革翻译教学迫在眉睫的阶段性目标。本文拟从德国功能翻译理论视角,再探讨我国的翻译教学,以寻求切实改进翻译教学的更加有效的方法和途径。

二、德国功能派翻译理论的核心

　　德国学者弗米尔(Vermeer)的目的论和诺德的功能加忠诚理论是德国功能主义翻译理论的两个主要支柱理论。弗米尔摆脱了以源语为中心的等值论的束缚,创立了功能翻译理论的奠基理论:翻译的目的论(Skopos Theory)。他根据行为学的理论提出翻译是一种人类的行为活动,而且还是一种有目的的行为活动。翻译时,译者根据客户或委托人的要求,结合翻译的目的和译文读者的特殊情况,从原作者提供的信息中进行选择性的翻译。在弗米尔的"目的论"的基础上,曼塔利(Justa Holz Manttari)进一步发展了功能派翻译理论。她用信

085

德国功能翻译理论对英语专业翻译教学的几点启示

息传递来指文本、图片、声音、肢体语言等各种各样的跨文化转换,视翻译为一项为实现特定目的复杂活动。她的理论强调翻译过程的行为、参与者的角色和翻译过程发生的环境三个方面。后来,诺德(Christiane Nord)发展了弗米尔的理论,并部分为了回应批评而给目的决定一切的原则加了"忠诚"的条件。忠实性法则(fidelity rule),是指原文和译文之间存在语际连贯(inter-textual coherence),即通常所说的忠实于原文。在目的论中,忠实法则仅仅是指源语和目的语中应该存在某种对应关系,并不要求他们之间在内容上完全一致。当忠实性原则与功能主义标准发生冲突时前者应从属于后者。[5] 这里的"忠实"只应视为理想的翻译的一种,它更当被视为译者的一种工作态度,而非一切翻译都应当遵守的普遍原则和标准,常可见到声称"忠实"的数种译文争吵打架的现象,文学翻译中尤甚。诺德的"忠诚"不等同于传统译论中作为原则和标准的"忠实"(fidelity/faithfulness),它只是为防止译者将翻译变为完全自由的译语写作而设的一道道德防线。[6]

以"目的论"为代表的功能派试图把翻译从源语的桎梏中解放出来,从译入语的新视角来解释翻译活动,因而给德国乃至全球翻译理论界带来了一场新的革命。与传统的翻译等值论相比,功能翻译理论有了一大进步。传统的翻译等值论认为不同语言之间存在某种程度的"对等",而这种理论显然存在缺陷。由于语言和文化的差异,不同语言间即便有偶合之处,归根结底并不存在一一对应的关系。功能翻译理论并不注重源语与目的语是否对等,而是强调应该首先基于对源语的分析,以目的语的预期功能为目的而采取不同的翻译策略,译文功能与源语可能相似或保持一致也可能完全不同,这取决于不同文本所采取的不同的翻译策略。

目的论创立之时正是等效论及语言学派盛行的时期。目的论大胆地摆脱等效论的束缚,以目的为总则把翻译放在行为理论和跨文化及交际的框架中进行考察,为世界翻译理论界包括中国译学界开辟了一条崭新的道路。也为英语专业翻译课教学带来了新的思考。

三、功能翻译理论对英语专业翻译课教学的启示

传统的翻译教学模式实际上采用的是教学翻译的模式。所谓教学翻译,从学科定位上属于外语教学,教学的目的是检验并巩固所学外语知识,提高语言应用能力。教学重点是外语的语言结构及外语的语言应用能力;培养目标是掌握一门外语的工作者。[7] 这种教学模式注重翻译技能的培养,而忽视了翻译理论的输入及翻译能力的提高。结果是学生离开翻译课堂,仍然不能独立完成各项翻译任务。勒菲弗尔也认为,"翻译教学不是教会学生使用语言,而是教会他

们使用语外策略以制造译者头脑中的原文形象。在这个制作过程中,必须考虑种种因素,不仅包括思想意识和诗学,还包括读者对象。"[8]功能主义翻译理论认为翻译不是一项孤立的活动,是社会实践活动的一部分,因此主张翻译应从译文的文本功能出发,要充分考虑翻译过程中所涉及的各方面因素。强调翻译的目的在译语文化语境中的实现。结合功能派翻译理论及其教学理论,笔者认为,国内的翻译教学可以从以下几方面加以改进,以提高翻译教学的质量。

(一)在功能翻译理论指导下,建构功能翻译教学模式

传统的翻译教学在深受传统翻译教学观的影响下采取以原文为起点,译文为终点的模式,师生所教所学都脱离不了这一理论框架,但实践中翻译往往并不是只是语言之间的对等而已。在传统"自下而上"(bottom-up)的翻译模式中,翻译被视为一种寻求词汇和句法对等的语码转换。学生会因此倾向于尽可能紧贴原文,从而带来语言干扰和错误。同时,学生通常会忽略了文本在交际语境中发挥的整体作用,使主体间的交际行为无法顺利进行。为突破"忠实"、"对等"的局限,功能翻译理论强调以"自上而下"的途径来完成翻译。在实际教学中,我们应当通过明确翻译纲要,重视原文分析,确定翻译问题等途径,使得翻译课真正做到有章可循。

(二)翻译教学必须以学生为中心,着眼培养学生的翻译能力

以学生为中心的教学模式重在发展学生的创造力,要求教师指导学生学习,教会学生学习,让学生更多地获取和掌握知识。由于学生在校学习时间、课时有限,翻译教学也只能是"师傅领进门,修行在个人"。"授人以渔"远比"授人以鱼"重要。所以翻译课堂教学应该时刻以学生为中心,培养学生翻译能力。诺德认为翻译能力包括狭义的翻译能力,主要指传译能力,还包括传译能力之外的广义翻译能力,如:(1)语言能力(源语和译语);(2)文化能力;(3)某一领域的专业知识;(4)有关文件的处理及研究技术(如词典使用、参考资料检索等)。所以翻译课老师任重道远。教师可以通过集体或分组等形式,组织学生参与对翻译作品的讨论或集体进行对某篇作品的翻译,彼此之间互相学习。引导学生分析整个翻译过程,帮助学习,"知其然,更知其所以然"。鼓励学生对参考译文提出不同的看法,培养他们独立思考的能力。

(三)以功能翻译理论为依据,提供功能性的翻译批评

在外语教学中,语言习得者的错误通常被定义为"偏离系统规则或标准的行为"。传统翻译教学模式是以教师为中心,以纠错为手段。而对功能翻译理论来说,翻译的问题和失误必须依照翻译过程或产品的目的来定义。诺德认为

"如果翻译的目的是为了目标读者而达到某种特别的功能,那么任何阻碍这一目的实现的翻译就是翻译失误"。[9]因此决定一个翻译是否失误,既不是看这一翻译的语法是否得当,也不是看这一翻译是否忠实于源语文本,而是看这一翻译是否完成源语文本的既定目的。所以翻译批评首先评估的是译文中是否有语用错误,其次才是文化错误和语言错误。对译文质量的评价可以鼓励学生积极参与,采取课堂讨论、学生自评与共评相结合的评价方式。引导学生从语用、文化、语言和文本方面入手,对不同的译文版本进行对比研究,可以开拓学生翻译思路、提高学生翻译能力。功能翻译理论应用于翻译教学可以帮助学生树立新的功能性翻译批评观。

(四)以功能翻译理论为基础,建设实用的翻译校本教材

我国传统翻译教材编撰的理论基础基本上承接了传统的翻译理论,在编排上有结构主义语言学的痕迹,即从词到句再到篇章的翻译。这些教材普遍存在着以下问题:缺乏语境;翻译目的不明确;提出的忠实和通顺的翻译标准不利于对翻译失误做出正确的评价。传统翻译教材把翻译问题总的归纳为不忠实和不通顺两种。因而,忠实和通顺就成了翻译评价的标准,这两个标准不但抽象,而且往往脱离实际。而且,当今我们的教材大多数谈的是一些可用可不用的翻译技巧。如词类转换、删词增词等。事实上,人们在做翻译时就很少去想某个词在译文中该用何词类。而功能翻译理论起源于大学译员培训部,因而功能派各种方法在某种程度上是评价性或规范性的,根据文化情景中的功能进行译作价值评价。从事译员培训的功能派学者的一个共同特征是:注重语言之外的语用或文化方面,强调翻译能力的特殊性,而不仅仅是语言水平。诺德将翻译界定为:"翻译是创作发挥某种功能的译语文本(a functional target text)。它与源语文本保持的联系,将根据译文预期或所要求的目的得以具体化。翻译使得由于客观存在的语言文化障碍而无法进行的交际行为得以顺利进行。"[10]因此我们的翻译教材应该提出,翻译的外延很大,不仅包括一字不漏的全译,而且还有变译,即译者根据读者的特殊要求采用扩充、取舍、浓缩、阐释、补充、合并、改造等变通手段摄取原作中心内容或部分内容的翻译活动。[11]因此翻译教材应该重申翻译的内涵和外延,拓展翻译概念,遵循多元化的翻译标准,突出译者的主体性,使其更加人性化、实用化。

四、结 语

翻译是一项有目的的活动,应以实现译文的预期功能和效果为首要原则,即遵循译文的目的性原则。功能翻译理论把翻译活动列入跨文化交际的范畴。

将功能翻译理论引入翻译教学,可以使我们的翻译教学中的规范较之传统更为宽松灵活,使得理论更具有解释力、更具指导意义,为我们翻译教学提供了一个基本的理论模型和教学思路。我们教师应该打破传统翻译教学模式,充分调动学生对翻译的积极性,培养学生的翻译能力。另外我们还应该在教材编写上下功夫。突破传统结构主义语言学的束缚,根据学生和教师的需求和心理选材,强调译者的主观能动性。我们应该通过多方努力,使得翻译课教学中,真正做到教师教有所为,学生学有所用。

参考文献

[1] 高等学校外语专业教学指导委员会英语组编. 高等学校英语专业英语教学大纲 [M].上海:上海外语教育出版社,2000.

[2] 徐莉娜,罗选民.从语义知觉看教学翻译与翻译教学的关系 [J].清华大学教育研究,2006(5):112—118.

[3] 杨萍.论功能目的论与中国汉英翻译教学 [J].继续教育研究,2008(2).

[4] 王占斌.关于英语专业翻译教学的调查与研究 [J].江苏外语教学研究,2004(2).

[5] Nord, Christiane. Translating as a Purposeful Activity: Functionalist Approaches Explained [M], Shanghai: Shanghai Foreign Language Education Press, 2001.

[6] 张志强.翻译观与翻译教学 [J].上海翻译,2006(3).

[7] 穆雷.建设完整的翻译教学体系 [J].中国翻译,2008(1).

[8] 郭建中.当代美国翻译理论 [M].武汉:湖北教育出版社,2000.

[9] Christiane Nord.译有所为 [M].张美芳,王克菲,译.北京:外语教学与研究出版社,2005.

[10] Nord Chritiane. Text Analysis in Translation: Theory, Methodology, and Didactic Application of Model fro Translation-Oriented Text Analysis (Second Edition)[M], Beijing: Foreign Language Teaching and Research press, 2006.

[11] 黄忠廉.变译(翻译变体)论[J].外语学刊,1999(3).

二、大学英语教学

大学英语任务型模式探究

刘晓红

杭州电子科技大学外国语学院

摘　要：作为交际教学理论框架之内的一种教学途径，任务型教学已成为外语教学的国际主流。本文根据外语任务型相关理论，结合大学英语教学的实践，探讨了大学英语任务型教学模式，并针对性地提出了一些完善大学英语任务型教学的一些建议。

关键词：大学英语；任务型教学

Task-based College English Teaching Model

Liu Xiaohong

Abstract：Task-based language teaching makes it possible to develop and improve students' language proficiency and this approach has been widely used in college English teaching. But task-based college English teaching has not been brought into full play for some existing problems. This paper tries adjusting task-based approach to the college English teaching, and meanwhile a case study is also conducted.

Key words：College English；task-based teaching model

一、引　言

任务型教学（Task-based Language Teaching）是 20 世纪 80 年代兴起的一种强调"在做中学"（Learning by Doing）的语言教学模式，指教师通过引导学生用所学语言完成各种真实的生活、学习、工作等任务（task），将课堂教学的目标真实化，任务化，从而培养其运用目的语的能力。该模式是交际教学思想的一

作者简介：刘晓红（1972—），硕士，副教授。主要研究方向为二语习得与外语教学。

种发展,它把语言运用的基本理念转化为具有实践意义的课堂教学方式。

中国英语教学经过多年的努力,取得了很大的成绩,为我国教育事业作出了比较大的贡献。但我们不能忽略英语教学中存在的问题,其中急需解决的问题之一是英语教学的费时低效现象。中国学生学习英语多年,但还是听不懂,讲不出,英语应用能力很不理想。随着英语教学改革的进一步深化,大学英语教学在指导思想、教学内容、教学方式、方法、教材等诸多方面均发生了明显的变化,人们越来越认识到英语教学模式改革的重要性。随着大学英语教学改革的不断深入,任务型教学模式逐渐被大学英语教师认可和采纳。尽管任务型大学英语教学在实际教学过程中发挥了一定的作用,但是,受教师对任务教学模式的认识不够充分等因素影响,大学英语任务教学面临模式僵化、不完整,学生主体参与意识不强等问题。鉴于此,本文试根据相关理论和教学实践,构建一个实用性较强的大学英语任务型教学模式。

二、大学英语任务型教学模式

学者们如朗(Long,1992)和威利斯(Willis,1996)等认为任务型语言教学的实施任务可以分成预备、正式和后期三个阶段。预备任务阶段(Pre-task Phase)是指在正式任务之前,教师与学生参与的教学活动,其目的是让学生通过执行课堂教学任务促进语言学习,可以通过支持学生执行一项与正式任务相似的任务、为学生提供一个示范、让学生参与那些用来准备性活动或向学生指明时间安排和执行任务的方法等步骤完成。正式任务阶段(Main Task Phase)以任务本身为中心,提出实施教学任务的选择,包括如何实施任务的各种考虑和如何处理任务过程中的语篇问题等。后期任务阶段(Post-task Phase)是指完成了正式课堂教学任务后的一系列跟踪任务程序,包括重复正式任务、对正式反思和聚焦语法形式等。

不难看出,上述任务型语言教学各个阶段和步骤都是设定在正式的课堂内完成的,比较适应国外第二语言教学和习得。在第二语言环境下,除了正式课堂教学之外,学习还有很多课堂之外的近似母语的第二语言的输入、输出机会,即学习和使用所学习语言的机会,这与任务型语言教学相辅相成。而英语在我国是外语,尽管与第二语言有很多共同之处,但二者不能完全等同起来。在中国,对于绝大多数学生来说,校园是他们学习英语的最主要场所,很少有其他学习和使用英语的环境和机会,如果把任务型教学的所有内容和环节都压缩在课时和资源都很有限的正式课堂教学范围内,任务型语言课堂教学就会演变为少数语言程度相对优秀的学生的表演,很多学生被动地扮演了观众的角色,任务型教学最终只能会流于形式,不能产生预期效果。所以,非常有必要对国外学者提出的任务型语言教学模式做一定的调整和补充。

下面是《新编大学英语1》中的《节假日》单元教学任务（比较不同国家节日的异同），以及其实施方案和具体步骤。

首先是预备任务阶段。

第一步：构建任务框架

在课前设计与正式任务相关的词汇和与主题相关的预备任务，比如要求学生通过合作学习和自主学习的方式，分别查找春节和圣诞节等几个指定的重要节日的相关资料，以了解庆祝方式等相关词汇和表达方式及其用法为重点。

第二步：控制性操练练习

首先，给学生看一段带字幕的关于圣诞节的视频介绍，并要求他们参照字幕模仿，熟悉相关词汇发音和用法。

第三步：练习真实材料

要求学生快速默读课文《圣诞节》，然后分别概括各段大意。

第四步：聚焦语言知识

让学生聚焦在具体语言形式如语法和词汇上，归类总结用法，并模仿文中例句造句。教师做适当的监督和补充。

第五步：自由练习

第一至四步学生一直在用所提供的材料与模式进行复述性（reproductive）语言操练；这步的自由操练任务会推动（push）学生进行意义商榷（negotiation for meaning）。各个小组成员进行组内交流教师课前要求准备的资料，经归纳整理后，以小组汇报的形式与全班共同分享。教师根据任务要求，对以上资料做必要的筛选、补充和讲解后，然后要求学生进行自由练习，比如角色表演：学生甲扮演去英国旅游的中国学生，学生乙扮演英国学生。学生乙介绍英国的圣诞节。小组成员运用新、旧语言知识，就节日这一话题发挥想象，通过情景创设，自编对话，进行角色扮演。

其次是正式任务阶段。

第一步：导入课堂正式教学任务

在学生进行了一系列的预备任务并对正式任务有一定认识和相关知识以后，接着进入正式课堂任务实施阶段。学生根据以上获取的信息和知识点，结合自己原有对春节的认识，讨论和描述中西节日的异同。

教师提出任务：Compare Chinese Spring Festival with Christmas.

学生可能谈及：Spring Festival Lunar New Year, family reunion, a rich feast, Children set off fireworks, get red envelopes with money inside from elders; In Christmas, wrapped gifts prepared by friends and families, decorated Christmas tree, have dinner at home with family, Christmas carols are sung at

Christian churches,等等。

然后,教师继续问:Can you tell us the other Chinese and Western Holidays?

学生会回答:Chinese Holidays,The Dragon Boat Festival,The Lantern Festival Clear and Bright Day,The Double Ninth Festival;Western Holidays,Halloween,Valentine's Day,Easter,April Fools' Day,等等。

最后教师引出主题任务:The difference between Chinese and Western Holidays.

第二步:语篇聚焦

各组学生用比较法、对照法和因果方法等陈述中外节日的异同。各组选出一位同学做记录。每个学生准备后向全组成员报告自己的意见,对不同的观点进行讨论。个别同学遇到不会表达的词或句子,可以向本组成员寻求帮助,实在无法解决,就向老师求助。在执行任务时,学生应相对注重表达的流畅性,即注意力应集中在话语的意义之上而不是形式上。

最后是后期任务阶段。

第一步:反思正式任务

学生回想任务进行的全部过程。各组写出一份书面报告,回顾从互联网上寻找介绍西方节日预备任务开始,到小组讨论圣诞节和春节不同正式任务为止的所有各项课堂教学任务。

第二步:语言跟踪任务

师生共同复习本课学的语言文化知识,教师把学生在任务实施各个阶段所犯的典型错误写在黑板上,并和学生一起改正,并分析其原因,并告诉学生认识到错误是进步的开始,以此暗示学生积极进入下一任务环节。教师最好不要针对某个学生进行纠错。教师可以将学生说出的本课的句子重点指出,并书写到黑板上,如:Christmas is supposed to be a time to express our love and goodwill towards others. Indeed,whatever shopkeepers gain out of Christmas,it is still a "holy day".

第三步:任务强化

通过这一主题的讨论,学生整节课都沉浸在对中国和西方节日的对比当中,同时也学到了相关的知识,扩大了词汇量,学到了新的句型。教师趁热打铁给学生布置一篇课后作业:要求学生课后积极进行自主学习和参加第二课堂活动,巩固和强化课堂上所学的知识。在学校英语自主学习中心设置相关的音像或文字资料库,校园英语广播电台播放有关节假日的节目,设定学校主题口语角的话题为"我喜欢的节日",并要求学生积极参与。用电脑系统自动记录,个人自评,小组成员互评,教师抽查等方式进行评估监督。

以上做法，在不改变整体结构和各个任务阶段的前提下，增加一定的步骤，把任务实施过程向前后拓展，通过自主学习、合作学习和第二课堂等途径，疏散和缓解正式课堂任务教学的压力，增加学生语言输入和输出的机会，强化学生的主体参与意识，改善英语学习和教学效果。这比较适合以英语为外语的教育背景。

三、结束语

随本文根据外语教学相关理论，结合大学英语教学实践，参考国内外最新研究成果，并对从国外引进的任务型语言教学模式进行了一定的调整和补充，使其更加符合我国英语教学的国情，更好地为英语教学和学习服务。教师在参考这个模式时，应确保任务的难易度适中，具有一定的真实性，贴近生活，否则因为学生的过渡语能力有限难以完成，影响了任务型教学效果。另外，在教学实践过程中，应制订和编写适合任务型语言教学模式的大纲和教材；培养大学英语教师全面的语言观，提高他们的综合素质；不断完善任务教学评价体系；进一步加强大学英语教学第二课堂建设，为学生提供和创建更多的英语输入和输出机会；消除学生英语学习情感障碍，提高其参与意识和积极性。

参考文献

［1］Ellis，R. Task-based Language Learning and Teaching ［M］. Oxford：Oxford University Press，2003.

［2］Ellis，R. The Study of Second Language Acquisition ［M］. Shanghai：Shanghai Foreign Language Education Press，1999.

［3］Long，M. H. & Crooks，G. Three Approach to Task-basked Syllabus Design ［J］. TESOL，1992(26).

［4］Nunan，D. Designing Task for the Communicative Classroom ［M］. Cambridge：Cambridge University Press，1989.

［5］Nunan，D. Second Language Teaching and Learning ［M］. Boston：Heinle & Heinle Publishers，1999.

［6］Nunan，D. Task-basked Language Teaching ［M］. Cambridge：Cambridge University Press，2004.

［7］Prabhu，N. S. Second Language Pedagogy：A Perspective ［M］. Oxford：Oxford University Press，1987.

［8］Skehan，P. A Framework for the implementations of Task-based instruction[J]. Applied Linguistics,1996(1).

[9] Willis, J. A Framework for Task-based Learning [M]. Addison Wesley Longman Limited,1996.

[10] Wilson,J. Task-based Language Learning [A]. In Harper,D. (ed.). ESP for the University [C] London:Pergamon,1986.

[11] 包育彬,陈素燕. 中学英语任务教学的策略与艺术[M]. 杭州:浙江大学出版社,2004.

[12] 程可拉."产品式大纲"与"过程式大纲"评析[J]. 国外外语教学,2000(3).

[13] 程可拉,刘津开. 中学英语任务型教学理念与教学示例[M]. 广州:华南理工大学出版社,2003.

[14] 程可拉. 任务型外语学习研究[M]. 广州:广东高等教育出版社,2006.

[15] 龚亚夫,罗少茜. 任务型语言教学[M]. 北京:人民教育出版社,2003.

[16] 郭继东. 从过渡语的发展阶段看大学英语教学[J]. 江西师范大学学报(哲学社会科学版),2005(6):118－121.

[17] 何宇. 任务型教学法应用于英语"第二课堂"的探索与实践[J]. 广东轻工职业技术学院学报,2004(3).

浅谈大学英语口语教学

于 莹

杭州电子科技大学外国语学院

摘 要：本文简要阐述了当前我国大学英语教学中口语教学的现状，分析了所产生的后果和原因，并根据语言交流的实质，提出了改进口语教学，提高学生口语能力的方法。必将对大学英语教学改革有着重要的启示意义。

关键词：大学英语；口语教学；教学方法

A Talk on College Oral English Teaching

Yu Ying

Abstract：In this article，the author illustrated the present situation of oral English teaching in Chinese College，analyzed the reason and consequence of the situation．Then，based on the nature of oral communication，the author presented suggestions on how to improve oral English teaching and students' oral abilities．

Key words：college English；oral English teaching；teaching methods

一、引 言

众所周知，语言是交际工具，学习外语的最终目的是运用它进行交流。从语言的本质上说，语言的交流是说话人与听话人之间的一个双向活动。包括说话人的创造性技能和听话人的理解接受能力。但值得注意的是，听话人和说话人这两方面都不只是被动地接受，语言使用者是参与到一个主动创造的过程，即：说话人想用适当的方式表达自己、传递信息，而听话人想来诠释和破译信

作者简介：于莹（1971—），吉林人，硕士，副教授。主要研究方向为认知语言学及跨文化交际学。

E-mail：yuying@hdu.edu.cn.

息,这才是语言交流的本质所在。根据美国应用语言学家 Bachman(1990)的理论,语言交际能力就是把语言知识和语言使用的场景特征结合起来,创造并解释意义的能力。再来分析一下英语教学的本质。眼下,全球已经进入了地球村的时代,经济、科学和技术的快速发展,使社会对人们的英语水平提出了更高的要求,作为英语教师,我们要努力培养出符合社会需求、高精尖的外语人才。

二、我国大学英语口语教学的现状

近几年来,我国大学英语教学改革取得了辉煌成就。但长期以来,在英语教学中,学生的口语能力被忽视了,至少是没有充分的重视。目前,我国大学英语的教学方法虽然已经摆脱了传统式教学,进入多媒体网络教学和自主学习相结合的阶段,但由于各高校教学设施良莠不齐,缺乏对教师的指导和培训,在很多情况下,依然存在着教师主导课堂的情况。虽然教育部一再强调四六级过级率不与学生毕业和学位挂钩,但由于当前就业形势的紧迫,导致社会上对英语四六级证书的要求还依然存在,有些高校为了提高四六级过级率,对"听、读、写"的能力给予了较多的重视,而课堂上学生练习口语的机会却很少。这样的教学结果就是,学生只善于做语法、阅读方面的试题,却不敢也不会开口说英语。如果我们继续长期地如此教下去,学生将会逐渐失去说英语的兴趣。更谈不上提高口语水平了。即使一些已通过大学英语四、六级考试的学生也不能自如地用英语表达思想,有些人直接影响到走上工作岗位后国际间的技术和学术交流。这种状况确实令人担忧。

这种状况就不可避免地产生了下面的后果:

许多大学生毕业后,成为非常出色的专业科技工作者。但由于他们的英语口语水平较差,当他们出国进行学习、研究、考察、交流时,不能自如地使用英语。为了提高他们的口语水平,我国教委不得不在出国前为他们开班授课,只有这样,他们才能顺利地进行国际间的技术、学术交流。

近年来,在文化、科技等各个领域内,国际间的交流日趋频繁,尤其在地球村的时代,大学生们毕业后,到社会上会有越来越多的机会去接触外国人,英语交际能力就显示了它的重要性,特别是在外资及合资企业中,员工不仅要求能读懂英文资料,还要求能用英语进行交流。如果他们无法用英语来表达自己,很显然,他们的工作就会在很大程度上受到影响。

三、大学英语口语教学的几点建议

从语言的本质出发,深刻认识我国大学英语口语教学的现状,下面,对如何改进口语教学提出几点建议,供同行们参考。

首先,开发课文资源,进行形式多样的口语练习。学生仅仅理解并掌握了课文的内容,还远远不够,还应该具有运用课文中的知识去进行交流的能力。教师让学生做一些与课文内容相关联的口语练习活动,借此来提高他们的口语能力。例如:在《新编大学英语》教材中,每一个单元的第一部分都是导入阶段,这一阶段可以充分发挥学生的积极性和主动性,让他们回答问题,或课前做准备。其次,根据课文内容组织丰富有趣的课堂口语活动,让学生有充足的口语练习机会。如:在一个单元的学习过程中,一个非常重要的内容就是用英语来描述人物的外貌和服饰等。教师在完成教学内容之后,可以把学生分成若干组,发给每组一张材料,上面印有几个具有典型外貌和服饰特征的人物插图,然后要求各组学生去描述材料中指定的人物。由于学生的口语水平有差异,教师可在黑板上提供一些可利用的词和词组。当这一环节完成后,再把这些知识具体化、实际化。教师可让学生描述班级中的任何一人,让其他同学猜测。通过这个活动,学生可以循序渐进地把所学的知识加以应用,并能充分地理解和掌握。而且在这种活跃的气氛中,大大提高了学生们说英语的兴趣和动力。既提高了学生的口语水平,又提高了听力,还增加了词汇量,可谓一举三得。

除了和课文相关的口语活动外,还有其他很多活动,不但可以提高学生的口语能力、增加学生学习兴趣,还可以扩展英语文化知识、增强跨文化交际能力。如各种猜单词、词汇活动:学生分组,一个学生用肢体语言描述词汇,另外的学生来猜。一个学生用英语解释四级常用词汇,另外的学生来猜。一个学生用英语解释英语俗语、习语、惯用语,另外的学生来猜。一个学生用英语解释各种常用英语缩略词,另外的学生来猜。所有这些活动,不但活跃课堂气氛,增加学生的自信和兴趣,还锻炼了英语口语表达能力,增加了英美文化知识。只要老师开动脑筋,多多搜集资料,这样的活动可以搞得很精彩。

第二,定期让学生做"Role-play"(角色扮演)口语活动、或者事先准备戏剧、话剧演讲等等。"Role-play"(角色扮演)是一种由教师指定上下文情景,由学生来扮演角色的活动。但学生可根据上下文情景充分自由地表达自己,发挥语言优势,完成他们的角色。通过这种活动,学生对语言的掌握程度能反馈给教师,没有这个反馈,教师就不能及时了解这种语言是否被掌握。还是以大学英语第二册第四大单元为例,课文讲述了作者去面试的经历。学完课文后,教师可以给出适当的上下文情景,让一些大胆、活跃、口语较好的学生在全班学生面前表演如何面试。教师可以提示或指导学生的表演。学生们可以开发自己的想象力、创造力和幽默感,使他们的表演更加生动、形象和实际。比较内向或口语较差的学生可以在分组训练中获益。他们在分组训练中,会更加愿意并积极地去参与,但面对整个班级却可使他们紧张和胆怯,影响他们的发挥。在整个活动中,教师不断地指导并改正学生在语音、语调和语法等方面的错误。同时,学生可以练习用面部表情和肢体语言来表达自己。经常做这种练习,学生们会受到激励、启发和鼓舞,由想说英语逐渐过渡到能说英语,在此过程中,不断提高口语水平。

第三,除了上面提到的这些方法,还有许多可以提高学生口语能力的良策,这需要全校各部门的支持和鼓励。在校内定期组织形式多样的英语活动,如:英语角,英语风采大赛,英美文化知识讲座,英语演讲比赛,英语戏剧比赛,英语辩论赛等等。英语角为学生提供了一个实际的交际场合,话题可以千变万化,无所不在。在这种轻松而愉快的氛围中,学生更能充分自由地传达信息,在毫无压力的条件下自如地表达自己。辩论也是一种好方法,但它要比一般的对话难一些,因为它需要更多、更精深的语言知识和技巧。这种活动可以为高年级或高水平的学生设立。它既能提高学生的思维敏捷性和即兴发挥能力,又能提高他们的口语能力。另外,描述图片也值得借鉴。这种活动可以给学生广阔的想象空间,不但可以描述图片上看到的事物,还可以描述隐含的深层意义。不同层次的学生会有不同的表现,但收获是肯定的。总之,在英语教学中,如果我们充分地重视口语教学,那么,利用我们的智慧,一定会有更多的方法来实现这一目标。

四、结　语

本文简要阐述了当前我国大学英语教学中口语教学的现状,分析了所产生的后果和原因,并根据语言交流的实质,提出了改进口语教学,提高学生口语能力的建议。在这一领域,我们还要继续研究和探讨。

参考文献

[1] Alan Matthews,Mary Spratt,Les Dangerfield. At the Chalkface[M]. Nelson,1991.

[2] Bachman, L. F. 1990. Fundamental Considerations in Language Testing[M]. Oxford:Oxford University Press,1990.

[3] Donn Byrne. Teaching Oral English [M]. University of California:Longman an new edition,1976.

[4] Harmer,The Practice of English Language Teaching. [M]. London:Longman,1991.

外语调频台与大学英语听力教学

陈 怡

杭州电子科技大学外国语学院

摘 要：在大学英语听力课上，我们不仅应该教会学生一些听的技能，而且更重要的是教会学生怎样进行课外大量的听力实践和培养学生自主学习的能力。提高听力的最有效、最实际的途径之一就是积极引导学生在课外收听外语调频台的教学节目。

关键词：外语调频台；大学英语；听力教学

Foreign Language FM and Teaching of Listening for Non-English Majors in China

Chen Yi

Abstract：In English listening classes for non-English majors, students should to be taught not only how to listen, but also how to do a lot of extra-curricular listening practice and how to improve their autonomous learning ability. One of the most effective ways to improve students' listening capacity is to guide students to the practice of listening to the teaching program in foreign language FM radio stations.

Key words：Foreign language FM；teaching of English for non-English majors；teaching of listening

　　在大学英语教学的听说读写各项训练过程中，听力训练占有举足轻重的位置。根据现行教学计划和课程设置，听力训练的量显得不足。学生普遍认为，听力课任务重、压力大，听力水平提高难。在这样的情况下，如何才能切实提高学生的英语听力水平呢？我们认为：在听力课上，我们不仅应该教会学生一些听的技能，而且更重要的是教会学生怎样进行课外大量的听力实践和培养学生

作者简介：陈怡（1959—），福建福清人，杭州电子科技大学外国语学院副教授。主要从事英语语言教学研究。E-mail：chenyi@hdu. edu. cn。

自主学习的能力。根据目前现有的教学条件,绝大多数院校都有调频台,每天定时播放英语节目。因此,提高听力的最有效、最实际的途径就是积极引导学生在课外收听外语调频台的教学节目。现就外语调频台与大学英语听力教学之间的关系,谈些认识与做法,以供广大师生参考。

一、强调一个认识

大多数学生都具有一定的英语读写能力,他们能积极配合教师完成所布置的英语阅读量和笔头作业。但是,他们在听说方面却是畏缩不前,自己虽有力求提高听说能力的愿望,但却不知如何在现有的客观条件下去积极创造条件,努力提高自己的听说能力。因此,让学生充分认识听的作用应该成为教师的首要任务。

认知心理学认为,学习过程是一个积极参与的过程,是一个重新建构认知结构的心理习得过程。人本主义心理学强调学习过程中自我意识和情感因素的重要性,认为语言教学要突出以学生为主体的思想,教师应关注每个学生的情感,激发他们学习英语的兴趣,帮助他们建立学习的成就感和自信心,使他们在学习过程中形成积极的情感态度和健康的人生观,发展自主学习能力。其实,在英语学习过程中,听说读写相互关联,听是读和说的桥梁。有了一定的阅读能力之后,听力得不到及时提高,就必然成为懂英语的"聋子"和"哑巴"。这是因为掌握英语的过程实质上是学会用英语思维的过程,而人的思维是和内部言语机制联系在一起的。没有内部言语,就不可能有对外部言语的理解。在说和写时,内部言语先于外部言语;而在听和读时,内部言语则后于外部言语。外部言语依赖内部言语的形成,而内部言语的形成主要靠听和读。外语学习必须从听开始,这是一条基本规律。然而,按照成人目前学习外语的顺序,听说读写成了读和写,这就使听力训练变得尤为重要,因为读只能建立平面的"文字图像",只有建立相应的"声音图像"才能为提高说的能力打下基础。

不过,怎样才能进行大量的听力实践呢?

随着我国加入 WTO 和改革开放力度的加大,我们和外界的接触日益增多,这为提高听说能力创造了条件。但是,这不是每个人都能做到的。在现有条件下,可以利用听外语调频台的教学节目,为自己创造一个语言小环境,一种语言小气候。在听力课上,教师适当穿插一些教学节目,或深入浅出、慢斟细酌;或张弓搭箭、引而不发,积极引导学生有意识地去配合外语调频台的教学节目,提高学生通过听无线广播学英语的兴趣。学生在课内外收听外语调频台的教学节目,不仅是在学英语,而且是在进行英语的实践,也就是在进行听力的"实战演习"了。

二、实行两个结合

教师可以在听力教学中对学生进行一系列的听力策略训练，即指导学生掌握一定的自我管理和自我调节方法，并传授适当听力技巧，从而提高学生的学习主动性、有效性和科学性，最终促使其听力水平的提高。具体可以实行两个结合。

1. 读听结合

听是说的基础，而读是听的前提。没有大量的阅读，没有对英语词汇量的一定掌握，没有形成对英语一定的"视觉形象"，要提高听的能力显然是不可能的。试想，一个连看都看不懂英语的人怎么能听得懂英语？要让他听外语调频台的教学节目岂不是对牛弹琴？因此，我们应根据不同年级不同的英语水平，指导他们在课外看一些与调频台教学节目内容有关的阅读材料，让读和听结合起来。对于听力较差的学生，可以实行先看后听法；对于听力较好的学生，可以实行先听后看法。这样，让所阅读的"文字形象"和所听到的"声音形象"迅速在大脑中结合起来，形成一种"立体形象"，即内部言语机制。心理学研究证明，在通过听或读的方式理解语言的过程中，人们的精神活动并没有明显的差别，但从信息通道所发挥的作用来看，听和读是有显著区别的。通过视觉接受语言信息较之于通过听觉接受信息，能够更迅速、更确切地掌握更多的信息。这是因为文字符号比声音信号更清晰，视觉通道其有更高的通过信息的能力。眼睛有四百万条神经纤维通向大脑，而耳朵却只有六万多条。这就是为什么人们总觉得听比读难的根本原因。但是，通过听觉记住的材料，却具有更持久、更牢固的特点。如果我们将二者结合起来，取长补短，以听觉补充视觉，以视觉促进听觉，就可以大大提高接受信息的效率。

2. 听说结合

系统论告诉我们：只有从整体与部分之间，整体与外部环境的相互联系、相互作用、相互制约和相互促进的关系中综合地、精确地考察对象，才能达到最优化这一目的。人们的言语交际能力是由听说读写等要素组成的一个整体，这些要素在语言教学和实践中同样相互关联、相互制约、相互依存而又相互促进。阅读能力的提高会对听力产生积极的影响，而听力的提高又会对口语能力有直接的促进作用。虽然读和说在听力课中不是也不应该是主要的，但是，正如听辅之以读会促进听一样，我们在进行听力训练时，适当进行一些口语训练同样会产生积极的效应。我们应当用积极性的说来刺激、强化消极性的听，以达到听的最佳效果。在使用这种听说结合时，可以采用以下几种方式：

（1）跟读关键词法——关键词是理解所听内容中心意思的重要词汇。关键词主要是由动词、名词等实词构成。在听的时候,可以忽略句中的虚词,重点听关键词。抓住了关键词,就如同拿到了开门的钥匙,打开大门便可登堂入室、一饱"听"福了。

(2)跟读全文法——这尤其适合听"美国之音"特别英语节目时使用,因为特别英语节目的语速很慢,仅每分钟80词左右,完全可以进行同步跟读或随后跟读,同时,这样也避免了因听力材料语速较慢、语调较平淡而产生的枯燥感。

(3)正误判断法——这是积极性听说反应中最简单的方法,学生只要根据所听内容回答 Yes 或 No,True 或 False 就行了。这种方法适用于较难的听力材料,从表面上看,学生没有多说什么,但是,学生通过正误判断的同时,也就是对所听内容的积极性认可了。

(4)Wh 提问法——即向学生就所听内容提出以 who,what,when,where,why 和 how 等起首的问题。这类提问难度较大,学生须记住所听材料的有关事实,进行针对性回答。

(5)小组讨论法——即在听后对所听内容加以专题讨论或自由评论。这种方法费时较长,一般不宜在课内经常使用,但在课外听音时,这不失为训练听说能力的一种最活跃的方式。

三、坚持三个原则

如今,高校学生正处在知识爆炸时代,学生所处的英语学习环境、所持的英语学习观念和学习策略面临新的变化和挑战,培养英语自主学习能力更为迫切。首先,学生所处的英语学习环境不再像以前那样单一。学生不仅通过课堂学习知识,还借助广播、电视、网络等各种途径开展自主学习活动;其次,学生对英语学习所持的观念面临新的挑战。改变、调整原有学习观念,建立适合大学英语学习的观念是我们教育工作者急需解决的问题;最后,刚进大学的学生已有的学习策略、学习方法不太适应大学英语学习。在大学,学生的业余时间较为充裕,英语听、说、读、写任务通常是靠学生自觉、长期坚持来完成的。

因此,改变目前高校学生大学英语学习现状,转变学生对英语学习的不正确观念,改革旧有的英语教学模式,我们英语教师责无旁贷。为了培养学生自主学习能力,教师应拓宽思路,自觉坚持三个原则。

1.循序渐进原则

在听力教学中,我们发现,不仅生词是学生的听力障碍,而且一些司空见惯的常用词也同样使学生如坠五里云雾之中。在阅读时,像冠词、介词、连词、系动词 be、助动词和一些代词,像名词复数、动词第三人称单数、时态、语态、所有格等变化,这些诉诸视觉一目了然,但在听的时候,几乎所有这些虚词和这些词形的变化都因弱读而不清楚,因连读而变音,甚至因自然吞音而失落了。从这个角度看,英语不像汉语那样一字一音、抑扬顿挫、落地有声,它是一种发音不清晰的语言,像行云流水,飘忽不定。所有这些,我们都应在精听过程中指出来,并加以强化训练,逐步培养学生能够在即使听不清楚的情况下也可以在特定的上下文中的语境下感受出来的知觉,即"语感"。

由于英语在语音上表现出上述的特点,我们决不能急于求成,使用过难的材料,以免欲速则不达,甚至是南辕北辙,彻底挫伤了学生的自信心和积极性。应该指出,所谓"过难的材料",可能是阅读时"过易的材料"。对听力材料的难易,我们应该诉诸听觉来判断,而不是视觉。经验表明,选择听力材料、尤其要对生词量加以控制,其生词不应超出 3%。同时,由于声音在时间上的单向性,我们全凭短期记忆来抓住倏忽而过的一连串声音外壳所具有的词义内涵。所有这一切,构成了听力课异于精读与泛读所特有的难度。因此,在确定调频台外语教学节目内容上,一定要贯彻循序渐进的原则,根据学生的实际程度,可以按年级这样划分:

(1)一年级为初级听力阶段;

(2)二年级为中级听力阶段;

(3)三或三到四年级为高级听力阶段。

2.精泛结合的原则

在听力训练中,一般可以分为精听和泛听两部分。所谓精听,即分析性听力训练,是将一段听力材料反复地听,并在听的过程中,对其中的每一段、每一句,甚至每一个单词都要求听清听准,理解其全部含义。这种听力训练少面精,学生掌握得细而深,但缺点是内容少,信息量低,反复次数多,易生枯燥乏味感,这种方式一般适用于听力各项技能训练。所谓泛听,即揭示性听力训练,是将信息量大,内容丰富的听力材料放给学生,在听的过程中,不要求每句以至每个单词都听懂,仅要求在教师少量的揭示和解释下对所听材料有大致的了解。由此可见,泛听的特点是内容广泛,进度快捷。精听有助于泛听的提高,但从根本上讲,在适当的精听训练之后,听力的真正提高,主要依靠课外大量的泛听。所以,我们在指导学生掌握听调频台英语教学节目的一些基本特点和技巧后,就应让学生在课外坚持听、每天至少有 1~2 小时的听力训练时间。只有这样,才能有效地提高学生的听力水平。

3.寓教于乐的原则

根据一般的课程设置,听力课均是两节连在一起一次性上完的。第一节课后,学生便明显感到疲倦。虽然经过课间 10 分钟休息,但注意力已远不如第一节课。这时,如果我们还是按照第一节课的模式精听精练,学生势必感到疲惫不堪,失去听的兴趣。所以,我们可将第二节课改为泛听课,选一些有趣的调频台节目,既有幽默故事,又有流行歌曲,调节一下同学的情绪。如有一次,我们发现学生已感疲倦,便插入一首英国民歌"I've Got Six Pence",歌中那个总是把钱借给别人的伦敦老人立刻引起了大家的兴趣,并齐声同唱。当听到他变得一文不名却骄傲地说"I love nothing better than my wife"时,同学们不禁大笑起来,一个滑稽憨厚、正直大方的伦敦老人的形象展现在眼前。整个过程不到10分钟,既驱走了倦意,又学到了英语,欣赏了英语歌曲,了解了英国文化,何乐而不为呢?

综上所述,在调频台听力教学中,我们只要坚持"一个认识,二个结合,三个原则"这十二字教学法,即首先使学生充分认识到了听调频台英语教学节目的重要性,再辅之以读听、听说两个结合,然后坚持循序渐进、精泛结合、寓教于乐三个原则,就一定能够使学生的听力训练在课内外通过听调频台的英语教学节目的形式普及开来,坚持下去,从而加快提高学生的英语听说能力。

参考文献

[1] 文秋芳.英语学习策略论[M].上海:上海外语教育出版社,1992.

[2] David, G. & Lindsay, M. Establishing Self-access from Theory to Practice [M]. 1999.

[3] Nunam, D. Language Teaching Methodology [M]. New York: Prentice Hall, 1991.

[4] Rixon, S. Developing Listening Skills [M]. London: Macmillan Publishers Ltd. , 1986.

大学英语听力学习策略初探

田 颖

杭州电子科技大学外国语学院

摘 要："听"是一切语言认知活动的基础,在语言学习中它对说、读、写、译能力的发展起到了举足轻重的作用。在大学英语教学过程中,如何提高学生英语听力理解能力,成为了英语教师的重要任务之一。为此,本文从学习策略的角度,从元认知策略、认知策略和社会情感策略三个方面,试图探讨适合中国学生学习英语的有效途径,从而提高英语听力理解能力。

关键词：大学英语;听力学习策略;听力训练

A Tentative Study on Listening Learning Strategies of College English

Tian Ying

Abstract："Listening" is a foundation of the linguistic cognition, which is a vehicle for the development of speaking, reading, writing and translation in the process of language learning. In college English teaching, how to improve listening comprehension for English learners is a herculean task to English teachers. From the perspective of listening learning strategies, therefore, this paper focuses on metacognitive strategies, cognitive strategies and social mediation to explore a feasible way for Chinese students to learn English efficiently and to improve listening comprehension.

Key words：college English; listening learning strategies; listening training

作者简介：田颖(1977—),湖南常德人,硕士研究生,副教授。从事英语教学、英美文学研究。

E-mail：cookie6110@sina.com.

一、引　言

从人类认知的发展规律来看，"听"是一切语言认知活动的基础。在语言学习过程中，"听"对说、读、写、译能力的发展起到了举足轻重的作用。教育部高等教育司在 2004 年 1 月颁发了《大学英语课程教学要求》（试行）（下文简称《课程要求》），其中特别强调了听力理解能力在大学英语课程的重要性。《课程要求》明确指出："大学英语的教学目标是培养学生的综合应用能力，特别是听说能力，使他们在今后工作和社会交往中能用英语有效地进行口头和书面的信息交流……"针对全国地区差异，《课程要求》从英语学习的听、说、读、写、译等五个方面，把大学英语教学分为三个层次，"即一般要求、较高要求和更高要求"。

2007 年高等教育司再次修订了《课程要求》。比较新旧两个版本，我们不难发现其中细微的差别。仅以英语新闻和电视节目为例，新旧版本对学生的听力理解能力分别提出了不同的要求。在旧版的《课程要求》中，"一般要求"是学生"能基本听懂慢速英语节目，语速为每分钟 130 词左右"；"较高要求"是"能听懂题材熟悉、篇幅较长的国内英语广播或电视节目，语速为每分钟 150 个词左右"；"更高要求"是"能基本听懂英语国家的广播电视节目"。相比之下，新版的《课程要求》对每分钟的英语语速进行了细化和量化。其中"一般要求"的英语节目语速为"每分钟为 130～150 词"；"较高要求"的"语速为每分钟为 150～180 词"；"更高要求"则是"能基本听懂英语国家的广播电视节目，掌握其中心大意，抓住要点"。

通过以上比较，我们可以发现，新版的《课程要求》对学习者的英语听力理解能力提出了更新、更高的要求。在全国大学英语四级考试中，听力理解的比重也从以往的 20％增加到目前的 35％。由此可见，在大学英语教学过程中，如何提高学生英语听力理解能力，成为了英语教师的重要任务之一。为此，本文从学习策略的角度，试图探讨出适合中国学生的有效途径，从而提高学生的英语听力理解能力。

二、学习策略的理论渊源

Anderson 认为，英语听力理解的过程分为"感知、切分和运用三个阶段"。在感知阶段（perceptual processing），听者的注意力集中在听力语音材料中，所听到的语音信息也被暂存在瞬间记忆中；在切分阶段（parsing processing），听者在第一阶段的基础上，把瞬间记忆中的语音信息切分成词和句，并在不改变说话者原义的基础上，将原本复杂的段落、语篇转换成听者自己的话语；在运用阶段（utilization processing），听者在前两个阶段的基础之上，把大脑中的瞬间记忆与长时间记忆中已储存的语言文化等知识结合起来,最终形成对语音材料的正确理解。

　　Anderson 的相关理论为大学英语听力理解的学习策略研究提供了有力的理论依据。在感知阶段中,语音信息稍纵即逝。Anderson 认为"从外界信息的输入到储存的过程不足 4 秒钟"。因此,听者在感知阶段中必须采用一定的记忆策略,对输入的语音信息迅速做出判断,从而将相关的关键词和短语暂存在瞬间记忆中。在切分阶段中,国内学者苏远连为此曾做过相关研究。他指出,在这一阶段中"被选择的信息在工作记忆中被编码和储存,停留的时间大约只有 10 秒。另外,工作记忆的容量非常有限,大约只能储存 5 到 9 个单位。"因此,在这一阶段采用笔录等策略,可以适当延长信息停留的时间,从而增大记忆容量。在 Anderson 看来,切分阶段需要听者对语音信息进行加工和解读。因而,预测、联想等学习策略势在必行。在运用阶段中,听者需要激活长期记忆中已储存的语言文化等背景知识,并结合瞬间记忆中的信息,从而建构语篇的意义。即便无法听懂语音材料中的每个单词,但如果听者采用自我管理、情感等学习策略,就能克服焦虑情绪,并借助相关的语言知识积累,最终形成对语音材料的正确理解。

　　由此可见,听力理解的过程与学习策略紧密相关。正如 O'Malley 和 Chamot 所言,"听力理解是一个主动、有意识的过程,在这一过程中听者需要运用上下文信息和现有的知识建构意义,同时还需要运用各种策略资源,从而完成任务要求"。

三、听力学习策略的运用

　　既然学习策略与培养英语听力理解能力密不可分,那何谓学习策略?简而言之,学习策略"是学习者为了更有效地学习和使用英语而做出的各种选择和采取的各种措施。它既包括学习者为提高英语水平所采用的方法和手段,又包括学习者对英语学习和使用过程的调控,两者既相互联系,又具有不同的功能和作用。"

　　O'Malley 和 Chamot 对学习策略进行了更为细致的划分,他们依据信息处理的相关理论,把学习策略分为元认知策略(metacognitive strategies)、认知策略(cognitive strategies)和社会情感策略(social mediation)三大类。元认知策略是指在学习之前,学习者所制定的学习目标和确实可行的学习计划;认知策略是指学习者为了完成学习任务,所采用的具体的学习方法和步骤;社会情感策略指学习者之间通过相互作用和情绪控制等提升学习效率。

　　具体到大学英语中听力理解问题,笔者在 O'Malley 和 Chamot 归类的基础上,将听力策略归纳如下:

（1）元认知策略包括学习计划、监控和评价策略训练等。

（2）认知策略包括预测策略、集中注意和选择注意策略、联想策略训练等。

（3）社会情感策略包括协作、控制情绪等策略训练等。

结合学习策略的相关理论，我们可以从上述三个方面入手，帮助学生掌握和运用学习策略提高英语听力理解能力。在元认知策略方面，我们应该注重学生在学习过程中的前期准备，加强学生对学习计划、监控和评价等策略的训练。听力理解是建立在词汇学习的基础之上。因此，学生的首要任务是必须确立长远的学习目标，在加强听力理解的具体训练之前，必须掌握大量的英语词汇和系统的语法知识，并尽可能地掌握英语的语言文化知识，了解中西文化的差异。可谓"冰冻三尺，非一日之寒"。在这一过程中，英语教师要指导学生制定出长期的学习计划和具体的学习步骤。在学习过程中，学生还需要经常对自己的学习情况进行反思，及时发现问题，并随时根据实际情况，对学习目标和计划做出相应的调整。换言之，根据学生参差不齐的学习水平，英语教师应坚持因材施教的原则，并根据学生的实际能力，制定确实可行的学习任务。在教学实践中，以《课程要求》中英语新闻和电视节目为例，笔者就根据不同层次的学生，在大学英语听力课上，分别制定了不同的学习目标。笔者以"美国之音"（Voice of America）英语广播节目为教学材料，分别以"慢速英语"（Special English）和"快速英语"（Standard English）作为大学英语的听力教学素材。对于基础相对薄弱的学生，笔者要求他们以听懂"慢速英语"新闻为学习目标，并能逐字逐句地记录下新闻全文，从而提高了学生的笔录能力和细听能力。而对于基础相对较好的学生，在全文记录"慢速英语"新闻的基础上，笔者还要求他们能听懂"快速英语"的新闻大意，并能复述新闻的主要内容。这样分层次的元认知策略也符合《课程要求》中对一般要求、较高要求和更高要求的区分。此外，在学习任务结束之后，英语教师还要对学生的整个学习过程进行定期分析和评价，增强学习效果。

认知策略是学习策略的核心所在。就大学英语听力训练而言，笔者认为认知策略包括预测策略、集中注意和选择注意策略、联想策略等训练。所谓预测策略训练包括听前预测和听时预测训练。听前预测是指，要求学生利用听力测试正式开始之前的一分钟左右时间，将问题的内容和选项迅速浏览一遍，从而对语音材料中需要解答的问题进行预测。这样才能有的放矢，有针对性地捕捉到有用信息，提高听力效率。听时预测则是在听音过程中进行。也就是说，在开始放音之后，学生仍需要对所听信息进行预测，这种预测是听者在瞬间，甚至是在无意识间完成的。因此，英语教师应该注重培养学生在听音过程中的快速反应与预测能力，并引导学生根据事先浏览的问题选项，迅速预测出语言材料的主要内容，尤其注意选择性地听取相应的关键词、关联词、过渡词等，从而预测语音材料中后文将要涉及的内容。通过这样的预测能力训练，就能将被动的听音过程转化为主动的解码过程。

在听力理解过程中,有用信息稍纵即逝,所以培养学生集中注意力也十分关键。集中注意和选择注意策略构成了认知策略中的另一个重要内容。语篇的意义不是由支离破碎的单个单词或词组构成,而是由逻辑相关的句子相互构建而成。集中注意和选择注意训练就是帮助学生通过语篇中说话人的语气、人物关系、事件场所等有效信息,理解语篇意义。而针对较长的语音材料,诸如短文听力和复合式听写等题型,这样的学习策略更能帮助学生从众多的干预选项中,迅速捕捉到语音材料的重要信息,诸如人物、事件、原因、时间、地点、数字等细节内容。

与认知策略紧密相关的另一个重要内容是联想策略的训练。在听力理解过程中,听者接受信息的过程并不是被动、机械的,而是一个积极能动的复杂心理过程。它需要学生对捕捉到的有用信息准确而快速地解码,而联想策略训练就是培养信息解码能力。在听力训练中,英语教师要注重培养学生运用形象思维、创造性思维和发散性思维的能力,进而提高他们的联想思维能力。在英语听力理解中,联想策略包罗万象。大致说来,其中包括语调联想、语法联想、语境联想、语体联想、词汇联想和文化背景联想等。以语调联想为例,笔者曾经以同一句英文,要求学生变换三种语调,针对不同的语境,分别作如下表达:

①It's raining!　　　　（What a surprise!）

②It's raining!　　　　（How annoying!）

③It's raining!　　　　（That's great!）

在语调联想训练中,学生通过变换不同的语调,分别表达了对下雨天的惊讶、烦恼和喜悦情绪,切身体会到了语调联想在英语听力理解中发挥的重要作用。特别是在长短对话的题型中,说话者的心态和言外之意都是借助语调变化来表达。因此,通过与之相关的联想策略训练,让学生掌握语调的一般规律,培养他们对"弦外之音"敏感度,从而把握说话者的真实意图所在。

除此之外,在英语听力理解的过程中,学生的心理和情感因素也是主要的学习障碍之一。美国教育家 Bloom 曾说过,"带有积极情感的学生在学习时,远比那些缺乏情感、兴趣或乐趣的学生,或是那些对学习材料感到焦虑和恐惧的学生,学得更轻松、更快。"由于听力理解题型的特殊性,语音材料语速快,答题时间短,所以学生很容易产生紧张,甚至害怕的心理。社会情感策略能有效地缓解学生的焦躁情绪和紧张心理,保持积极向上的学习动机和情绪,从而克服情感障碍。在教学实践中,英语教师不妨以学习小组的形式,给学生布置一些非笔头的作业,加强学生之间的协作。在大学英语听力课上,笔者充分利用多媒体教学手段,做过一些相关的尝试。在课堂上,笔者把教学班级划分成若干学习小组,学生以学习小组为单位,依次以幻灯片的形式,用英语报道时下最流行的英语话题或英语新闻。之后,发言小组以问答方式,与其他同学进行课堂上的互动。在一问一答中,学生们的听说能力得到了极大的锻炼和提高。这种合作学习不仅调动了学生的学习主动性,形成了以学生为主导的教学模式,而且还培养了他们的自信心,从而克服学习中的紧张情绪和心理障碍。

四、结束语

综上所述,听力学习策略在大学英语听力训练中不可或缺。从整体而言,元认知策略、认知策略和社会情感策略这三大策略相辅相成,互相关联。所以,在听力训练中,英语教师不能把各个策略割裂开来,而是要把这三大策略相互贯通,共同运用到教学实践中。在大学英语的教学过程中,英语教师不仅要指导学生采用具体的学习策略,更要培养学生对学习策略的使用意识。长此以往,学生才能在英语学习过程中,体会到学习策略的有效性和实用性,逐渐进行自主学习,并且针对不同的学习任务,主动地采用相应的听力学习策略,从而逐步达到《课程要求》中的一般要求、较高要求和更高要求。

参考文献

[1] 教育部高等教育司.大学英语课程教学要求(试行)[Z].北京:外语教学与研究出版社,2004.

[2] 教育部高等教育司.大学英语课程教学要求[Z].北京:外语教学与研究出版社,2007.

[3] Anderson, A. and T. Lynch. Listening [M]. Oxford:Oxford University Press,1995.

[4] 苏远连.论听力学习策略的可教性——一项基于中国外语初学者的实验研究[J].现代外语,2003(1):48—58.

[5] O'Malley, J. M. & Chamot, A. U. "Listening Comprehension Strategies in Second Language Acquisition". Applied Linguistics [J], 1989 (10):418—437.

[6] 李广凤.大学英语教学中的学习策略培养初探[J].中国大学教学,2005 (1):57—58.

[7] O'Malley, J. M. and A. U. Chamot. Learning Strategies in Second Language Acquisition [M]. Cambridge:CUP,1990.

[8] Bloom, B. S. Developing Talent in Young people:Generalizations about Talent Development [M]. New York:Ballantine,1985.

职业技术学院学生英语学习策略的调查研究

杨玉明

杭州电子科技大学外国语学院

摘　要：本研究是一项对杭州市高职学生英语学习策略运用情况的大型问卷调查，调查涉及杭州 11 所职业技术学院一、二年级的 740 名学生。通过 SPSS 软件进行数据统计，解释并分析了职业技术学院学生的英语学习策略的运用情况和特征，为英语教学提供相关参考。

关键词：职院学生；学习策略；教学启示

A Survey on English Learning Strategies of Students from Technical and Professional Colleges

Yang Yuming

Abstract：This research investigates 740 non-English majors' employment of English learning strategies in 11 technical and professional colleges in Hangzhou. Driven by SPSS, the data illustrate and analyze this particular type of students' features of using English learning strategies. These features give teachers and practitioners hints for future teaching and research.

Key words：Students from Technical and Professional colleges; English Learning Strategies; Teaching Hints

一、引　言

近年来，随着外语教学的研究重心由教师转移到了学生，人们开始研究学

作者简介：杨玉明(1971—)，湖北十堰人，副教授。主要研究方向为英语语言学与应用语言学。

E-mail：yym2008@hdu.edu.cn.

习者的个体差异(individual differences),寻找学习成败的内在原因。学习者个体差异会影响他们对学习策略(learning strategy)的选择以及运用学习策略的频率,而学习策略的运用又直接或间接地影响学习者的语言习得。学习策略是指学习者在发展第二语言或外语技能中运用的具体的行为步骤或技巧,是学习者获取、存贮、提取和处理信息的方法或步骤以及管理及组织学习的能力。近年国内外在该领域的研究取得了令人瞩目的成果。不过国内对于学习策略的语言主要集中于普通大学生,而对于职业技术学院这一特定的学习群体的英语学习策略的研究,国内尚不多见。职业学院学生的学习英语的目的以及自身的特点与普通本科院校的学生有所不同,对职业学院学生的学习策略的调查有助于充分了解他们语言学习策略的运用情况和特征,以便在教学上给予针对性的指导,提高他们的外语学习能力。本研究旨在调查杭州市的职业技术学院学生英语学习策略的整体运用情况,并指出职院学生不同性别、年级以及优差学生在运用学习策略方面是否有差异。

二、研究方法

(一)调查对象

本研究以浙江杭州市的所有 11 所职业技术学院的非英语专业学生为研究对象,这 11 所主要分布在两大高教园区:下沙高教园和滨江高教园,其中 6 所公办学院,5 所民办学院。每所院校大一、大二年级各抽取一个自然班。问卷于 2011 年 10 月进行,各学校大一新生刚开始大学学习,而大二学生经过一年的大学英语课程,应该说掌握了更多的英语学习策略。问卷共发放 850 份,回收 812 份,扣除信息不全问卷 72 份,最后实得有效问卷 740 份。

(二)调查工具

本研究采用问卷法。问卷主要参考文秋芳(1995)等人以及刘振前(2006)等人设计的学习策略问卷,结合职业技术学院的学生特点修改而成。本问卷将学习策略分为元认知策略、认知策略、情感/社会策略、母语策略和记忆策略五个类型,每个类型设置若干项目,共 46 个条目。为了防止个别被试者随便答题,影响问卷可信度,问卷题目都采取无序编排,并设负向题项 5 项。如:"我通常先查单词,再仔细地阅读文章。"问卷采用李柯特 5 段记分法。问卷策略类型项目得分越高,表示该被试者的语言学习策略水平越高。问卷委托英语教师利用课间 10 分钟进行并当场收回。对回收的问卷进行整理,将信息不全问卷剔除后用 SPSS 统计软件进行 t 检验和方差分析。首先统计每项学习策略的使用频率和标准差,再检验不同年级、不同性别学生使用各类别学习策略的差异。

三、结果与讨论

(一)职院学生英语学习策略运用总体

对职业学院学生在运用各类别学习策略的平均水平进行统计,主要分年级和性别进行对比显示学生在元认知策略,认知策略,母语策略,情感/社交策略和记忆策略上的使用平均数及标准差。

表1　策略类别策运用平均数和标准差

策略类型	人数	平均数(M)	标准差(SD)
元认知策略	740	1.85	0.39
认知策略	740	2.28	0.57
母语策略	740	2.97	0.44
情感/社交策略	740	1.88	0.59
记忆策略	740	2.76	0.48

本研究通过对学习策略分项运用频率的统计发现中国职业学院学生在使用英语学习策略方面处于平均数以下,远远低于普通大学生的运用水平。五类策略中,母语策略和记忆策略使用频率最高(M＝2.97,2.76);认知策略次之(M＝2.28);情感/社交策略和元认知策略最低(M＝1.88,1.85)。

具体分析,就母语策略而言,有近三分之二的学生回答他们习惯以母语为中介、通过汉语翻译来理解课文和组织听说,连记忆单词也汉语注音,母语依赖性较强。中国学生长于记忆,所以记忆策略显示学生运用频率较高,仅次于母语策略。有50%左右的学生经常利用重复、搭配、联想、形象、归类等方法帮助记忆。认知策略方面,学生较多运用低层次直接的语法分析、英汉翻译等策略,而较少使用如上下文预测、猜单词、信息转换等认知层次较高的策略;学生还是习惯传统的死记硬背、反复操练等方法学习单词、语音和语法,而不愿意通过合作交际的策略学英语。仅有3%左右的学生报告他们经常与同学用英语会话、参加英语角、用英语写信和记日记等。另外,经常做英语笔记、阅读时使用画线、课下经常自学与复习、认真分析考试和作业中所犯语言语法错误的占25%左右。情感/社交策略方面,40%左右的学生学习英语存在焦虑感,课堂害怕老师提问,不会自我鼓励,学习压力大,不愿意参加小组活动,在英语学习中从没有体验到成就感;对英语国家文化感兴趣的仅占4%。在元认知策略运用中,只有20%的学生能够经常确定学习目标,制订学习计划,评价自己的学习进步情况,对自己的学习进行有效的管理和有意识地监控。

(二)职业学院学生学习策略与性别差异分析

表2　不同性别策略运用平均数及标准差

性别	人数	元认知	认知	母语	情感/社交	记忆
男	437	1.69±0.41	2.16±0.34	3.11±0.42	1.62±0.61	2.72±0.53
女	303	2.07±0.36	2.45±0.38	2.76±0.44	2.25±0.55	2.82±0.43

表2结果显示,女生在五种学习策略使用频率上都高于男生。这与司建国等(2005)所调查的结果一致,也与 Oxford(1988,1989),Nikoopour(2010),Fazeli(2011)等所作的国外语言学习者调查结果类似。通过方差得知男生和女生在元认知策略和情感/社会策略的使用上存在显著性差异(表4和表7显示),在其他三个策略使用方面没有达到显著性差异。这说明在男女一直处于大致相似的语言学习环境中,从而形成相似的认知风格,母语策略以及记忆策略。但在元认知策略和情感/社交策略方面,由于女生更擅长计划、调节和管理她们的学习行为,或者说她们更能够全面监督自己的学习,确立自己的学习目标,分析自己的优劣势,采用各种补救措施提高英语水平,在情感/社交策略上,女生由于学习态度较好,兴趣和动机较高,学习焦虑感比男生低,而且她们善于小组合作学习,乐于回答问题和向老师请教。所以女生更善于使用情感/社交策略和元认知策略进行英语学习。

表3　不同年级策略运用平均数及标准差

年级	人数	元认知	认知	母语	情感/社交	记忆
大一新生	392	2.01±0.33	1.97±0.35	3.18±0.48	1.98±0.50	2.25±0.49
大二学生	348	1.67±0.45	2.61±0.39	2.74±0.37	1.77±0.66	3.33±0.46

表3显示,不同年级学生英语学习策略的运用水平上存在一定的差异。大二学生在认知策略、记忆策略的使用上明显多于大一新生,这是因为,经过一年的大学英语学习,大二学生的英语认知水平有了很大的提高,英语知识更加丰富了,在这种前提下,他们便能更好地使用语言分析、英汉对比以及上下文预测等认知策略,另外大学没有类似高考的压力、而且时间充足,学生可以通过广泛阅读提高自己的认知水平,记忆技巧无论从广度或深度都有了很大的进步。而大一新生刚刚从高中阶段步入大学阶段,无论认知水平和记忆策略都还有待提高。另外高中学习阶段的大规模、高强度的强化训练使得学生自己总结思考的时间减少,常常处于一种被动的接受状态,学生自主学习减少,这些都可能导致学习策略运用频率不如大学生。

从上表得知,母语策略的运用频率随着年龄的增长而降低。这种现象在其他研究(文秋芳,1996;司建国等,2005)中得到证实。随着语言水平的提高,学习者应用母语转换的策略随之降低,越是初学越借助母语思维。初学者语言知识和技能有限,遇到知识短路时往往借助母语表达。随着语言技能的提高,学习者慢慢放弃母语转换策略,而更多地运用其他策略。

表3还出现一种"反常"现象,英语学习策略水平没有表现出随着年级的增长而提高的趋势,相反,高年级学生的元认知策略和情感/社交策略使用反而比大学新生低。而且具有显著性差异。这种"反常"现象也在国内相关研究中得到证实(如:潘颖秋,2001;张文鹏,1999)。这表明,学习策略虽然在一定程度上能自发获得,但良好的学习策略的获得还需要教师及家长在平时的教学与辅导中进行更多的干预,帮助学生形成运用良好策略的习惯,以提高学习效率和主动性。另外根据笔者的教学经验,可能另有原因:大一新生刚刚步入大学学习,学习兴趣尚高,动机明确,大有一番努力学好英语的决心。慢慢地由于各种主客观因素,到了大二学生却难以很好地管理和计划自己的学习,变得焦虑、厌学、逃课,大有得过且过的心态。

(三)职业学院学生英语学习策略运用水平显著性检验

虽然表2和表3显示不同性别和不同年级学生在策略运用上存在一定的差异,但这种差别是否达到统计学上的意义呢?笔者继续对职业学院的学习策略调查数据进行显著性差异分析,根据不同年级、不同性别的学生和各个类别英语学习策略运用水平进行 2(年级)×2(性别)的方差分析,结果如下表:

表4 不同年级、性别学生元认知策略水平 2×2 方差分析

	Df	F	P
年级	1	24.378	0.017*
性别	1	5.541	0.007**
年级×性别	1	0.653	0.480

注:*表示 $P<0.05$,**表示 $P<0.01$ (下同)。

表5 不同年级、性别学生认知策略水平的 2×2 方差分析

	Df	F	P
年级	1	19.982	0.068
性别	1	2.170	0.365
年级×性别	1	3.702	0.216

表 6　不同年级、性别学生母语策略水平 2×2 方差分析

	Df	F	P
年级	1	25.179	0.051
性别	1	1.721	0.709
年级×性别	1	2.326	0.573

表 7　不同年级、性别学生情感/社交策略水平 2×2 方差分析

	Df	F	P
年级	1	24.290	0.009**
性别	1	3.789	0.039*
年级×性别	1	0.628	0.247

表 8　不同年级、性别学生记忆策略水平 2×2 方差分析

	Df	F	P
年级	1	17.610	0.056
性别	1	1.518	0.494
年级×性别	1	1.344	0.583

由以上各表（表 4 至表 8）显示，职业学院学生不同年级在元认知策略和情感/社交策略水平上存在极其显著性差异（$P<0.01$），在其他三个策略即认知策略、母语策略和记忆策略上不存在显著性差异；不同性别的学生在元认知策略和情感/社会策略上也存在显著性差异（$P<0.05$），性别不同在认知策略、母语策略和记忆策略上的使用并无实质的差别。

从性别上来说，这样的结果似乎是情理之中的，因为女生在学习自觉性和学习计划和调控方面的确优于男生（吴丽林、王菲，2009），而女生的情感/社交策略优于男生时因为女性比男性更擅长社交（严明，2009）。从不同年级来看，职业学院二年级的元认知策略和情感社交策略不升反降的现象值得我们思考，这也反映出我国学生学习英语的工具性动机主要是应付考试，一旦考试通过则立即放弃对语言的学习，英语学习便出现僵化现象（fossilization）。

四、教学启示

本次调查为我国职业技术学院英语教学提供了的实证性资料，为改进外语教学提供了依据。首先，职业学院英语教师要切实尊重职院学生的个体特征，树立"以学生为中心"的教学服务意识。教师要充分认识到策略的可教性，学习策略不是天生的，它可以通过训练加以培养。教会学生学习策略是为了推动学生自主学习，使其成为策略型学习者。另外，对学习策略的运用能力的培养应

尊重学生的特殊心理规律。英语教师在明确学习策略的重要性之后就应该通过问卷调查、访谈和观察等手段主动掌握学生策略运用的状况，利用各种途径向学生提供策略指导，引导学生如何运用策略。学习者如果能合理运用有关策略，就能很好地内化、贮存、提取和使用第二语言。由于策略培养的有效性受到诸多因素的制约，教师一定要根据学生自身的特点，让他们很好地运用元认知策略去评价自己使用的学习策略是否成功，然后敦促他们选用适合自己的有效策略，并根据不同学习阶段的特点调整策略，使他们在潜移默化中逐步掌握学习策略，养成良好的学习习惯。

参考文献

［1］Fazeli，S. H. The Exploring Nature of Language Learning Strategies and their Relationship with Various Variables with Focus on Personality Traits in the Current Studies of Second Language Learning［J］. 2011（1）：111-120.

［2］Nikoopour，J. On the Relationship Between Language Learning Strategies and Personality Types among EFL learners［J］. Journal of English Studies. 2010（1）：81-101.

［3］Oxford，R. L. Language Learning Strategies：What Every Teacher Should Know［M］. Boston：Heinle & Heinle，1990.

［4］Oxford，R. L. Reflections on Sex Differences in use of Language Learning Strategies［J］. Foreign Language Annal. 1988（2）.

［5］刘振前，肖德法. 外语学习策略研究［M］. 济南：山东大学出版社，2006.

［6］司建国等. 中国高职学生英语学习策略调查［J］. 国外外语教学. 2005（1），23－27.

［7］文秋芳. 大学生英语学习策略变化的趋势及特点［J］. 外语与外语教学，1996（4）.

［8］文秋芳. 英语学习成功者与不成功者在方法上的差异［J］. 外语教育与研究，1995（3）.

［9］文秋芳. 英语学习策略论［M］. 上海：上海外语教育出版社，1995.

［10］吴丽琳，王菲. 理工科大学生英语学习策略和教学策略之关系研究［J］. 外语界，2009（5）.

［11］严明. 英语学习策略理论研究［M］. 长春：吉林出版社集团有限公司，2009.

后现代主义教学观对双语教学的启示

王美君　陆夏琴

杭州电子科技大学外国语学院

摘　要:我国高等学校的双语教学自实施以来,各校情况不尽相同,因而效果也参差不齐。本文从后现代主义教学观分析高等学校双语教学的现状,发现其中存在的主要问题,提出了要加强认识、重视师资队伍建设、设置合理的课程、选择合适的教材、采用多元教学法、建立可行的激励机制等具体的发展战略。

关键词:双语教学;后现代教学观;发展战略

An Analysis and Development Strategy of Bilingual Teaching From the Perspective of Postmodernism

Wang Mei-jun, Lu Xia-qin

Abstract: Bilingual teaching was carried out in universities in China only some years ago. Different universities have achieved different results. Postmodernism Method is adopted to analyze bilingual teaching in universities and to find the main existing problems in it. Based on the above some specific development strategies including enhancing understanding, attaching importance to building the team of teachers, setting up reasonable courses, selecting suitable teaching materials, adopting flexible teaching methods, establishing feasible motivation mechanisms etc. are put forward.

Key words:bilingual teaching; postmodernism; development strategy

作者简介:王美君(1965—),浙江温岭人,学士,副教授。主要研究方向为外国语言学及应用语言学。
E-mail: wang920519@126.com;
陆夏琴(1971—),浙江富阳人,硕士,讲师。主要研究方向为课程与教学论。
E-mail: luxiaqin2001@126.com.

一、后现代主义及其教育观

后现代主义是在对现代主义的反思与审视基础上的批判和超越。现代主义的哲学思维崇尚总体的统一性、寻求事物发展的规律与共性、追求中心而排挤边缘;后现代主义则对现代主义的确定性、统一性和普遍性提出了批判,提倡多元化的视角。现代主义的教育理念崇尚科学、坚信教育规律的确定性和教师在教学中的关键作用。因而其教学过程也表现为以教师为中心的传授式教学,在这种教学模式里,教师的大量工作是单纯地计划和操作学生与教材,处于一种至高无上的主导地位,而学生只不过是教师主导之下的被导与客体。后现代主义通过对现代课程观、师生观及评价观的反思、批判与解构,建构了自己的教育观——后现代的教育观。在这种教育观中,知识体系是一个动态的、开放的自我调节系统,是学习者在与环境交互作用的过程中逐渐建构的结果,决非简单的终极真理。知识也不单纯是社会历史认识的产物,而是个人经验的综合(史密斯,2000)。后现代主义教育观认为教育规律是不确定的,要从多元的视角来看待教育,因而其着重于追求"发展"理念,提倡多元的教育目的观,反思和批判现代主义所崇尚的精英教育和完美教育目的观,认为教育应该大众化,提倡终身教育,并强调教育应该具有鲜明的主体性、个体性和创造性;强调发展丰富、循环、关联和严肃的课程;鼓励教师和学生发展一种平等的对话关系,还强调人文化的评价方式,重视所有参与者的看法,并通过协商、对话的方式来消除分歧而得出结论,从而调动被评价者的积极性,保证评价的真实性和公平性。在后现代的教育理念里,教育不应该是差异、个性的压抑者,而应该是其倡导者和协调者。

二、高等学校双语教学现状

教育部 2001 年颁发了《关于加强高等学校本科教学工作提高教学质量的若干意见》(教高〔2001〕4 号),明确提出要在高校积极推动使用英语等外语进行教学,其中"本科教育要创造条件使用英语等外语进行公共课和专业课教学"。还特别强调"高新技术领域的生物技术、信息技术等专业,以及为适应我国加入 WTO 后需要的金融、法律等专业,更要先行一步,力争三年内,外语教学课程要达到所开课程的 5% 至 10%。暂不具备直接用外语讲授条件的学校、专业,可以对部分课程先实行外语教材、中文授课,分步到位"[1]。进一步明确了我国高等教育今后一段时期内如何加强本科教育教学改革的思路。

教育部高教司张尧学司长在 2004 年 2 月 21 日教育部高教司主办的高等

学校双语教学工作研讨会上进一步强调："双语教学不但要搞下去还要搞好。最近要公布学校的十项状态数据指标，其中一项就是开设双语教学的课程数"[2]。

根据教育部〔2001〕4号文件，按照邓小平同志的"教育面向现代化、面向世界、面向未来"的要求，为适应经济全球化，迎接科技革命的挑战，使教育与国际接轨，适应教育国际化的需要，双语教学在许多高校应运而生，越来越多的高校相继出台新措施，积极推进双语教学的发展。很多高校积极开设双语课程，用外语（主要是英语）进行公共基础课和专业课的教学。

英国朗曼出版社出版的《朗曼应用语言学词典》对双语教学（bilingual teaching）的定义为：双语教学是指在学校里使用第二语言或外语进行学科教学。我国高校的双语教学是指在高校的公共课和专业课教学中，对于5％至10％的课程尽量采用国外原版教材（通常为英文），用汉语和外语（主要是英语）交叉进行授课，逐步发展成只用外语（英语）进行授课，作业和考试也均采用外文（英语）的一种教学方法。

清华大学双语教学开展得较早，已有500门左右的核心课程采用国外著名高校如哈佛大学的优秀教材作为教学参考书。北京大学有20％专业课程采用外文原版教材。复旦大学引进了哈佛大学的7600多种教材。浙江大学已开设164门使用外文原版教材、用双语或外语进行教学的课程。华中科技大学近一半课程采用了双语教学。武汉大学2003年就有216门课程实行了双语教学。大连理工大学和辽宁大学分别有60门课程和11门课程采用外文原版教材。山东农业大学下发了《山东农业大学关于推进和实施双语教学的若干意见》的文件，双语教学正式起步。为推进双语教学课程的开展，苏州大学出台了一项新措施，明确了双语教学的目标和实施范围。2005年苏州大学有188门课程采用双语教学。天津大学则要求该校所有硕士点学科专业（包括新增硕士点），在硕士研究生培养方案的课程设置中，至少列出或增设一门专业课作为双语教学课程，并确定原版（外语）教材。重庆大学的双语教学也取得了实质性进展。所有高校都积极地响应教育部的号召，根据各校的实际情况相应地开展了双语教学[3]。

三、后现代主义教学观视角发现双语教学中存在的主要问题

我国高校双语教学中存在的问题主要有以下几方面。

（一）对双语教学认识不清，当成语言课来上

有些教师和学生不能正确认识双语教学的内涵和意义，把双语教学简单地

理解为英语教学,当成语言课来上。清华大学李艳梅教授认为:"全英文及双语教学不是一门语言课。全英文及双语教学课程以正规的外语课教学为基础,不能替代正规的外语教学,不能以降低课程或整个学科的教学质量为代价来换取一门孤立的全英文及双语教学。"[4]

(二)优秀师资缺乏

实施双语教学要求教师不仅要有扎实的专业理论基础知识,而且要具有相当水准的外语口语表达能力。目前大部分大学专业课教师外语词汇量大、语法好、阅读能力强,但口语弱、听力弱,真正能自然、洒脱地进行专业课双语教学的教师并不多。

(三)难以找到合适的英文原版教材

严格地说,双语教学要求用国外相同学科的原版教材。但英文原版教材很少见,即便有原版教材,也很难使用,因为价格昂贵,原版教材价格大都在 30～50 美元,大多数学生负担不起。

(四)教学计划不够明确

对于各高校而言,究竟安排多少门双语课程、从什么时候开始安排双语教学课程、哪些课程适合于双语教学等,在教学计划中并没有明确规定,这些问题都需要视各校的具体情况而定。双语教学不能一哄而上,也不能搞一刀切。

(五)学生的英语口语和听力水平急待提高

湖北大学一负责人表示:"我校各项指标都能得 A,唯独双语教学率不及格。"该校也曾积极推进双语教学,鼓励教师使用原版教材,结果不太理想。校方分析:有学生外语水平的因素,也有教师表达水平的因素,凡是应用双语教学的课程,学生普遍反映"听不懂"。学生的英语水平参差不齐。有的学生还没有通过大学四级英语水平考试,无法看懂教材和上课板书,"哑巴英语"、"聋子英语"在大学生中是普遍存在的现象,严重影响了双语教学的预期目标[5]。在此情况下,如果不加选择地进行双语教学,将会使这部分学生失去学习信心,难以坚持下去。

(六)对双语教学的管理激励机制不完善

华中科技大学经济学院刘海云教授认为,双语教学让老师有了危机感:不快速更新知识,提高自身的英语水平,就很难立足讲坛[6]。由于双语教学课程比其他课程所花的时间和精力多,要求也比其他课程高,再加上课程待遇与其他课程没什么区别,教师压力又大,所以教师对双语教学的积极性不高。

四、双语教学发展战略

以上通过后现代主义教学观对我国高校双语教学的现状分析,可得出我国各高校应根据自身特点及外部环境,对关键内、外部因素进行匹配来界定自身的双语教学战略取向。各高校双语教学可采用的主要发展战略如下。

(一)教学观念方面

有些高校师生对双语教学的概念依然存在误解。双语教学不同于外语教学,双语教学以外语作为教学语言,来达到学习和掌握专业知识的目的。也就是说,双语教学的目标是培养既有专业知识,又有双语表达能力的各种高级复合型人才。而目前双语教学中存在两种错误倾向:一是虽然使用外文教材,但是全盘汉语讲授专业知识,使学生失去了用外语进行表达的机会;二是授课过程过分侧重语言知识,缺乏对专业知识的讲解,使专业课沦为语言课。因此,必须清楚地认识到双语教学的目标在于通过外语来学习并掌握专业知识,既让学生真正领会与世界同步的现代科学知识,又为学生提供用外语进行学术交流的机会。不能把双语教学简单地理解为外语教学。要处理好"语言教学"与"教学语言"的关系,采用以学生为中心的开放式课堂教学。

(二)师资方面

加强双语教学师资队伍建设,营造师生平等的互动学习环境。没有高素质的双语教师,就无法推进高质量的双语教学。双语教学要真正实施、推广并取得效果,教师是关键。双语教学要求教师必须有广博的系统知识结构,扎实的外语听说读写能力,双语教学者必须是一位多能的复合型人才,而教师队伍中真正称得上复合型教师的为数不多。在高校的双语教学实践中,首先遭遇的瓶颈就是优秀师资的缺乏,能够流利自如地使用双语进行教学的教师不多,外语教师专业知识不足,学科教师专业知识丰富,但英语功底不深,尤其是口语水平不佳。利用外语进行专业课程的讲授,还要设法使课堂气氛活跃,将课程内容讲得生动明了,对于母语为汉语的绝大多数中国高校教师来说都是一个巨大的挑战。成都电子科技大学的彭启琼教授说,只有教师自身的外语基础打扎实了,才有可能教好学生:"老师是一个表率,如果连授业者本身都没到一定水准,那双语教学只能是一纸空文。"[7]因此,必须对教师进行双语教学培训,培养英语水平高、学科知识强的复合型教师。要进行双语教学师资队伍的建设。

双语教学师资队伍的建设可从以下几方面着手进行。

1. 学校对专业教师的培训

学校可加大投入,在专业教师中选拔外语基础较好者进行双语教学的专门训练或短期再教育,有计划地将他们分期、分批委托代培或进修,如选派教师到国内一流学校进修,或直接派往国外进修,提高教师的外语水平,并从中选拔优秀人才作为双语教学的师资储备。有条件的高校可将他们送出国门深造。采取多种方式来实施双语教学教师梯队建设,为实施双语教学打下基础。

2. 校际间加强交流

实现人才共享,在实行双语教学初期,不同学校的师资力量各有偏重。为充分利用教师资源、引入竞争机制,可实行教师跨校授课、学生跨校选课,实现资源更有效的整合。实行教师专、兼职结合,校际流动,盘活教师资源。[8]

3. 聘请外籍教师

针对教师英语水平薄弱的现状,中国农业大学直接聘请美国农药学专家Philip W. Lee 博士为该校的客座教授,采用双语教学的方法,让学生与国际接轨。华中科技大学为了开展新学期的双语教学,2004 年暑假招聘 200 多名英语教师,外聘 68 名外籍教师,以上课、讲座、观赏英语影片等多种形式,对假期留校的学生进行了为期三周的英语强化训练,为双语教学的实施打下了坚实的基础。这一做法值得借鉴[9]。

4. 尽可能引进"海归派"教师

由于我国经济发展形势好,海外学子纷纷学成归来,回到国内创业,他们不仅外语地道,而且精通专业,如果把他们吸引过来进行双语教学,就可以不断地充实双语教学的师资队伍。

(三)教材方面

在双语教学中,实行教学内容的多元性,多渠道解决教材问题。主要渠道有如下。

1. 选择和引进原版教材

双语教学要尽量使用外文原版教材,这样可以为学生创造一个不是学英语而是用英语学的环境,使学生接触到该专业当前国际上最有影响力的先进理念,也可使学生更为直接、准确地理解课程内容。有计划地引进和使用优秀的外语原版教材,是快速接近世界学术前沿、了解学科的最新成果和进展的捷径。但引进原版教材,应注意教材的适用性、新颖性、难易适中性,内容应适合中国国情。由于经济条件、政治环境等诸多因素的差异,原版教材的内容很有可能与中国国情不相关联,甚至相违背(如意识形态等)。又由于中外思维方式、教学体系不同,有些原版教材内容跳跃性较强,我国学生很难适应。具体表现为:第一,标准的差异。教材的选用应与我国对高等教育的专业标准要求相一致。

不同的国家,教育体制不同,各阶段的教育目标也各异,因而在内容上、深度上不可避免地存在差异。第二,专业技术标准、规范的差异。对于理工科,由于各国的工程标准、规范不尽相同,会影响学生在以后的工作和学习中对专业知识的运用能力,因而需在这些方面进行删改或补充说明。第三,教学方法的差异。教材要与教学方法相匹配,以实现教学内容和教学方法的吻合。在引进原版教材的同时,应根据适合中国学生的教学方法来选用教材,还要考虑我国学生的经济承受能力。[10]国外原版专业教材一般比较昂贵,要求每个学生自行购买国外原版专业教材有一定的难度。因此,在选择教材时,必须严格把关。

2.选用影印本

国内有些出版社在引进国外教材后又出版了影印本,尽管在影印本中原先的彩色图片为黑白的所代替,也省略了一些图表、习题,但影印本价格便宜,且具有同样的使用效果。教师可以根据自己课程的特色和要求,选用影印本。

3.实行教材租用制

西安交通大学实行的教材租用办法有一定推广意义。该校的英文版《微积分》教材,是美国麻省理工学院托马斯教授编著的,价格上百元,学校考虑到学生的承受能力,决定让学生租用教材,每年租金50元,一年后归还。[11]通过这种方式,学校既解决了学生的实际困难,又顺利推行了双语教学。

4.支持教师选编适用的双语教材

由中国学者参照先进的外国原版教材编著外文专业教材。外国原版教材有可能不完全适合我国使用,学校可以组织教师结合国情对教材进行修改,这样做除降低使用成本外,还有外语地道、教师可根据实际需要进行删减或补充的好处。但修改原版教材既涉及知识产权问题,也涉及修改后重新印刷出版的问题。为使修改后的教材能顺利出版,学校应给予资助,同时协调解决好有关知识产权问题。南京大学卢德馨教授认为,适合中国国情才是关键:"如果说的东西都是中国学生不能理解或根本无法接触的,那就已经脱离了双语教学的本质。目前国内已有不少大学开始着手编写自己的外文双语教材,相信本土化会有一个光明的前景。"[12]从而实现双语教材本土化。

5.网上下载资料

从互联网上选择并下载实用的资料,组织有关行业专家和双语教师对资料进行加工,编写成教材,在每个章节后面对专业和语言的难点进行注释以便于师生理解和掌握。

(四)课程设置方面

双语教学课程的内容须多元化,课程设置必须符合时代要求。并非所有课程都适合进行双语教学,在专业领域中选择实施双语教学的课程时,应从以下几方面进行综合考虑。

1.从其在学科中的地位出发

实行双语教学的课程应该是其学科领域中占有重要地位的基础课程或专业基础课程，从而保证双语教学的连续性和持久性。这样既保证了教学任务的实现，又有利于双语教学自身的不断发展。

2.从教师配备情况出发

近年来，在一些高校，已有部分教师主要是曾在国外学习和工作过的教师自发地进行了双语教学。但始终未形成规模，学校也未将其作为一项教改项目，在推行双语教学的起步阶段，首先遭遇的瓶颈就是缺乏优秀师资，因而在选择双语课程时不得不考虑教师队伍的能力。

3.以学生为中心，从学生能力出发

双语教学不仅对教师提出了高要求，对学生素质的要求也相应提高。我国高校学生英语综合能力总体不强，如果用英语学习专业知识，更需要有一个适应过程。因此双语教学课程设置应考虑到学生对所学专业知识的平均理解能力。限制学生人数，每班最好在40人左右。要根据学生的外语应用能力和水平，因材施教、稳步推进[13]。

4.评估方式

双语教学课程期末考试均须采用外语命题。学生用外语作答的比例应占总分数的30％以上。双语教学应灵活运用多元化的考试形式，努力改革当前高校中以百分制闭卷考试一统天下的局面，应灵活运用笔试、口试、闭卷、开卷、半开卷等评估方式。

5.多元化的教学内容与设计，适当增加双语教学的课时

双语教学的进度明显慢于中文讲授的课程，所传授的信息量不足。为了保证授课内容的完整，双语课应增加一定课时，在制订教学计划时应考虑这个问题。

(五)教学方法方面

在教学中采用师生平等、互动的教学方法。课中教师的启发作用在于通过信息刺激，循循诱导，引起学生的积极思维，以实现教学双方的思维共振。双语教学可采用三种模式：浸入法(immersion approach)，要求用第二语言进行教学，母语不用于教学中，以便学生沉浸在第二语言之中；过渡法(transitional approach)，要求学生进校后部分或全部使用母语，然后逐步转变为只使用第二语言进行教学；维持法(maintenance approach)，要求教师在学生刚进校时用母语授课，然后逐渐使用第二外语进行部分学科的教学，其他学科仍使用母语教学[14]。各高校可根据自己的实际情况采取相应的双语教学方法。

双语授课中要坚持渐进性、阶段性、互动性原则。初次使用原版教材时,学生们面对大量的生词和专业术语会感到吃力,双语教师最好坚持循序渐进的原则,授课时做到由浅入深、由少到多地解释专业术语的普通含义与专业含义的区别与联系,使学生由被动接受知识到主动采用双语学习知识。教师自己要首先吃透教材,学生首先要考虑接受能力。提倡课堂上教师与学生之间的互动,注重学生主动学习、积极思考、创新精神的培养。

五、结　语

双语教学作为一门新兴的边缘学科深受后现代思潮的影响,但我国的现实社会基础还没有进入后现代,这与已处于后现代的西方国家在许多观念、硬件设施、价值概念等还有许多差异。这对双语教学带来了较大的挑战。双语教师必须改变教学观念,设计多元化的教学模式,实行开放式的课堂教学以适应社会发展需求,从而为培养复合型高素质人才作出新的贡献。

参考文献

[1]教育部.关于加强高等院校本科教学工作提高教学质量的若干意见[Z].2001.

[2]宋银秋.双语教学的现状及对策建议[J].中美英语教学,2004(9).

[3]纪秀君,丁秀棠.专家在高校双语教学工作研讨会上提出双语教学不是语言课[N].中国教育报,2004-02-22.

[4]高校进一步加快双语教学步伐[EB/OL].http://www.bdxx.com/web,2004-11-24.

[5]杨晓政.英语棒的大学教师薪水看涨[N].浙江日报,2004-12-17.

[6]安然.经济全球化召唤高校双语教学[J].合作经济与科技,2004(62).

[7]赵立华,徐争辉.《国际贸易实务》课程双语教学的实施与思考[J].湘潭师范学院学报(社会科学版),2005(1).

[8]李红兵.高校双语模式[J].理工高教研究,2003(1).

[9]朱建成.高校实施双语教学之探析[J].高教探索,2004(4).

[10]陈晶瑛.高校开展双语教学的现状、问题与对策[J].经济师,2005(1).

[11]周炜.教育部力推双语教学[N].都市快报,2004-12-19.

[12]江西师范大学双语教学实施办法[Z].高教领导参考,2003(20).

[13]李业才.后现代精神与教学论转向[J].广西师范大学学报(哲学社会科学版),2004(2):105.108.

[14]李三福.后现代主义的教学观[J].外国教育研究,2004(1):21.23.

[15]刘复兴.后现代教育思维的特征与启示[J].山东师范大学学报(人文社会科学版),2001(4):11.16.

[16]小威廉姆·多尔.后现代课程观[M].王红宇译.北京:教育科学出版社,2000.

[17]大卫·杰弗里·史密斯.全球化与后现代教育学[M].郭洋生译.北京:教育科学出版社,2000.

教师话语中批评言语行为的个案研究

袁　媛

杭州电子科技大学外国语学院

摘　要：本研究依据言语行为理论，基于收集到的大学英语课堂教师话语语料，对教师话语中批评言语行为的出现频次进行了个案分析，并对教师在实施批评过程中采用的语用策略进行分类。研究发现，教师较少采用批评，且在实施批评时多辅以缓和策略以减少面子威胁。

关键词：教师话语；批评言语行为；策略；个案

A Case Study on Criticizing Speech Acts in Teacher Talk

Yuan Yuan

Abstract：This paper reports a case study of criticizing speech acts in teacher talk in a college English classroom. Detailed data analysis yields the finding that criticisms are rarely performed in teacher talk, and mitigating strategies are always employed to redress the face threat involved in performing criticisms.

Key words：teacher talk；criticizing speech act；strategy；case study

一、引　言

　　教师话语不仅是教师执行教学计划的工具，同时还是学生语言输入的一个重要来源，因此它在组织课堂教学和学习者的语言习得过程中起着至关重要的作用（Nunan，1991：189）。教师话语在语言教学中所起的作用不言而喻，有关学者也在这方面进行了大量实证研究。这些研究大多从二语习得角度出发，注

作者简介：袁媛，硕士，讲师，研究方向为语用学。E-mail：ohyuanyuan@163.com.

重教师话语作为语言输入所具有的种种特征,或是关注教师话语的交互特点(周星 & 周韵,2002),而鲜有对其语用方面的考察。

当一个人说话时,他不仅仅是在说,还是在以言行事(Austin,1955)。除了对知识的传授和讲解,教师话语还有另外一个重要的作用,就是引导和组织学生积极参与各种交际活动,为学习者创造交流信息、表达思想的环境和机会,使他们通过交际和意义协商,促进语言习得(Antón,1999)。换言之,教师话语可以划分为阐述、指令、表达类言语行为(Searle,2001)。其基本内容之一是对学生的课堂表现做出反馈,即表达类言语行为,包括赞扬、批评、感谢等等。迄今为止,对于教师所实施的批评言语行为方面的研究几乎无人触及。本文拟基于收集到的大学英语课堂教师话语语料,对话语中的批评言语行为进行定性研究。

二、批评言语行为的相关研究

言语行为是语用学的一个重要研究内容。迄今为止,对言语行为的研究大都局限在一小部分指令和表达类言语行为上,如请求、道歉、埋怨、赞扬等(Wolfson,1981;House & Kasper,1987;Blum-Kulka et al.,1989)。其中最有影响力的,是 Blum-Kulka 等人实施的"跨文化言语行为实施方式计划"(CCSARP)。该计划调查研究了不同语言文化中言语行为表达方式的异同,主要涉及请求和道歉等言语行为。Blum-Kulka 还对言语行为的层面进行了分析,认为言语行为具备中心言语行为、辅助言语行为和修饰语三个层面。

国内学者也对若干具体言语行为的实现模式进行了大量分析与讨论,其中较具有代表性的有:王爱华(2001)以 Blum & Kulka 等学者的"语篇补全测试"为工具,调查了英、汉拒绝言语行为表达模式与社会因素之间的关系;张绍杰、王晓彤(1997)依据实际问卷调查结果对英汉请求行为的表现方式作了跨语言对比分析。

相比较而言,关于批评言语行为的研究可谓凤毛麟角。Brown & Levinson(1987)提出,有些言语行为,在本质上和交际者的面子相悖,被称为"威胁面子行为"。批评言语行为即为威胁面子的行为,常常需要一定的策略修饰以保全受话人的面子,减少面子威胁。吴淑琼、樊葳葳(2004)以"语篇补全测试"为工具,从两个不同的角度归纳出了英汉批评言语行为的策略,并就各策略的使用频率进行了对比分析。分析发现英汉批评语在这些策略上存在许多共性,但是使用的频率因文化而异,具体表达形式因语言系统的不同而产生差别。该研究的批评策略分类主要基于礼貌原则,对策略的划分稍显含混。Nguyen(2008)则对越南英语学习者的批评修饰策略进行了考察,使用的主要语料为引导性对话,问卷调查和采访。

简括说来,真实、动态的话语语料在批评言语行为的相关研究中相对匮乏,更遑论对课堂教师话语批评语料的研究。即使是在以教师为中心的中国传统英语课堂教学中,学生也有一定的机会参与课堂活动和发表自己的见解,而教师也会给予相应的肯定或否定的反馈,这些肯定或否定反馈在本研究中被操作定义为教师的称赞或批评言语行为。为了有效培养学生的语言交际能力,教师为中心的英语课堂将逐渐向学生为中心转移,教师的课堂反馈数量也会进一步增加,亟须以其为语料的应用语言学研究。而批评言语行为,毋庸置疑,是教师反馈的重要组成部分。

三、研究设计

本研究为个案研究,试图对教师话语中的批评言语行为进行定性分析,揭示为实现这一言语行为所采用的语用修饰策略。

为了描述和了解真实的教学过程,收集教师话语语料,本研究采用了自然调查(Allwright & Bailey,1991)的方法。即研究者在不进行任何干预的情况下,对在自然发生与发展中的现象进行观察和研究。杭州电子科技大学外国语学院的一名大学英语教师对语料的收集提供了极大的帮助,成为本个案研究的调查对象。在不告知被调查教师具体研究内容的情况下,用录音笔将该教师的连续三周的三十节课(每节课 45 分钟)进行完整录音,然后将录音转写成书面文字,并对录音和文字材料进行分析。

四、调查结果

录音及文字材料表明,三十节课中的每一节课上都发生了教师反馈,其中大部分反馈既包含称赞言语行为也有批评言语行为。二者出现频率都不高,批评较之称赞出现频率更低,个别课上甚至没有出现批评而只有称赞。

批评言语行为中,除极个别没有采用任何语用修饰策略,大部分的批评的实施都借助于某一种修饰策略,或者某几种修饰策略的共同作用。修饰策略可以减少批评对受话者(在本研究中即为受到批评的学生)带来的面子威胁,降低其不礼貌程度。

语料数据显示有五种修饰策略在教师实施批评言语行为过程中被采用:
使用模糊限制语,如"perhaps","I'm afraid","a little"等词,例如:
(1)Well,that's good,but sounds a little bit abrupt.
先扬后抑。即先实施称赞言语行为,对学生给予肯定,再对学生课堂表现

或交际中的某项弱点进行批评,这在例(1)中也有所体现。又例如:

(2)It's grammatical to say so,though not natural.

给予安慰,如:

(3)This presentation is all right. I'm sure you will give us a better one next time.

给出建议,如:

(4)You could have done it better if you had made more preparations.

寻找开脱原因,如:

(5)You made a mistake here. Maybe you are quite unfamiliar with this word.

从以上五种批评策略不难看出,大学英语课堂中教师在给予消极反馈的同时,积极地采取语用策略以缓和批评之力,尽量不伤及学生面子,这也有利于学生学习积极性的保持。

此外,调查结果也可一定程度上反映教师在使用语用策略时的局限性。与吴淑琼、樊葳葳(2004)揭示的英汉批评言语行为策略相对比,教师话语中批评言语行为的策略在种类上明显较为单调。

五、结　语

本研究以 Searle 的言语行为理论为框架,基于收集到的大学英语课堂教师话语语料,借鉴 Blum-Kulka 的言语序列分析模式,对教师话语中批评言语行为进行了定性研究,对批评策略分类,从而探讨大学英语教师的语用礼貌意识。分析结果表明课堂中教师在实施批评言语行为时往往会借助于语用修饰策略以降低该言语行为对受话者即学生的面子威胁程度,所采用的策略在种类上较为集中。

作为一项个案研究,调查的主体数量过少,势必会影响调查的结果。在调查结果分析方面,本调查只是讨论了各策略的分类,缺少总体使用频率的统计。此外,言语行为一般会受到许多社会因素如社会距离、年龄等的影响,其修饰策略的使用情况也会随之变化。这些都非常值得作进一步的研究。

参考文献

[1] Allwright,D. & Bailey,K. M. Focus on the Language Classroom[M]. Cambridge:Cambridge University Press,1991.

[2] Antón,M. The discourse of a learner-centered classroom:Sociocultural

perspectives on teacher-learner interaction in the second-language classroom[J]. The Modern Language Journal,1999:83.

[3] Austin,J. L. How to Do Things with Words[M]. Oxford:Clarendon Press,1962.

[4] Blum-Kulka,S. ,House,J. ,& Kasper,G. Cross-cultural Pragmatics: Requests and Apologies[M]. Norwood:Ablex,1989.

[5] Brown,P. ,& Levinson,S. C. Politeness:Some universals in language usage[M]. Cambridge:Cambridge University Press,1987.

[6] House,J. ,& Kasper,G. Interlanguage pragmatics:Requesting in a foreign language[A]. In:W. Lorscher & R. Schulze. Perspectives on language in performance,vol. 2[C]. Tubingen:Narr,1987:1250-1288.

[7] Nguyen,T. T. M. Modifying L2 criticisms:How learners do it? [J]. Journal of Pragmatics,2008,40:768-791.

[8] Nunan, D. Language Teaching Methodology: A Textbook for Teachers[M]. Englewood Cliffs,NJ:Prentice Hall Inc,1991.

[9] Searle,J. R. Speech Act:An Essay in the Philosophy of Language [M]. Cambridge:Cambridge University Press,1969.

[10] Wolfson,N. (1981). Compliments in cross-cultural perspective[J]. TESOL Quarterly,1981,15:117-124.

[11] 王爱华. 英汉拒绝言语行为表达模式调查[J]. 外语教学与研究,2001 (3):178—185.

[12] 吴淑琼,樊葳蔚. 英汉批评言语行为策略对比研究[J]. 外语教学,2004 (2):22—25.

[13] 张绍杰,王晓彤. "请求"言语行为的对比研究[J]. 现代外语,1997(3): 63—72.

[14] 周星,周韵. 大学英语课堂教师话语的调查与分析[J]. 外语教学与研究,2001(1):59—68.

英语影视作品在大学英语教学中的运用

蓝云春

杭州电子科技大学外国语学院

摘　要：英语影视作品具有趣味性强、语言生动地道、文化内涵丰富等特点，可以为大学英语教学服务。在大学英语教学中充分发挥英语影视作品的资源优势，可以有效提高学生英语综合技能，尤其是听说技能。结合任务型教学法，通过欣赏英语影视作品可以增强学生自主学习能力。通过了解和挖掘影视作品中的文化内涵，学生在学习了英美文化知识的同时其跨文化交际意识也能得到提高。

关键词：英语影视作品；大学英语教学；听说技能；自主学习能力；跨文化交际意识

The Application of English Movies & TV Series to College English Teaching

Lan Yunchun

Abstract：English movies and TV series are interesting and rich in cultural connotation, and their language is vivid and authentic. The application of them to College English Teaching will be of great benefit, improving the learners' comprehensive skills, especially listening and speaking skills, enhancing the learners' automatic learning ability combined with the use of task-based teaching method, enabling the learners to learn American and British culture and thus developing their intercultural communicative awareness.

Keywords：English Movies & TV Series；College English Teaching；Listening & Speaking Skills；Automatic Learning Ability；Intercultural Communicative Awareness

作者简介：蓝云春(1979—)，江西永丰人，硕士，讲师。主要研究方向为英美文学和大学英语教学。

E-mail：bluepico@sina.com.

E时代的迅速发展使得众多的影视作品在网络上快速地广为流传。影视作品有趣又生动,因此强烈吸引着广大观众,观看影视作品早已成为了在校大学生的重要娱乐方式之一。英语影视作品题材广泛,语言环境真实生动,文化内涵丰富。因此,在多媒体技术广泛应用的背景下,英语影视作品赏析可以为大学英语教学服务,有助于实现《大学英语课程教学要求》明确规定的大学英语教学目标:培养学生的英语综合应用能力、特别是听说能力,使他们在今后工作和社会交往中能用英语有效地进行口头和书面的信息交流,同时增强其自主学习能力,提高综合文化素养,以适应我国社会发展和国际交流的需要(教育部高教司,2004:1)。除此之外,《大学英语课程教学要求》还规定:大学英语课程不仅是一门语言基础知识课程,也是拓宽知识、了解世界文化的素质教育课程,因此设计大学英语课程时也应充分考虑对学生的文化素养培养和国际文化知识的传授(教育部高教司,2004:4)。由于每一部影片都是一定文化区域历史和社会文化生活的反映(庄绮春,2005:115),英语影视作品是了解和习得英语国家文化的重要载体。

受应试教育影响,中国学生的英语听说能力一直较为薄弱。为了克服"哑巴"英语现象,有效提高学生的听说能力,大学英语教学改革正如火如荼地进行。通过欣赏英语影视作品可以提高学习者的英语听说能力。首先,英语影视作品图文并茂,含情节、语言、人物、场景等多种信息,可以很好地激发学习者学习英语的兴趣。在大学英语教学中增加英语影视作品赏析,可以有效地保持学生学习英语的兴趣。另外,众所周知,语言环境在外语学习中的作用非常关键。英语影视语言所具有的"自发性,无准备性,句式多变,直观性,语感强等特点"(李月林,2003:149),为学习者提供了真实生动的语言材料,而其中的语音语调也多是原汁原味非常地道。研究还表明,以电影为代表的视听资料的学习效果远远大于纯听觉资料。对于同一学习资料,如果只是通过听觉来学习,三天后的遗忘率高达85%。如果只听过视觉来学习,三天后的遗忘率也可达40%。而视听两种感官结合起来的话,相同时间的遗忘率可降至25%(陈珞瑜,2008:66)。为了提高学习者的口语表达能力,教师根据某部英语影视作品组织形式多样的活动,如小组讨论、配音、跟读、角色扮演等。

自主学习能力是大学生必须具备的重要能力之一。任务型教学法指导下的英语影视欣赏可以很好地促进自主学习能力的提高。在英语影视欣赏教学中实施任务型教学法,整个教学环节可以分为课前、课堂和课后任务三个部分。以电影《女王》为例,在观看电影之前,教师可以布置学生查找相关背景资料,如戴安娜王妃之死,英国的君主立宪制,英国王室现状等。课内任务可以是小组讨论、回答问题等。课后任务包括通过幻灯片来展示和影片相关的话题,如布莱尔首相、戴安娜王妃、伊丽莎白女王等。为了展示好一个相关主题,学生需要收集大量的资料、并对资料进行处理和加工等。通过完成这些任务,学生在网上冲浪时可以减少盲目性。同时,对信息的加工和处理也是必需的环节。在他们带着目标主动积极地学习过程中,学生学习的内在动力被充分地调动了起来。在完成各项任务的过程中,学生在语言实践中培养了发现问题,解决问题的能力,同时也了解了自己的认知能力。正如夏纪梅教授(2001:33)所说,教师在教学中实施任务型教学法,可以"在日常教学中保证学生有自我指引和与他人交流、协调、合作的机会",这是一种能产生能量的"生成教育"。在执行任务的过程中,学生通过体验、参与、实践、交流与合作的学习方式,强化学习动机,提高学习兴趣;通过观察、发现和归纳等方式,研究并掌握语言规律,形成有效的学习策略(温伟梅,2004:89)。与此同时,学生自主学习能力也得到了培养和提高。除此之外,学生通过参与各项任务和活动体会到了乐趣和成就感。其自信心也将得到增强,学习的积极性、主动性和创造性也就更能调动起来。

语言是文化的载体。学习和了解蕴含在语言中的文化是学好语言的重要前提。正如《教学要求》所规定,文化教学是语言教学必不可少的部分。不言自明的是,英语影视作品提供了生动的可视文化。而许多大学生尽管学习了多年的英语并且对英语文化有着浓厚的兴趣,他们对此却知之甚少。在教学中引导学生洞察语言背后折射的文化,培养和提高其跨文化意识是大学英语教学的重要任务之一。优秀的英文影视作品集中体现和反映了英美国家、民族特定时代的文化。因此,通过英语影视欣赏在大学英语教学中增加文化导入非常便捷。比如,《阿甘正传》作为一部美国文化内涵非常丰富的经典影片,正是了解美国文化,尤其是美国 20 世纪后半期文化非常好的媒介。影片中涉及了美国 20 世纪 50 至 80 年代许多历史名人和历史事件。水门事件在电影中一闪而过,甲壳虫乐队的创始人约翰·列侬也只是在访谈节目中与阿甘偶遇。如果把这些片段拿出来分析,则可以丰富学生的英美文化知识,同时,也让他们学会重视电影艺术的细节。另外,阿甘乒乓访华后,评论六七十年代的中国"一无所有、不去教堂",其内涵丰富。小组讨论可以回顾中国当时的历史背景并对中美文化的差异进行对比和分析。事实上很多学生看电影只关注故事情节,而对于电影的文化内涵挖掘得较少。通过挖掘其中的文化内涵,可以培养他们对电影艺术的鉴赏能力,并提高其思辨能力。另外,对于其中的诸多事件和人物,教师甚至可以安排学生通过课后准备,以幻灯片的形式展示出来。在精心准备后,学习者对于相关知识的了解会更加透彻。

总之,英语影视作品赏析可以为大学英语教学服务。其生动真实的交际情景有助于提高学习者英语综合技能,尤其是听说能力;结合任务型教学法进行英语影视教学可以有效增强学生的自主学习能力;通过对蕴含在英语影视作品中丰富的文化内涵进行挖掘,学生了解了英语国家的社会、文化背景及中西文化的异同,其分析问题、解决问题的能力也得到了提高,与此同时,其跨文化交际意识和跨文化交际能力也可以得到相应的提高。

参考文献

[1]陈珞瑜.英语影视与大学英语教学研究综述[J].武汉科技学院学报,2008(7):66—69.

[2]教育部高等教育司.大学英语课程教学要求(试行)[Z].北京:外语教学与研究出版社,2004.

[3]李月林.英语电影欣赏教学初探[J].四川外国语学院学报,2003(2):148—150.

[4]温伟娟.运用任务教学法激发学生英语学习动机[J].广州大学学报,2004(2):87—91.

[5]夏纪梅."任务教学法"给大学英语教学带来的效益[J].中国大学教学,2001(2):32—34.

[6]庄绮春.中外影视作品译制的社会文化思考[J].现代传播,2005(1):115—116.

基于学科内容的大学英语后续课程设置研究

沈向怡

杭州电子科技大学外国语学院

摘　要：大学英语提高阶段的教学（又称后续教学）是大学英语教学的重要组成部分之一。后续课程的设置能有效提高学生的语言水平，是大学英语学习四年不断线的保证。内容依托式教学将语言知识和学科知识相结合，为后续课程的设置提供了理论依据。文章从内容依托式教学视角出发，分析了该理论在大学英语后续课程设置中进行运用的可行性，并就该理论在后续课程设置中的应用提出了一些建议。

关键词：大学英语；后续课程；课程设置；内容依托式教学

The Exploration of the Setting of Follow-up College English Curriculum from the Perspective of CBI

Shen Xiangyi

Abstract：The follow-up college English teaching plays an increasingly important role in college English teaching. The setting of follow-up curriculum guarantees the continuity of college English teaching and improves students' language proficiency, especially their communicative competence. Content-based instruction （CBI） aims at the integration of language and content learning and provides a sound theoretical base for the setup of follow-up college English curriculum. From the perspective of CBI，this paper analyzes the feasibility of implementing CBI modes in the setup of college English curriculum development and attempts to present some tentative ideas concerning its application in follow-up college English teaching.

Key words：College English；Follow-up Curriculum；Curriculum Setting；CBI （Content-based Instruction）

作者简介：沈向怡（1978—），浙江海宁人，硕士，讲师。主要研究方向为英语教学。
E-mail：xiangyi330@163.com.

一、引 言

2007 年 9 月教育部正式颁布了新的《大学英语课程教学要求》,根据新的教学要求,大学英语教学分为两个阶段:基础阶段和应用提高阶段(也就是后续阶段)。同时,各学校应从本校的实际情况出发,制定大学英语教学大纲和建立个性化的大学英语课程体系[1]。在新的《课程要求》实施以后,大学英语提高阶段的学习得到了一定的重视,大学英语后续课程在很多学校得到了开设。作为大学英语教学的一个重要组成部分,后续课程的教学在一定程度上帮助学生提高了英语文化素养和语言交际应用能力,并为以后的专业课程学习打下了良好的语言基础。但是从目前各个高校已开设的后续课程来看,很多课程在设置上随意性比较大,缺乏连贯性;在管理上没有统一的教学目标和要求,缺乏科学性;在教学实践中,任课教师各自为政,缺乏系统性。这些问题的出现,制约了大学英语后续课程的建设和发展;而要解决这些问题,理论的指导必不可少。

二、内容依托式教学理论

(一)内容依托式教学内涵及其优越性

内容依托式教学 CBI(Content-Based Instruction)又被翻译成内容教学法,是 20 世纪 80 年代在西方兴起的一种以学科内容为依托,学习第二语言或外语的语言教学方法。在这种教学理念下,语言教学将基于某个学科或某种主题来进行,语言成为学习学科知识的一种媒介。它以内容为中心,充分考虑到了学习者的特定学习需要,为语言学习者提供了有意义的语言环境,从而使语言教学摆脱了传统的枯燥的授课模式。通过激发学习者的学习兴趣,使语言学习的有效性得到提高(Brinton et al. 1989:3)[2]。在获取学科知识的过程中,学习者的语言能力也随之发展并得到提升。这种学习语言的方式和我们最初的母语学习方式比较接近,因此,学习者在语言能力的发展和提升上更为自然(Stryker & Leaver,1997:3)[3]。

(二)内容依托式视角下的教学模式

内容依托式教学理念在大学英语教学中,根据内容和语言所占的不同比例,一般可以分为以下三种模式:(1)主题模式 (Theme-based language Instruction);(2)辅助模式 (Adjunct language Instruction);(3)保护模式

(Sheltered content Instruction)。在这三种模式中,语言所占的比重依次逐渐递减,内容所占的比重依次逐渐递增(Richards & Rodgers,2008:216-217)[4]。

三、当前大学英语后续教学课程开设和现状分析

(一)当前大学英语后续教学的课程开设情况与设置分析

借着新一轮的大学英语教学改革的东风,大学英语后续课程在很多高校得到了开设并开始被正式纳入大学英语教学体系。但是,由于各个学校生源情况和师资的不同,后续课程在各高校的受重视程度具有明显的差异性。笔者选择了杭州不同层次的八所高校进行了一个调查,发现后续课程在这些学校大学英语教学中的比重基本可以分为以下三种类型。

1.主导型

在浙江大学这样的重点院校里,学生英语基础好,因此,从一进校门起,学生就可以根据自己喜好和需求,选择相应的大学英语后续课程,修完相应的学分即完成了大学英语的学习。在浙大,各门后续课程才是大学英语的主流课程,因此开课数目众多,学生选择余地很大。

2.辅助型

在大部分公办本科院校,后续课程的开设尽管才设立不久,却处于良好的发展阶段。由于这些课程一般都具有实用性或趣味性,所以和传统的大学英语课程相比,更能激发学生的学习兴趣,因此后续课程普遍受到学生的青睐。

3.点缀型

在大部分新建的本科院校中,尤其在独立院校和民办院校中,后续课程一般都作为选修课存在。因为学生英语基础差,在四、六级考试压力下,选择后续课程的学生数目不多。在某种意义上,后续课程成为这些学校大学英语教学的一种点缀。

(二)当前大学英语后续课程设置分析

通过调查,从目前已开设的课程来看,一般可以分为以下三类:(1)语言技能课程;(2)社会与文化课程;(3)专业英语课程(ESP)。受学生英语水平差异的影响,各种课程在不同的学校受欢迎程度各不相同。

四、内容依托式教学在大学英语后续课程设置中的运用

（一）内容依托式教学在大学英语后续教学中运用的可行性分析

内容依托式教学把语言作为学习内容的媒介，把内容作为学习语言的源泉。它以第二语言习得理论中 Krashen 的可理解的语言输入（comprehensive input）为理论基础，因此对学生的英语水平具有一定的要求。在经过大学英语基础阶段的学习以后，在提高阶段，学生已具备一定的英语水平，这为后续课程的开展奠定了良好的基础。同时，在该阶段，学生逐渐对自己的未来发展有了初步的认识，因此对自己的英语学习有了明确的方向。这时，传统的大学英语词汇、篇章和语法讲解已经不能满足大部分学生的学习要求。而内容依托式视角下的多样性的大学英语后续课程以课程内容为依托，为学习者的语言学习提供了有意义的语言环境，这在很大程度上满足了学生的个性化的英语学习要求。

（二）内容依托式教学视角下大学英语后续课程的课程方向设置

大学英语后续课程阶段是基础阶段学习的延伸和扩展，提高学生的实际语言应用能力是其授课目标。因此，后续课程在设置上必须以学生需求为中心。为了了解学生在后续课程阶段的英语学习要求，笔者在杭州八所高校对在校学生（调查对象为 2009 级学生，英语专业学生除外）进行了大学英语后续课课程设置方向的问卷调查。共发放调查表 240 份，回收的有效卷为 236 份。以下表1、表 2 和表 3 是本次问卷调查的问题和结果。

表 1　您对大学英语后续课程开设的感兴趣程度

感兴趣程度	百分比
A.不感兴趣	7%
B.稍有兴趣	8%
C.有兴趣	23%
D.有较大兴趣	36%
E.非常有兴趣	26%

表 2　如果开设大学英语后续课程，您最想选择哪个方向的课程

课程开设方向	百分比
A.语言技能课程	28%
B.考试辅导课程	26%
C.语言文化课程	29%
D.专业英语课程	17%

表 3 在以下的大学英语后续课程中,您对哪些课程最感兴趣?(可多选,不超过三项)

课程方向	课程名称	百分比
A. 语言技能课程	中级视听说	18%
	中级口语	22%
	中级听力	13%
	中级写作	14%
	应用文写作	17%
	高级英语	8%
B. 考试辅导课程	考研英语	28%
	雅思英语	10%
	托福英语	12%
	六级辅导	23%
	中级口译辅导	9%
	商务英语考试辅导	4%
C. 语言文化课程	英美国家社会与文化	29%
	跨文化交际	9%
	英美文学概况	6%
	英美影视赏析	41%
	英美报刊选读	10%
D. 专业英语课程	翻译实践和理论(笔译)	2%
	翻译实践和理论(口译)	7%
	商务英语	16%
	文秘英语	5%
	法律英语	2%
	旅游英语	5%

　　通过上述表格,可以看出大部分学生对大学英语后续课程的开设具有一定的兴趣。从反馈的结果看,选择 C、D、E 的学生占到了 85%。在四个不同系列的课程中,语言文化系列课程和语言技能系列课程在学生中受欢迎程度最高。在经过多年的英语学习后,大部分学生尤其是理工科类学生对英美国家的社会和文化知识了解并不多,了解所学语言的文化和人文背景、提高多元文化意识和拓宽知识面成为很多学生的共需。同时,在经过大学英语基础阶段的学习以后,学生对自己的英语学习现状并不是特别满意,提高听说和写作等语言实际应用能力是很多学生的迫切愿望。在调查中,考试辅导系列课程的受欢迎程度也比较高,达到了 26%。这反映出在基础阶段的学习以后,学生对自己的未来学习、生活有了明确的规划,在英语学习上有非常强的目的性。

　　在所有拟开设的课程中,英美国家社会与文化和英美影视赏析是选择率最高的两门课程。由此可见,多年的外语学习使学生对承载所学语言的文化有着很强烈的好奇心,但是基础阶段的大学英语教学并没有使学生对西方文化和习俗有系统的了解。同时,寓教于乐的影视赏析课程能让学生从一种轻松的视角进行英语学习,重新体会到学习英语的乐趣。专业英语课程尽管选择率不高,但是也有一定的需求,在调查中,尤其受到英语程度比较好的文科类学生的青睐。

(三)内容依托式视角下大学英语后续课程的教学模式

从学生的语言实际水平、师资情况和课程要求出发,内容依托式教学视角下的主题模式和保护模式是后续课程比较理想的授课模式。其中,主题模式适用于语言技能系列课程、语言文化系列课程和专业英语系列课程;而保护模式适用于考试辅导系列课程。

语言技能课程以提高学生的语言应用能力为最主要目标,教师在教学过程中,通过学生感兴趣的话题激发学生的积极性,引导学生进行听说或写作训练从而提升英语应用能力。同样,在文化和专业系列课程中,学生用英语直接获取自己感兴趣的信息。主题模式的教学消除了语言学习和主题内容学习的人为分割(蔡坚,2002:13)[5],学生通过反复接触主题词汇和语言内容,即吸收了专业课程知识又发展了自己的语言能力。

与之相反的是考试辅导系列课程。学生修读这些课程都是为了将来在相关的考试中获得理想的成绩,因此,在这类课程中,保护模式是比较合理的授课模式。在这系列的课程中,教师的授课内容以特定考试为中心,应试性比较强。教师用目标语讲授知识,要求学生掌握课程知识(吕晓娟,2008:84)[6]。

(四)内容依托式教学视角下教师和学生在大学英语后续课程中的角色定位

在内容依托式教学中,教师是课程的组织者、引导者和课堂活动的协调者。在课程的教学过程中,教师应充分调动学生的自主性和参与性,运用自己的专业知识,给学生提供帮助和指导;对学生不仅要授之以鱼,更要授之以渔。

在后续课程的课堂教学中,学生在教学过程中处于主体地位。课程的开设、设计和教材的选择都以学生的需求为中心。这种中心地位的确立,必然会激发学生的学习积极性和自主性,也在一定程度上会消除中国学生在英语学习上的盲目性和焦虑性。

五、内容依托式教学视角下大学英语后续课程设置所面临的问题

(一)师资问题

大学英语教师质和量的不足,是目前大学英语后续课程设置所面临的最大问题。长期繁重的教学任务,使很多大学英语教师很少有时间来接触、吸收新的教学理念和进行专业知识的研究。我国目前大学英语教师有 7 万多人,基本都是从英语专业毕业的,他们的知识结构适合开设语言技能课程和考试辅导课程;他们中间很少有人学习过如何开设学术英语、专门用途英语课(蔡基刚,2010:44)[7]。师资力量的不足,是有效开展后续课程的一大难题。

(二)教材选用

教材是教学大纲和教学内容的具体体现,教材的好坏直接影响着教学效果(谷志忠,2010:27)[8]。通过对在杭高校后续课程教材的调查,发现在使用的后续课程的教材随意性很大,有的课程甚至没有教材,任课教师以活页的形式进行授课。这样的教材不利于学生对所学课程获得系统和全面地了解。同时,现有的后续课程教材难易程度不一,并没有很好地和大学英语基础阶段学习相结合,这也不利于学生以语言为媒介来进行专业课程学习。

六、结　语

英国文化委员会的 English 2000 的大型调查表明:21 世纪英语教学的最根本变化将是"将来的英语学习不再是单纯的英语学习"。在日本,大学英语课程从"学习英语"转向了"用英语学习"(张文友,2001:33)[9]。大学英语后续课程的开设是大学英语教学改革的必然发展趋势。通过学习知识来学习英语,让语言和内容相融合,能有效地激发学生的学习积极性,提高学习效率,从而改变学生在英语学习上"费时低效"的现象,提高语言学习的效率。

参考文献

[1]教育部高等教育司.大学英语课程教学要求[Z].上海:上海外语教育出版社,2007.

[2] Brinton D. M, Snow M. A, Wesche M. B. Content-based Second Language Instruction [M]. New York:Newbury House,1989:3.

［3］Stryker S. B，Leaver B. L. Content-based Instruction in Foreign Language Education ［M］. Washington：Georgetown University Press，1997：3.

［4］Richards J. C，Rodgers T. S. Approaches and Methods in Language Teaching ［M］. 北京：外语教学与研究出版社，2008.

［5］蔡坚. 第二语言习得与 CBI 教学模式的研究［J］. 北京第二外国语学院学报，2002（3）：13－15.

［6］吕晓娟，杨跃. 主题模式在基础英语教学中的应用研究［J］. 西安外国语大学学报，2008（3）：84－86.

［7］蔡基刚. 制约我国大学英语教学方向转移的因素分析［J］. 外语研究，2010（2）：40－45.

［8］谷志忠. 高校 ESP 教学现状剖析与应对策略［J］. 外语电化教学，2010（5）：25－29.

［9］张文友. 日本英语教育的改革动向［J］. 外语界，2001（5）：33－36.

混合式学习中外语教师角色定位初探

——建构主义理论下教学设计的视角

韩国春

杭州电子科技大学外国语学院

摘　要：本文主要从建构主义理论下教学设计的视角对混合式学习下外语教师的角色定位进行了初步的探讨。混合式学习模式下,教师需要承担教学目标的分析者、情境创设者、学习资源设计者、自主学习设计者、协作学习环境设计者、学习效果评价设计者以及强化练习设计者等角色。另一方面,由于外语教学的特殊性,混合式学习下教师还需承担语言示范者的角色。

关键词：混合式学习；建构主义；外语教学；教师角色；教学设计

A Tentative Study on Foreign Language Teachers' Roles in Blended Learning: a Perspective of Instructional Design under Constructivism

Han Guochun

Abstract：As a tentative study on the foreign language teachers' roles in Blended Learning from a perspective of instructional design under constructivism, this paper concluded that foreign language teachers are supposed to play the following roles: (1) the analysts of teaching objectives; (2) the creators of teaching situation; (3) the designers of learning resources; (4) the designers of autonomous learning; (5) the designers of collaborative learning environment; (6) the designers of learning evaluation; (7) the designers of reinforcement exercises. In addition, the teachers take the role as a language demonstrator due to the specialty of the foreign languages teaching.

Key words：Blended Learning; constructivism; foreign language teaching; teachers' role; instructional design

基金项目：杭州电子科技大学科学研究基金项目(KYF105611005)

作者简介：韩国春,山东广饶人,硕士,讲师,研究方向为外国语言学及应用语言学。E-mail:gchanok@126.com.

一、引　言

混合式学习（Blended Learning）是传统面对面课堂教学与网络教学（e-Learning）的有机结合，是信息技术与课程整合的一种模式。该模式代表着中国大学英语教育的发展方向。混合式学习是多因素的有机混合，体现为学习理论、学习资源、学习环境、学习方式和学习风格等方面的混合，可以在多层面给大学英语教学以支持，为保证大学英语教学活动的成功开展提供巨大的动力和保证，从而有助于切实提高学生的英语综合应用能力（韩国春，2012）。

混合式学习理念的产生和发展无一不受到建构主义理论的影响。建构主义理论在根本理念上与混合式学习的主张是相一致的，可以为混合式学习模式的实践应用提供强大的理论支持。因此，建构主义理论下教师角色特征的研究可以为混合式学习下外语教师角色特征的研究提供借鉴。

自 20 世纪 80 年后期以来，随着心理学家对于人类学习过程认知规律研究的不断深入，认知学习理论的一个重要分支——建构主义（Constructivism）学习理论在西方逐渐流行。建构主义是学习理论中行为主义发展到认知主义以后的进一步发展，被誉为当代教育心理学中的一场革命（Slavin，1994）。

建构主义的教学模式要求教师应当在教学过程中采用全新的教学模式（彻底摒弃以教师为中心、强调知识传授、把学生当作知识灌输对象的传统教学模式）、教学方法和教学设计思想（何克抗，1997a）。因此，传统的教师角色已不能适应新理论新形势的需要。教师必须重新进行角色定位才能够迎接建构主义教学环境的挑战。而外语教学自身的特点又增加了教师角色定位的特殊性。外语教师角色定位恰当与否对于外语教学的成功与否至关重要。国内外有关建构主义模式下教师的角色特征研究较多，然而对于外语教师的角色特征研究较少。而且现有研究中对于教师的角色定位存在定位重叠和片面的现象，且对外语教师的独特角色定位未有提及。本研究尝试借鉴建构主义理论下教师角色特征的研究对混合式学习下外语教师的角色定位予以探讨，以期对混合式外语教学实践有所助益。

二、文献综述

（一）建构主义主要理论

建构主义融合了皮亚杰的"自我建构"和维果茨基的"社会建构"并有机地把它们学习理论研究中来，在此基础上提出了"意义建构"。建构主义关于教学的基本思路强调了以下几点。

1. 注重以学生为中心进行教学

建构主义认为学生是信息加工的主体、是意义的主动建构者，而不是外部刺激的被动接受者和被灌输的对象。学习是学习者内部控制的过程。教师不是知识的传授者与灌输者，而是意义建构的帮助者、促进者。

2. 注重在实际情境中进行教学

建构主义注重让学生解决现实问题。强调围绕现实问题的学习活动，尽量创设能够表征知识的结构、能够促进学生积极主动进行意义建构的社会化的、正式的情境。强调结构不良领域中进行学习的重要性，认为结构良好领域不能提供生动性、丰富性，只能使学生获得低级的、单一的知识（马池珠、任剑锋，2009:5）。

3. 注重协作学习

建构主义强调学习的社会性。学习者在教师的组织和引导下建立起群体并成为其中的一员，对与各种理论、观点、信仰和假说进行协商和辩论。通过这样的协作学习环境，学习者群体（包括教师和每位学生）的思维与智慧就可以被整个群体所共享，从而使个体对于事物的理解更加全面和丰富。

4. 注重提供充分的资源

建构主义强调要设计合适的教学环境，为学生和意义建构提供各种资源（包括各种类型的教学媒体和教学资料）和工具条件。需要注意的是，这里利用的各种资源和工具条件，"并非用于辅助教师的讲解和演示，而是用于支持学生的自主学习和协作式探索"（何克抗，1997a）。

5. 强调学习过程的最终目的是完成意义建构（而非完成教学目标）

在传统教学设计中，教学目标是高于一切的，它既是教学过程的出发点，又是教学过程的归宿。但是在建构主义学习环境中，由于强调学生是认知主体、是意义的主动建构者，所以是把学生对知识的意义建构作为整个学习过程的最终目的（ibid）。

目前已开发出的比较成熟的教学方法主要有以下三种。

1. 支架式教学（Scaffolding Instruction）

支架式教学旨在为学习者的知识建构提供一种概念框架（conceptual framework）。这种框架中的概念是为发展学习者对问题的进一步理解所需要的。为此，事先要把复杂的学习任务加以分解，以便于把学习者的理解逐步引向深入。

2. 抛锚式教学（Anchored Instruction）

这种教学要求建立在有感染力的真实事件或问题的基础上，学习的内容要选择真实性的任务，确定这类真实事件或问题被形象地比喻为"抛锚"，因为一且这类事件或问题被确定了,整个教学内容和教学进程也就被确定了(就像轮船被抛锚固定一样)(田延明、王淑杰,2010:27)。

3. 随机进入教学(Random Access Instruction)

建构主义代表人物 Spiro(1984)等人提出了认知灵活性理论(Cognitive Flexibility Theory),认为学习者在学习过程中对信息意义的建构可以从不同角度入手,从而实现对于所学知识的全面而深刻的理解。学习者可以随意通过不同途径、不同方式进入同样教学内容的学习,从而获得对同一事物或同一问题的多方面的认识与理解,这就是所谓"随机进入教学"。

(二)外语教师的角色定位研究

教师角色是教师在教育情景中所特有的心理与行为方式,它确定了社会对教师职能和地位的期望与要求(林崇德等,2003:604)。

张文兰(1999)认为教师将从传统的知识传授者与灌输者的角色转变为学生意义建构的促进者、课程开发者、群体的协作者、信息资源的设计者和查询者、学生的学术顾问等角色。柳英林(2002)指出建构主义教学模式下大学英语教师充当的角色有:(1)教育科学的研究者;(2)学生道德品质的培养者;(3)文化的传播者;(4)学生学习动机的培养者和激发者;(5)教学过程中的组织者、协调者、促进者;(6)心理医生的角色;(7)课程开发的积极参与者,学生发展所需技术的支持者等。Maor(2003)探讨了建构主义在线教学模式下教师促进者(facilitator)的角色实现。Cornu and Peters(2005)从建构主义认识论角度讨论了教师作为反思者在革新课堂教学活动中的特点。

以上研究主要着眼于教师在建构主义教学过程的角色特征,但是却存在以下问题。

1. 角色重叠

教师角色界定模糊,存在重叠现象。如张文兰(1999)指出的"课程开发者"、"群体的协作者"、"信息资源的设计者和查询者"、"学生的学术顾问"等教师角色可以统称为"学生意义建构的促进者",因为教师的一切活动都是以学生为中心,服务于学生的意义建构。此外"学生的学习顾问"角色与"群体的协作者"和"信息资源的设计者和查询者"存在重叠。柳英林(2002)指出的"学生学习动机的培养者和激发者"与"教学过程中的组织者、协调者、促进者"存在重叠,因为要培养和激发学生的学习动机有赖于教师对于课堂活动的有效组织和协调,而以上诸多角色又可统归在"促进者"之下。

2. 片面性

Maor(2003)和 Cornu & Peters(2005)的研究囿于所探讨的话题只是强调教师作为促进者和反思者的角色,相对于教师的角色定位是片面的。

以上研究存在的问题不利于我们正确地把握建构主义教学模式下外语教师的角色定位。因此有必要从新的角度全面地对于教师角色定位予以研究。

三、从教学设计角度探讨外语教师的角色定位

教学设计是对教师课堂教学行为的一种事先筹划，是对学生达成教学目标、表现出学业进步的条件和情境做的精心的安排。教学设计的根本特征在于如何创设一个有效的教学系统（盛群力等，2005：4）。我们认为结合建构主义教学设计的内容与步骤来分析教师的角色定位有助于教师角色的正确定位。合理的教学设计是教学顺利进行的保证，无论采用什么教学理论和教学模式，教学设计都是首要的。教师角色主要体现在教学设计的制定及其实施过程中，所以依据教学设计的步骤进行教师的角色定位研究具有更加具有可操作性，从而更加具有实际意义。

下面结合何克抗（1997ab）给出的建构主义教学模式下教学设计的步骤，对混合式学习下外语教师的角色定位予以探讨。

1. 教学目标的分析者

建构主义提倡以学习者为中心，强调个体是意义的主动建构者，以学习者的意义建构为目标。但这并不排斥教师进行教学目标的分析。相反，教学目标的分析是学习者进行有效意义建构的前提。囿于时间和精力的限制，学习者的意义建构是有限的。不加选择，没有主次地对学习内容进行意义建构是费时而低效的，也不利于学习者知识的建构。因此正确的做法是先由教师对教学目标进行分析，遴选出当前所学知识中的基本概念、基本原理、基本方法和基本过程作为当前所学知识的"主题"，然后再由学习者围绕该主题进行意义建构。何克抗（1997a）强调这样建构的"意义"才是真正有意义的，才是符合教学要求的。

2. 情境创设者

情境创设是教学设计最重要的内容之一。建构主义认为，学习是一个与情境联系密切的自主的操作活动，知识也总是在一定的情境中才有意义。建构主义强烈推荐学生要在真实的情景下进行学习，要减少知识与解决问题之间的差距，强调知识的迁移能力的培养。真实情境有助于学习者在实际任务中获取经验和建构知识，进而促进学习者掌握并学会运用知识。教师需要将设计的问题具体化，教科书上的知识内容是对现实生活的抽象和提炼，而设计学习情景则是要还原知识的背景，恢复其原来的生动性、丰富性（余胜泉等，2000）。

3. 学习资源设计者

学习资源的设计是指：确定学习某主题所需学习资源的种类和每种资源在学习该主题过程中所起的作用。学习资源是指提供与问题解决有关的各种信

息资源（包括文本、图形、声音、视频和动画等）以及从互联网上获取各种有关资源（余胜泉等，2000）。建构主义理论认为学习者在已有知识的基础上，对外来信息进行信息加工和意义建构。面对海量的学习资源，教师应履行学习资源设计者的角色，在信息资源的来源、获取手段和处理方法上给予学习者适当的指导，以便使学习者能够尽可能的规避信息污染，找到可用信息，进而进行意义的建构。为此，教师有必要建立系统的学习资源库。

4. 自主学习设计者

教师应根据所选择的不同教学方法，对学生的自主学习作不同的设计。在支架式教学下，教师应遵从维果茨基的"最邻近发展区"理论并充分考虑学生的个体差异（每个学生的最邻近发展区并不相同），围绕学习主题创建一个相关的概念框架，以便引导学生循序渐进地提高自己的智力水平。如果是抛锚式教学，教师要结合所涉主题选择特定的真实事件或真实问题（"抛锚"），引导学生针对问题进行假设、通过资料查询和逻辑推理对其进行论证，再根据论证结果制定解决问题的行动规划，实施该计划并根据实施过程中的反馈，补充和完善原有认识。随机进入教学下，创设能够从不同角度表现所涉主题的不同情境，以便学生从不同角度入手，分别着眼于同一问题的不同侧面，形成对同一概念的多维度的理解。

5. 协作学习环境设计者

学生经过自主学习获得了一定的意义建构，在此基础上还需要通过协作学习——小组讨论和协商，以完善和深化对主题意义的建构。教师要充当协作学习环境的设计者，对协作学习予以引导：进行有效的分组，提出可供讨论的问题，通过提问引导讨论并在讨论过程中和讨论后对于学生的表现进行及时的和恰当的评价。混合式学习下，计算机网络技术可以为学生的协作学习提供一个更加高效的在线平台，学生间的交流不再受时间和地点的限制。外语教师可以在线上和线下对学习环境进行设计和优化。

6. 学习效果评价设计者

教师应充当学习效果评价的设计者，设计恰当的评价方法，并引导小组对个人评价和学生个人对自己进行评价。评价内容主要围绕三个方面：自主学习能力；协作学习过程中作出的贡献；是否达到意义建构的要求（何克抗 1997b）。为增强学生参与评价的积极性，保持其进行自主学习和协作学习的兴趣，评价方法应避免压力和乏味，力求客观和公正。

7. 强化练习设计者

作为强化练习设计者，教师应根据以上学习效果评价的结果，针对学生学习过程中存在的问题，结合不同学生的水平差异，设计一套或几套可供选择的补充学习材料和强化练习，以帮助学生最终实现符合要求的意义建构。

这就要求教师在设计过程中,要使这些练习和材料既能涵盖所学主题需要掌握的重点内容以强化学生的意义建构,又有助于纠正学生的错误理解和片面认识。

四、语言示范者——外语教师角色的独特性

外语教学的特性增加了教师角色定位的特殊性。外语教学与其他学科的教学相比具有其明显的特殊性。例如,对于其他学科,诸如物理、化学、历史等而言,教师的教学语言以及师生间的交流教师语言通常为母语,语言充当信息的载体,学生关注的是其所传达的信息。对于外语教学而言,教师话语通常为所教授的外语,教师使用外语来解释所教授的外语语言现象。这种用来描述语言的语言通常被称之为元语言(metalanguage)。一方面,学生有意识地接收该元语言所载的信息,另一方面学生在有意或无意地学习教师的元语言。王明利(2007)指出元语言是外语教学的有效工具,它既培养和提高了外语学习者使用语言的能力,同时也教给了学习者描写语言、释译语言的知识和手段。因此,我们可以说外语教学中,教师还充当着语言示范者的重要角色。混合式学习下,计算机和网络学习技术和设备为学习者提供了理想的学习工具和环境,学生可以更加便捷地接收更多地道的(idiomatic)语言信息,但是教师的语言示范者角色并不会因此减弱,相反在与学生进行语言交流中,教师可以与学生产生最直接、最真实和最自然的语言接触。教师的这种示范作用对于学生元语言能力的培养是任何技术设备所无法替代的。

五、结　论

建构主义理论为混合式学习的实践提供强大的理论支持。建构主义理论下教师角色定位的研究能够为混合式学习下外语教师的角色定位提供借鉴。首先我们从教学设计视角出发探讨了建构主义理论下外语教师在混合式学习中的普遍特征,认为教师在教学实践中承担着以下角色:(1)教学目标的分析者;(2)情境创设者;(3)学习资源设计者;(4)自主学习设计者;(5)协作学习环境设计者;(6)学习效果评价设计者;(7)强化练习设计者等角色。另一方面我们认为在混合式外语教学中,教师的元语言对于学生的外语能力的培养起着重要的作用,因此教师又承担着语言示范者的角色。

参考文献

[1]Corms，R. L. & Peters，J. Towards constructivist classrooms：the role of the reflective teacher[J]. Journal of Educational Enquiry，2005(1).

[2]Maor，D. The teacher's role in developing interaction and reflection in an online learning community[J]. Computer Mediated Communication，2003 (40).

[3]Slavin，R. E. Educational Psychology Theory and Practice(4th)，Boston：Allyn and Bacon，1994.

[4]Spiro，R. J. Consciousness and reading comprehension[A]. In Flood，J. Understanding Reading Comprehension. Washington，DC：International Reading Association. Inc. ，1984.

[5]韩国春. 浅论混合式学习对于大学英语教学的推动作用. 载于学勇等. 高校外语网络平台建设与外语教学. 北京：国防工业出版社，2012.

[6]何克抗. a. 建构主义——革新传统教学的理论基础(上)[J]. 电化教育研究，1997(3).

[7]何克抗. b. 建构主义——革新传统教学的理论基础(中)[J]. 电化教育研究，1997(4).

[8]林崇德，杨治良，黄希庭. 心理学大辞典(上卷)[M]. 上海：上海教育出版社，2003.

[9]柳英林. 建构主义教学模式与大学英语教师角色的重新定位[J]. 现代教育科学，2002(1).

[10]马池珠，任剑锋. 现代教育技术前沿概论. 北京：北京师范大学出版社，2009.

[11]盛群力等. 教学设计[M]. 北京：高等教育出版社，2005.

[12]田延明，王淑杰. 心理认知理论与外语教学研究[M]. 北京：北京大学出版社，2010.

[13]王明利. 论元语言与外语教师的话语行为[J]. 外语与外语教学，2007 (1).

[14]余胜泉，杨晓娟，何克抗. 基于建构主义的教学设计模式[J]. 电化教育研究，2000(12).

[15]张文兰. 建构主义学习环境下教师角色的再定位[J]. 电化教育研究，1999(4).

汉语环境下母语对英语学习的干扰

马丽亚

杭州电子科技大学外国语学院

摘　要：在英语习得过程中，母语的语言习惯会从多个方面干扰目的语的习得。本文分别从语音、词汇、语法、语篇和文化层面分析母语负迁移对英语学习的影响，并指出在英语学习中应该尽量避免母语的负迁移，从而提高交际质量。

关键词：母语干扰；语言迁移；负迁移

Language-acquisition Interference of Mother Tongue In Chinese Language Environment

Ma Liya

Abstract：In English language learning，language habits inherited from mother tongue would hinder the acquisition of the targeted language in several aspects. This article analyzes how negative transfer of mother tongue affects foreign language learning in phonetics，vocabulary，grammar and culture. The author puts forward suggestions concerning how to avoid the negative transfer of mother tongue with the purpose of improving learners'communicative skills.

Key words：Transfer；negative transfer；phonetics；vocabulary；grammar

一、引　言

在第二语言习得的研究领域中，母语知识对目的语习得的影响是众多语言学家及心理语言学家探讨的重要问题之一。Ausubel 的认知结构迁移理论指

作者简介：马丽亚(1976—)，浙江象山人，讲师，硕士，从事应用语言学、英语语言教学法研究。
　　E-mail：mariawjs@sina.com.

出,任何"有意义"的学习都是在原有学习的基础上进行的,"有意义"的学习中一定存在迁移(1968:15)。他认为第二语言或外语学习中竭力避免母语中介作用或迁移作用是徒劳无益的,因为母语作为原有的经验,是英语学习的一种认知上的准备,不可避免地会参与其中。这就意味着,中国学生要学习英语不能不受到来自汉语语言习惯的影响,外语教师在教学实践中也应正视这种母语迁移作用的存在。

二、学习迁移的含义

根据 Felix 的理论,迁移(transfer),作为一个认知心理学的概念,指的是在学习新知识时,学习者将以前所掌握的知识、经验迁移运用于新知识的学习、掌握的一种过程。母语对外语学习的影响过程称为语言迁移(language transfer)(1980:34)。学习迁移(learning transfer)是指一种学习对另一种学习的影响。一种学习对另一种学习起积极的促进作用称为"正迁移"(positive transfer),一种学习对另一种学习起消极的干扰作用称为"负迁移"(negative transfer)。负迁移即母语干扰,主要是由于母语和目的语的某些形式和规则系统不同却被学习者误以为形同所致。Ellis 指出负迁移会阻碍第二语言的习得(1985:41)。

母语与外语在某个方面相似,会促进外语学习,母语与外语在某个方面不同,则会对外语学习产生干扰。正迁移有利于学生语言习惯的形成,有利于学生外语语言的表达。然而,长时间对母语的依赖,便会不可避免地产生母语文化的负迁移问题。负迁移会对学生的语言学习和实践带来很大的困难。

三、母语对第二语言英语习得的干扰作用

众所周知,母语负迁移往往导致第二语言错误及学习困难,这涉及语言的各个层面,从语音层、词汇层、语法层到文化层无不受到影响和制约。

(一)母语在语音上的负迁移

由于汉语和英语分属于不同的语系,在语音方面存在较大的差异,因此英语学习者容易受汉语的影响而在英语语音学习中产生负迁移。中国学生学外语,首先遇到的是汉语发音的影响和干扰,即用汉语的语音规律代替目标语的语音规律。很多人说出来的英语带有浓重的汉语发音或方言发音,例如发[θ]和[ð]这对清浊辅音,感到很难,汉语根本没有这对辅音,很多学生用[s]和[dz]来代替,初学英语的中国学生经常把 thick 读成 sick,把 think 读成 sink,they 读成 day 等等。在汉语的音节中,开头和结尾都只有一个辅音。音节开头的辅音

紧接着元音,音节尾除了 n 和 ng 外,没有以其他辅音结尾的,所以许多中国学生读英语单词的时候,总是在辅音的后面或词尾的辅音后面加一个元音,很多人读某些以辅音结尾的英语单词时喜欢增加一个元音,如把 map 读成 mapper,let 读成 letter,book 读成 booker 等,原因是汉语没有发[p]、[t]、[k]清辅音结尾的字,而受汉语声母 p(泼)、t(特)、k(科)的影响,增音就不由自主地产生了。

英语语流音变有同化、异化、弱化、省略、增音、连续等诸多形式。其中令中国学生感到较为头疼的是连读。英语中的相邻单词,若前一个以辅音结尾,后一个以元音开头,则可以连读。这种语流音变的差异容易导致中国学生英语口语和听力上的困难。受母语影响,他们常把连读的几个音节看成一个整体,从而在理解上发生困难或产生错误的理解。而且,由于不大注意语流音变,他们讲的英语往往显得很生硬。

英语是一种要依靠语调来区分句义的"语调语言",有降调、升调、降升调和升降调四种语调类型,重音在英语句子的理解中起着相当重要的作用,同样的单词序列用不同的语调来读会产生不同的意思。而汉语则属于已声调来区别句义的"声调语言"(tone language),汉语的普通话分为阴平、阳平、上声和去声四种声调。汉语的每一个字除了由元音辅音组成之外,还有一个附在上面的能区别或改变字义的声调。英语中的单词无论被念成平调、升调或升降调都不能用来区别意义,其字调的升降相对来说比较随意,语调的起伏也比汉语明显。英语学习者容易把汉语音节声调迁移到英语语音中,常表现为读多音节单词时轻重不分或是轻重错误,在交际中造成对方理解上的困难。在朗读英语单词时加上声调,而忽略了单词的重音和整个英语句子的语调,致使在语调上发生较大偏差。

(二)母语在词汇方面的负迁移

由于历史背景不同,汉语词汇与英语词汇不可能是一一对应的,即使大体对应的词汇,在具体的使用中,受到文化传统、风俗习惯的影响,在词义以及用法上也存在差异。而中国学生由于受汉语的影响,从而忽略了中西方之间的语言和文化差异,导致用词错误。如常把汉语词与词的搭配习惯错误地迁移到英语短语的搭配上,只按汉语的词义死记英语单词,常会说出诸如"look newspaper"(看报纸),"learn knowledge"(学习知识) 之类的错误的话语。又如他们只注意了词汇的表面意思,忽略了词汇的内涵和使用习惯,使得句子出现了用词不当的错误。汉语中常常将"价钱"与"贵"、"便宜"等形容词搭配在一起,于是,有学生便造出了下面的句子:The price is cheap.(价格便宜。)cheap 所修饰的名词应是具体的物品。表示价格高低要用 high 和 low。还有些同学写作时只记词义而忽视了词性,频繁出现词性乱用的现象。例如:I against the plan.（我反对这个计划。）汉语中"反对"可以作动词用，而 against 在英语中只是个介词，不能单独做谓语，要和动词结合使用。

（三）母语在语法方面的负迁移

英语汉语在语法方面存在的诸多差异经常导致汉语负向迁移，英语是形态语，屈折形态变化丰富，是标记的语言，特别是英语的动词受各种形式的变化影响（如数、时态、语态、语气等）（戴炜栋、王栋：2002）。英语句子的句式变化在很大程度上取决于动词的形态变化。英语句子实际上是以动词的形态变化为主展开的。因此动词的变化带动全句的结构这点上是非常严格的。正因如此，英语的动词才会有分词、不定式、动名词等形式，还有时态、语态、语气的变化。英语名词有格和数、定冠词和不定冠词的变化。而汉语有量词和助词；谓语有动词谓语、名词谓语、形容词谓语、词组谓语等。在英语和汉语中，副词修饰动词虽一致，但副词在句中的位置有所不同。

汉语和英语句子主要成分的排列顺序是一致的。但是起源于象形文字的汉语是意合型语言，句子各成分的相互结合依靠语义，语境。英语是形合型语言，句法结构注重形合，即句子各成分的相互结合常用适当的连接词语，构成从句，以体现其逻辑关系，句子显得严密紧凑。如：读重点，我好听得清楚。Read it louder so that I may hear it clearly. 英语中添加了连接词 so that。

现代英语与现代汉语在基本句式上的相似之处，很容易使学习者养成生搬硬套的习惯，频繁出现句式结构中的汉语负迁移。比较典型的就是汉语中疑问句的词序的位置不同于英语。在汉语中，疑问句的词序是不需要变化的，即在汉语中，疑问句的词序和陈述句的词序是相同的。但是在英语中，词序是需要改变的，要把助动词放在主语的前面。我国学生在英语学习过程中，常常受汉语的语言组织方式和思维习惯的干扰，说出或写出汉语式的英语，造成句子结构上的种种错误，影响语言的表达。

中国学生学习英语时，往往会因为不了解英语的句法习惯，会说出按照汉语结构套译出的句子，下面是典型的句法负迁移的例子。

Our country has taken place great changes since 1999.（正确表达：Great changes have taken place in our country since 1999.）

Although he is short, but he is very strong. 这里应去掉 but。

（四）母语在语篇方面的负迁移

由于不同的社会、历史、文化背景的影响，东西方思维模式存在着明显差异。中国人的思维方式是螺旋式的（circular thought pattern）（俞理明，2004：76）。一般不直接切入主题，而是从外围入手，从不同的方面来说明问题，首先叙述事情的背景、原因，最后得出结论。而西方人的思维方式是线性的（linear thought pattern）（俞理明，2004：76），往往采用直线推进的方式，直截了当的形式。首先亮出观点或看法，点明主题，然后再依次说明背景、条件、原因、证据或进行分析，开头就亮出观点，看法，然后展开讨论。

英语汉语的不同思维方式，决定了英汉语篇上的差异。英语语篇喜欢开门见山，直点主题，写作模式通常是直接切入主题，具体分析。而汉语语篇汉语的篇章先在主题外围兜圈子或旁敲侧击，讲究起、承、转、合，习惯围绕问题作些铺垫，最后才进入主题。语篇上母语迁移经常体现在学生的英语写作中，中国学生的英语作文中虽然在语法上没有什么错误，用词也准确，但读起来总感觉"汉语味道"很浓，就像在读汉语文章。其根本原因就是中国学生在写英语文章时是按照汉语的思维及语篇的模式而不是英语思维及语篇的模式来进行的。比如在学生的英语作文中，有相当一部分学生喜欢用问句来开头或结尾。在 Online Education 的作文中，有的同学在开头段写道"Why did I prefer online education? I thought it over for a long time, here I'd like to show some reasons"在结尾段写道"… I have talked about my reasons. Do you think my preference is right ?"这些都是生硬的汉语式作文。按照英语语篇的特点，应在开头正面引出观点，中间段展开论述，结尾段得出结论。总的来说，英语是分析型的理性语言，汉语是综合型的直感语言。

（五）文化方面的母语迁移

语言是文化的载体。文化涉及一个国家的历史地理、风土人情、传统习俗、生活方式、文学艺术、行为规范和价值观念等。中西方文化在价值观念、风俗习惯、交际原则、交际模式、礼貌准则等方面存在着较大的差异。英语学习者常常无意识地把母语的文化模式套用在英语上，导致交际场合出现汉英文化冲突。

跨文化交际中的许多失误主要是由于缺乏母语和目的语的文化差异意识所造成的。如果在跨文化交际中毫无顾忌地问起以英语为母语的人们所忌讳的问题，很容易就引起语用方面的失误，从而导致交际失败。例如：在中国文化中，"老"意味着权威和智慧。所以"老首长"、"老教授"、"老中医"成了尊称。于是，有的学生在写英语作文时就直接用"old"来形容老年人，这样反而是对他们能力的贬低。而正确的做法是，为了尊重英语国家的习惯，避免用 old，可用委婉语如"aged/elderly/veteran/senior"替代。不了解英语社会日常生活中的文化习惯也会造成语用错误。如：Are you married? How much can you earn every month? What is your job? 等随便询问往往会引起西方人的误解，被误认为探听别人的隐私而显得不礼貌，因为外国人不喜欢别人问他们一些隐私问题，比如年龄、薪水、职业等，所以在和他们交流的时候不要涉及此类问题，但可以问一些他们的爱好兴趣或对某事物的意见等。比如在对待别人的赞扬时,中国人为了表示谦虚将自己贬低,常说"惭愧""哪里",而西方人总是回答"Thank you"。

四、消除英语母语迁移的教学策略

(一)强化可理解性语言输入

加大外语接触量和练习量,这是克服母语干扰的有效途径之一。要使学生获得更多的可理解性语言输入以提高语言习得的效率,首先应有正确的语言输入方法。而大量的阅读是增加可理解性语言输入,积累词汇和提高表达能力的有效途径。阅读过程中可以让正确的外语用法占领大脑,通过大量的输入使外语的使用达到自动化,以抵抗已达自动化的母语的影响,压制母语干扰。阅读时,学生不能仅仅满足记住词语的汉语意思,还要仔细揣摩词汇的使用范围、语义、语法及语域。通过多次重复使用,就可以正确掌握及运用这些词汇。阅读还可以开阔思路,积累素材。可见阅读的作用不可低估。

根据 Krashen 的监控模式学说,有意识学习的语言知识能起到监控和便捷的作用,用来检查和修正习得的输出(1983)。背诵是一种有意识的语言输入活动,通过有意识的背诵输入,学生可逐步积累语言知识及篇章构建技巧,在此基础上可对其语言输出过程中的负迁移进行监控和修正,从而排除母语干扰,逐渐摆脱母语参考体系,更好地用目的语交流。

通过输入大量可理解性语言材料,不仅需要习得者广泛地接触语言材料,而且还要直接参与交际,使接触到的语言材料通过说明、证实、修正、重新组织等交际手段变成可理解性的语言材料。

(二)对英汉双语进行针对性的对比分析

教师在教学中应对英汉语文化背景进行对比分析,比较两种语言在语义系统、话语结构、交际原则、思维方式、价值体系等方面的差异,引导学生在语音、句法、文化各个方面分析两种语言的差异,尽量遏止负迁移的发生。指导学生经常地、有意识地对母语和英语进行比较,找出两者的不同或相似而又有区别之处,以此为依据确定难点和重点。例如汉语选词较具体,而英语则抽象概括,有的英语单词一词多义,而有的多个单词与汉语某个词相对应,要注意准确把握词义,作出正确的选择。在句子结构方面,汉语重意合,而英语重形合;汉语较主观,英语较客观,多有被动句或物作主语的句子;汉语是主题句,无明确的主语,而英语是主述位句,有明确的主语。篇章模式方面,汉语是螺旋形结构,英语多为线形结构。此外,在课堂上用纯英语教学,创设适宜的模拟情景。尽可能多地为学生提供练习机会。鼓励学生大胆开口实践,使学生反复比较,积极思考,形成良好的英语语感。

利用英语和汉语语言和文化等方面的对比,可以提高英语教学的预见性和针对性,从而提高教学效果。因此,教师在教学过程中应该结合实际,针对我国学生学习英语的特点,对学生易犯的错误进行对比分析,帮助他们了解两种语言的不对应现象,以最大程度地减少负迁移的消极影响,促进正迁移。

五、结束语

综上所述,在外语学习过程中学习者常常会受到母语语音、词汇、语法、语篇以及文化思维方式负迁移的影响,出现各种各样的语用错误。教师只有采用有效的方法帮助学生分析对比目标语和母语之间的异同,才能发现错误的症结对症下药,减少或避免母语负迁移造成的干扰,促进外语教学。

参考文献

[1] Ausubel D. A. Educational Psychology:A Cognitive View [M]. New York:Holt,Rinehart & Winston,1968.

[2] Ellis R. Understanding the Second Language Acquisition [M]. Oxford: Oxford University Press,1985.

[3]Felix S. Interference. Inter-language and related issues [M]. 1980.

[4] Krashen S. The Natural Approach [M]. London: Penguin Press,1983.

[5] 戴炜栋,王栋. 语言迁移研究:问题与思考[J]. 外语教育与研究,2002,(6):3−8.

[6] 俞理明. 语言迁移与二语习得——回顾、反思和研究[M]. 上海:外语教育出版社,2004.

语篇词汇模式与英语阅读策略

蒋国东

杭州电子科技大学外国语学院

摘　要：以 Hoey 的词汇模式作为理论基础，旨在分析英语语篇中词汇重复的多种模式，探讨其对英语阅读教学的启示，并提出相关英语阅读策略。

关键词：英语语篇；词汇模式；阅读策略

Patterns of Lexis in Discourse and English Reading Strategies

Jiang Guo-dong

Abstract：Drawing on Hoey's patterns of lexis，the paper intends to analyze various lexical repetition modes as they operate in English discourse and explore their pedagogical implications for English reading. Accordingly，several reading strategies are proposed.

Key words：English discourse；patterns of lexis；reading strategies

近年来，语篇分析方兴未艾，不同的学者对语篇的认识和定义各不相同。胡壮麟(1994)把语篇定义为任何不完全受句子语法约束的在一定语境下表示完整语义的自然语言。它是一个广义的概念，既包括"话语"，也包括"篇章"。黄国文(2001)分别从结构和功能的角度对语篇进行定义：从结构上看，语篇是大于句子的语言单位；从功能上看，语篇是使用中的语言。本文是从词汇衔接角度进行语篇分析，并把理论分析与教学实践相结合，提出英语阅读策略和阅读教学建议。

一、语篇词汇模式

衔接是语篇分析的重要内容，是语篇内句子在语言表层结构中的连接手

作者简介：蒋国东(1980—)，浙江杭州人，硕士，讲师。主要研究方向为外国语言学及应用语言学。
E-mail：23149813@qq.com.

段,对语篇连贯起到至关重要的作用。研究语篇衔接能够帮助我们了解语篇内句子间如何保持连贯。韩礼德和哈桑于 1976 年在其合著《英语的衔接》中把衔接分为五大类:连接(conjunction),指代(reference),代替(substitution),省略(ellipsis)和词汇衔接(lexical cohesion)。虽然词汇衔接章节在其著作中篇幅不到 20 页(而代替章节占了 50 多页),但词汇衔接却是最重要的语篇衔接类型,这一点可以从其书中的语篇分析数据得到反映。韩礼德和哈桑分析了不同类型的七篇文章中的衔接模式,其中词汇衔接比例超过 40%,是五大类衔接中最高的,因此研究语篇衔接很大程度上就是对语篇中词汇衔接模式的研究。

作为语篇分析的重要理论依据,衔接理论的发展自韩礼德和哈桑后分出两条支脉,一是 Martin(1992)试图区分语篇中的衔接链和衔接束,二是 Hoey (1991)的词汇衔接理论。Hoey 认为衔接在很大程度上是词汇关系而非语法产物,词汇衔接是创造篇章织体(texture)的主要手段,是构成篇章结构的重要组成部分。他发现虽然语篇衔接手段各有不同,但它们都有词汇重复功能,并从功能和近义性重复的角度,采用矩阵的方式,探讨了语篇中相邻和非相邻之间,近义性成分之间是如何发挥衔接作用的,其核心思想是词汇衔接及其组织模式,包括简单词汇重复,复杂词汇重复,简单相互阐释,简单部分阐释,自主性复杂阐释,其他复杂阐释,替代,相互照应,和省略,这是一个连接权重逐级递减的词汇衔接模式。Hoey 在此基础上提出以下五种语篇词汇重复模式。

(一)简单重复

语篇中某词项重复时,词性不变,其形式变化限制在语法词形变化表内,如:bear-bears,China-China 等。这是最基本的词汇重复模式,但限定词,介词,助动词,否定词,连词等封闭性词类不属于此重复模式。

(二)复杂重复

语篇中两词项共有某个词素但形式不同,或形式相同但词性不同,它们就构成复杂重复,如:short-shorten, economy-economic, benefit (n.)-benefit (v.)等。

(三)简单释义

语篇中某词项在语境下代替另一词项,其特性无增减,意思无明显变化,如:volume-book,photo-picture,killed-murdering 等。

(四)复杂释义

语篇中对两个没有共同词素的词项下定义时,若一词项定义包含另一词项,那么它们就构成复杂释义关系。此关系有三种情况:(1)反义关系,如:cold-warm,happy-unhappy,teacher-student 等。(2)当某词项和第二词项构成复杂重复关系(如 writer-writings),且与第三词项构成简单释义关系(如 writer-author),那么第二词项就和第三词项构成复杂释义关系(即 writings-author)。(3)与第二种情况类似,即使词项(writer)未出现在语篇中,只要它能对其他两词项分别构成复杂重复关系(writer-writings)和简单释义关系(writer-author),那这两词项便构成复杂释义关系(writings-author)。

(五)上下义重复和共指重复

语篇中下义词在前,其上义词在后,且无意义增减,则视为上下义重复,如:biologists-scientists,bears-animals 等。若语篇中两词项既非上下义词汇,又无共有词素,但所指对象相同,便视为共指重复,如:The U. S. President-George W. Bush,A Shakespeare's play-Hamlet 等。

二、具体语篇分析

笔者随意抽取一篇短文(2006 年 12 月大学英语四级考试阅读理解材料),并用 Hoey 的语篇词汇重复模式加以分析,以提出相关英语阅读策略和教学建议。

(1)As we have seen, the focus of medical care in our society has been shifting from curing disease to preventing disease-especially in terms of changing our many unhealthy behaviors, such as poor eating habits, smoking, and failure to exercise. (2)The line of thought involved in this shift can be pursued further. (3)Imagine a person who is about the right weight, but does not eat very nutritious foods, who feels OK but exercises only occasionally, who goes to work every day, but is not an outstanding worker, who drinks a few beers at home most nights but does not drive while drunk, and who has no chest pains or abnormal blood counts, but sleeps a lot and often feels tired. (4)This person is not ill. (5)He may not even be at risk for any particular disease. (6)But we can imagine that this person could be a lot healthier. (7)The field of medicine has not traditionally distinguished between someone who is merely "not ill" and someone who is in excellent health and pays attention to the body's special needs. (8)Both types have simply been called "well". (9)In recent years, however, some health specialists have begun to apply the terms "well" and "wellness" only to those who are actively striving

高校外语教学研究与思考

166

to maintain and improve their health. (10) People who are well are concerned with nutrition and exercise, and they make a point of monitoring their body's condition. (11) Most important, perhaps, people who are well take active responsibility for all matters related to their health. (12) Even people who have a physical disease or handicap may be "well", in this new sense, if they make an effort to maintain the best possible health they can in the face of their physical limitations. (13) "Wellness" may perhaps best be viewed not as a state that people can achieve, but as an ideal that people can strive for. (14) People who are well are likely to be better able to resist disease and to fight disease when it strikes. (15) And by focusing attention on healthy ways of living, the concept of wellness can have a beneficial impact on the ways in which people face the challenges of daily life.

	(1)	(2)	(3)	(4)	(5)	(6)	(7)	(8)	(9)	(10)	(11)	(12)	(13)	(14)
(2)	1	(2)												
(3)	2	0	(3)											
(4)	1	0	1	(4)										
(5)	1	0	1	2	(5)									
(6)	2	0	2	2	1	(6)								
(7)	3	0	1	1	1	1	(7)							
(8)	1	0	0	1	0	1	1	(8)						
(9)	2	0	0	1	0	1	3	1	(9)					
(10)	2	0	2	1	0	1	2	1	1	(10)				
(11)	1	0	0	1	0	1	3	1	3	2	(11)			
(12)	3	0	0	1	1	1	3	1	4	1	2	(12)		
(13)	2	0	0	1	0	1	2	1	2	1	1	2	(13)	
(14)	2	0	0	1	1	1	2	1	1	1	1	2	1	(14)
(15)	2	0	0	1	0	1	3	1	3	2	2	3	1	1

图 1　词汇重复链接矩阵图

　　根据 Hoey 的分析方法，某词项可构成的重复链接（link）数目不限，它不仅能与相邻句子中词项构成重复链接，也可与除自身所在句以外任何句子中的词项构成重复链接，但如果它与某个句子中两个或两个以上词项构成多个链接，那只记为一个链接。下面笔者用矩阵图表示这篇文章中词汇重复链接分布情况。上图中,括号里数字为文章里句子编号,其他数字是句子间词汇重复链接数目,比如,想查句(9)与句(12)的链接数目,在最左面纵栏里找到(12),再在其横栏从左往右找到(9),两编号垂直交叉的那一格中的数字 4 便是这两句间的链接数:health-health(简单重复);well-well(简单重复);maintain-maintain(简单重复);striving-make an effort(简单释义)。同理可查句(9)和句(13)间重复链接为 2 个:wellness-wellness(简单重复);striving-strive(复杂重复)。

如果某两句间有三个或三个以上重复链接,这两句就构成一个重复结点(bond),具有重复结点的句子如下表所示:

表 1　语篇重复结点表

句子编号	与之构成重复结点的句子
(1)	(7)(12)
(2)	
(3)	
(4)	
(5)	
(6)	
(7)	(1)(9)(11)(12)(15)
(8)	
(9)	(7)(11)(12)(15)
(10)	
(11)	(7)(9)
(12)	(1)(7)(9)(15)
(13)	
(14)	
(15)	(7)(9)(12)

Hoey 认为,句子可看作是信息组块,和语篇主题密切相关的句子往往会和其他句子构成多个重复结点,此类句子可称为中心句,而那些没有结点的句子对语篇主题发展贡献小,故称为边缘句。因此,如上表所示,具有多个重复结点的句子为(1)(7)(9)(11)(12)(15)。这五句便可构成对此语篇内容的合理概括。

表 1 还有另一种解读方式,可以找出语篇中引出话题句(topic-opening sentence)和结束话题句(topic-closing sentence)。表 2 对此语篇中各句与其他句子构成的结点数目进行统计,括号中左面数字表示此句与之前句子构成的结点数,右面数字表示此句与之后句子构成的结点数。

表 2　各句前后结点数统计

句子编号	前后结点数
(1)	(0,2)
(2)	(0,0)
(3)	(0,0)
(4)	(0,0)
(5)	(0,0)
(6)	(0,0)
(7)	(1,4)
(8)	(0,0)
(9)	(1,3)
(10)	(0,0)
(11)	(2,0)
(12)	(3,1)
(13)	(0,0)
(14)	(0,0)
(15)	(3,0)

　　从表 2 可以看出,句(1),句(7)和句(9)与后文构成的结点数多于和前文构成的结点数,故可视为引出话题句,而句(11),句(12)和句(15)的情况正好相反,故可视为结束话题句,这一结论与之前对语篇的内容概要正好相符。句(1)和句(7)分别为两自然段的起始句,引出各自段落主题:社会医疗保障重心已从治愈疾病转为预防疾病(第一段),医学界对人们健康状态的看法已发生转变(第二段)。而句(9)为引出话题句,这也在情理之中,因为句(7)和句(8)描述过去做法:医生认为只要没病的人都是健康的,而从句(9)开始介绍近年来的变化:健康专家认为,只有努力保持和提高自身健康状态的人才是真正健康的。同样,句(11)和句(12)可看作一整体对句(9)引出的话题进行总结,故视为结束话题句,而句(15)作为语篇的末句,自然起到结束话题的作用:健康的生活方式能帮助人们积极面对生活中的挑战。据此我们还可以把语篇第二段分为三层:句(7)(8):以前医生对健康的认识;句(9)(10)(11)(12):如今健康的概念被赋予新含义;句(13)(14)(15):健康不是指人们的生理状态,而是指人们的生活态度。

　　由此可见,衔接不是形式单位,而是意义单位,它和语篇主题密切相关。通过记录语篇中各句间的词汇重复链接数目,我们可以确定具有结点的句子(即含有三个或三个以上链接的句子),而这些句子推动语篇主题的发展,故称为中心句,一同构成语篇的核心内容概要。此外,通过分析各句前后的结点数目,我们可以确定语篇中的引出话题句和结束话题句，从而理清语篇内容的具体层次结构。

三、英语阅读策略

阅读模式研究由来已久，其中最流行的是从下到上（bottom-up）模式和从上到下（top-down）模式。前者认为，阅读过程是从书写符号到它们的听觉对等成分，再到发现它们表达意义的解码过程。这种模式认为，只要读者掌握了实体特征和形式特征（音位，字位，词汇，语法）就可以理解语篇。从上到下的阅读模式认为，阅读过程是重建意义的过程，而不是意义的解码过程，读者是阅读的中心，而不是语篇。语篇意义是从读者经历和语境中重建出来的。

以从下到上模式为基础的阅读教学过程通常是：首先讲解词汇，要求学生掌握词汇的发音，拼写，意义，以及一些习语、搭配等，然后要求学生熟练朗读语篇，最后，逐句进行释义和翻译，直到课文的末尾。这种教学方式引导学生只注重具体的语言项目和具体事实，而不了解语篇的整体意义和结构布局。

以从上到下模式为基础的阅读教学通常是泛读性的，老师让学生粗略阅读语篇，然后讨论语篇的宏观意义，主题意义，语篇结构等，然后就进入另一个语篇的学习。在这种教学模式中，学生注重了宏观意义的捕捉，而忽视了基本语言形式的学习，结果就是学生的速读，跳读能力，捕捉语篇宏观意义，整体意义，主题意义的能力增强，但语言基本功不扎实，经常出现单词拼写错误，语法结构错误，词汇搭配错误。

可见，以上两个阅读教学模式各有长处和缺点，而通过上节中的具体语篇分析，笔者认为，若把 Hoey 的词汇重复模式运用到阅读教学中，就能有效地结合以上两个模式的长处，避其缺点，故推出以下两条英语阅读策略。

（一）定位中心语句，把握主题发展，概述内容提要

为了从宏观上掌握语篇内容，我们可以采用 Hoey 的词汇模式，通过分析词汇重复情况，找出文章的中心句群，由于这些中心句直接推进语篇的主题发展，因此它们也是对语篇内容的提炼。在具体教学中，教师可以事先找出语篇中的一个中心句，再引导学生从语篇中找出与该句构成 3 个或 3 个以上词汇重复链接的句子（根据语篇具体情况可适当提高该标准），或者教师先给出语篇核心词汇项，再让学生找出含有这些核心词汇项较多的句子，最后将找出的句子合成语篇的内容概要。通过这样的练习，学生不但熟悉了语篇的核心词汇，确定了中心语句，把握了主题发展，提炼了主要内容，从而掌握了语篇中心思想和宏观结构。

(二)确定话题始末,理清层次结构,吃透具体细节

为了从微观上理解语篇信息结构,我们可以按照 Hoey 分析词汇结点的方式,来确定语篇中引出话题句和结束话题句。一般来说,语篇中有好几层意思,我们通常需要给语篇内容分层,而每一层意思以引出话题句开始,以结束话题句终结。若能准确定位每个话题的始末语句,就可以理清语篇中各个层次的关系,从而在微观上吃透语篇细节。

四、结束语

本文对词汇重复模式进行简要概括和分析应用,在描述具体语篇中词汇衔接现象时,发现衔接是意义单位,不是形式单位,它与语篇的语义内容密切相关,是推动语篇主题发展的重要手段。通过分析词汇重复模式,我们能准确定位语篇主题句,中心句,提炼内容概要,划分语义层次。本文还阐述了此模式对阅读教学的指导意义,并提出两条基于此模式的英语阅读策略和相关教学建议。

参考文献

[1] Halliday, M. A. K., R. Hasan. Cohesion in English[M]. Beijing:Foreign Language Teaching and Research Press,2001.

[2] Hoey,M. Patterns of Lexis in Text[M]. Oxford:Oxford University Press,1991.

[3] Martin,J. R. English Text:System and Structure[M]. Amsterdam:Benjamins,1992.

[4] 黄国文. 语篇分析的理论与实践[M]. 上海:上海外语教育出版社,2001.

[5] 胡壮麟.语篇的衔接与连贯[M].上海:上海外语教育出版社,1994.

浅谈新教学模式改革下学生自主学习能力的培养

胡婷婷

杭州电子科技大学外国语学院

摘　要:本文以杭州电子科技大学 2012 级非英语专业 110 位大一学生为研究对象,采用问卷调查的形式,从学生课后英语学习时间安排、学习内容及大学英语第二课堂的参与等具体学习情况展开调查。在整理分析数据后,笔者发现,现阶段多数学生不具备自主学习意识,未养成良好学习习惯,过分依赖教师,第二课堂参与度低。

关键词:第二课堂;自主学习;大学英语课程教学要求

An Investigation on Learner Autonomy and Extracurricular Activities in Non-English Majors

Hu Tingting

Abstract: This paper reports a questionnaire survey conducted on 110 Non-English major freshmen of Grade 2012 in Hangzhou Dianzi University. The questions tries to get information from these students on their schedule arrangement, content of learning, and participation in extracurricular activities, etc. The result shows that these students are not so autonomous in learning, that they have not yet formulated good learning habits, that they are too reliant on their teachers, and that they are not active in participating in the extracurricular activities.

Key words: extracurricular activities; learner autonomy; College English Curriculum Requirements

一、前　言

2007 年 9 月 26 日教育部公布的《大学英语课程教学要求》(以下简称《要

作者简介:胡婷婷(1982—),浙江温岭人,讲师,硕士,从事大学英语教学及话语分析研究。

E-mail: hutingting311@126.com.

求》)明确指出,"无论是主要基于计算机的课程,还是主要基于课堂教学的课程,其设置都要充分体现个性化,考虑不同起点的学生,既要照顾起点较低的学生,又要为基础较好的学生创造发展的空间;既能帮助学生打下扎实的语言基础,又能培养他们较强的实际应用能力尤其是听说能力;既要保证学生在整个大学期间的英语语言水平稳步提高,又要有利于学生个性化的学习,以满足他们各自不同专业的发展需要"。"教学模式改革的目的之一是促进学生个性化学习方法的形成和学生自主学习能力的发展。新教学模式应能使学生选择适合自己需要的材料和方法进行学习,获得学习策略的指导,逐步提高其自主学习的能力"。

二、自主学习与第二课堂

自主学习(autonomous learning)又称为学习者自主(learner autonomy),原本属于教育心理学研究的范畴。自主学习理念,基于人本主义心理学和信息加工心理学,同现代学习理论与语言习得理论有着一定的契合度,为其应用于语言学领域创造了条件。Henri Holec(1981)在其专著《自主性与外语学习》(*Autonomy and Foreign Language Learning*)中阐述了自主学习概念的内涵与实践,并首次将其引入外语教学领域,由此揭开了外语自主学习研究的新篇章。网络的高速发展使得大学英语教学模式得以改革,学生可以利用在计算机网络环境下进行自主学习,自主学习成为了课后辅助课堂教学的重要模式,这里笔者所提到的自主学习指的是学生借助计算机网络课后进行的学习,并不局限于校园局域网或网络学习平台。然而,学生是否具备自主学习意识,自主学习是否能达到预期的效果,这些问题都有待商榷。

《要求》中另外提到,"大学英语的教学目标是培养学生的英语综合应用能力,特别是听说能力,使他们在今后学习、工作和社会交往中能用英语有效地进行交际,同时增强其自主学习能力,提高综合文化素养,以适应我国社会发展和国际交流的需要"。大学英语第二课堂是学生课内学习活动的延续及补充,而第二课堂活动的参与度是学生自主学习能力培养的重要环节。相比计算机网络环境下的自主学习,第二课堂活动更显人性化,其多样的形式、丰富的内容可以吸引学生融入轻松的语言习得氛围。克拉申的"情感过滤假说"指出,在传统课堂教学模式下,由于受到教学形式、课本内容、课堂气氛等环境的制约,极易升高学生的"情感过滤层",导致他们处于焦虑、畏惧及逃避等心理状态,无法有多余空间接受可理解性语言输入。而第二课堂活动则是在自由自愿的宽松环境下进行的,这种环境极其有利于学生降低"情感过滤层",很好地将可理解性语言吸入和内化。第二课堂应该与网络化自主学习相结合,给学生以更多的学习资源,更大的交流平台,更宽松的学习环境,以达到最佳英语学习的效果。

三、对学生课后英语学习活动的问卷调查

为了了解杭电非英语专业大一学生课后英语自主学习情况,笔者采用问卷形式对自己教授的 2012 级非英语专业 110 位大一学生进行调查,其中 36 人来自国贸专业,37 人来自电子信息专业,37 人来自数学与计算科学专业。共计发放问卷 110 份,回收有效问卷 110 份。经过数据整理后,笔者挑选了最具代表性的几组数据列表加以分析说明。

表 1 每天在课后英语学习上花费的时间

时间	>3 小时	2~3 小时	1~2 小时	<1 小时
百分比	3.6%	5.5%	20.0%	70.9%

表 2 学习英语过程中主要的障碍

能力	听力	口语	阅读	写作
百分比	51.8%	29.1%	8.2%	10.9%

从表 1 可以看出,70.9% 的学生每天花费在英语学习上的时间都低于 1 小时。从表 2 可以看出,51.8% 的学生认为现阶段英语学习过程中主要的障碍是听力,29.1% 的同学认为是口语能力,也就是 80.9% 的学生认为听说能力弱是他们英语学习中的主要障碍。这从一个侧面反映了学生自身已经意识到了大学阶段必须要加强听说能力。

表 3 课后英语自主学习内容

内容	背单词	做考级习题	完成作业	复习、预习	拓展训练
百分比	38.2%	8.2%	40.9%	3.6%	9.1%

表 4 课后进行英语自主学习的频率

频率	频繁	经常	很少	从不
听英语讲座	1.8%	1.8%	25.5%	70.9%
听英语广播	1.8%	0.9%	21.8%	75.5%
阅读英文小说、报刊	1.8%	10.0%	52.7%	35.5%
观看英文电影	29.1%	45.5%	24.5%	0.9%
听英文歌曲	44.5%	40.0%	11.8%	3.6%
上英文网站学习	3.6%	9.1%	56.4%	30.9%
参加英语角	2.7%	8.2%	21.8%	67.3%
参加英语比赛	0	0	0	100%

从表3可以看出,在课后英语自主学习上多数学生仍然停留在背单词(38.2％)和完成老师布置的作业(40.9％),只有9.1％的学生会去进行能力拓展训练。在表4所列的八项英语活动内容中,从不听英语讲座的学生占了70.9％,从不听英语广播的占了75.5％,从不参加英语角的占了67.3％,从不参加英语比赛的更是达到了100％;而频率较高的活动为观看英文电影74.6％(29.1％＋45.5％)和听英文歌曲84.5％(44.5％＋40.0％)。再把频率高和较高两组数据结合,我们可以发现,除了观看英文电影和听英文歌曲以外,其他六项活动的参与度很低,听英文讲座较高频率参与度为3.6％,听英语广播为2.7％,阅读英文小说、报刊为11.8％,上英文网站学习为12.7％,参加英语角为10.9％,参加英语比赛为0。由此可见,第二课堂参与度很低。

表5　对本校英语学习氛围的看法

看法	很活跃	一般	沉闷	无所谓
百分比	6.4％	58.2％	15.5％	20.0％

表6　获悉英语第二课堂活动的途径

途径	授课教师	学校英文广播	活动海报	同学
百分比	77.3％	2.7％	11.8％	8.2％

表7　参加第二课堂活动对英语提高的作用认识

作用	很有帮助	可能有帮助	帮助不大	负面影响
百分比	37.3％	49.1％	10.9％	2.7％

从表5可以看出,多数同学认为本校英语学习氛围不太活跃,认为很活跃的仅占6.4％,持中庸态度的占了58.2％,而15.5％的学生觉得英语学习氛围沉闷,更有20.0％的学生对本校英语学习氛围持无所谓态度。表6显示,77.3％的学生获悉英语第二课堂活动的途径是直接来自授课教师,仅有11.8％的学生是从活动海报得知。可见,活动宣传方式及力度有待加强。从表7可以看出,37.3％的学生认为参加第二课堂活动对提高英语是很有帮助的,49.1％认为可能有帮助。可见,大多数学生对开展英语第二课堂活动是持肯定态度的。

综上调查分析结果显示,目前本校非英语专业大一学生多数缺乏自主学习意识,以完成课内教师布置的作业、背单词、做四级试题为主要学习目标,没有从长远角度制定适合自身的学习计划。大多数学生对教师的依赖性过大,对自身在整个英语学习过程中的角色认识并不清晰,仍旧延续并适应着高中学习阶段教师占主导地位的被动学习模式。在清楚了解自身英语听说能力薄弱的前提下,只有极少数学生会进行相关英语能力提升的拓展训练,比如参加英语角、听英文广播,多数学生仍会选择娱乐成分较大的英文电影观看和英文歌曲欣赏来作为课后学习内容。其次,学生的第二课堂参与度低。除了多数学生认为本校的第二课堂活动形式不够新颖,内容比较枯燥,整个学习氛围不活跃之外,第二课堂宣传力度不够,宣传途径单一也是其参与度不高的一方面原因。

三、结 论

笔者认为,想要培养学生的英语自主学习能力首先必须要全面提升学生的自主学习意识,让学生改变以往主观依赖英语教师的学习模式。教师需要对学生进行学习策略的指导,充分丰富第二课堂教学内容,激发学生学习兴趣,充分调动学生学习积极性,帮助学生制定适合自己的个性化学习计划。教师可以以自己教授的班级为范围,根据本班学生专业特点,制定符合本班学生学习特点的第二课堂活动,因为不同专业、不同区域的学生,其英语能力本身存有差异,教师应该充分考虑班级实际情况,因"专业"而异,因"班"制宜。

语言习得是一个过程,良好的学习氛围,丰富多样的课后活动,便捷的计算机网络,个性化的学习策略,这些都是英语学习中不可缺少的因素。新教学模式改革使得学生必须具备自主学习能力,教师应该为学生"量体裁衣",帮助、引导他们找到适合自己的学习方法,并且及时对学生的自主学习情况进行跟踪调查,及时分析反馈信息,以便及时调整策略,达到最佳学习效果。

参考文献

[1]刘寅齐,董保华.回顾国内外语自主学习研究历程,探索大学英语实践教学改革方向[J].中国外语,2012(9):72—80.

[2]朱计峰.大学英语第二课堂教学体系建设的研究与实践[D].上海外国语大学,2009.

网络化教学环境下大学英语教师角色的重构

摘　要：随着计算机和网络技术的发展，传统的教师角色已不再适应教育发展的新特点。新的教学环境和教学模式要求大学英语教师在交互式教学、课程设计、个性化教学以及自主学习等各方面扮演全新的角色。大学英语教师要积极转变观念，采用新的教学模式，充分体现学生在教学过程中的主体地位，发挥教师主导作用，使学习朝着个性化和自主方向发展。

关键词：网络化教学；教师角色；角色重构；个性化教学；自主学习

The Reconstruction of College English Teachers' Role in Web-based Teaching

He Xiao-xiang

Abstract：With the development of computer and network technology, the traditional teachers' role can no longer meet the needs of the educational development. The new teaching settings and teaching mode challenge college English teachers to take new roles in interactive teaching, course designing, individualized instruction and autonomous learning. College English teachers should take the initiative to change their teaching notions and adapt actively to the new teaching mode, embody the learners' subject position in teaching process and exert the teachers' leading role, making learning develop towards individualization and autonomy.

Key words：Web-based English teaching; teachers' role; reconstruction; individualized instruction; autonomy

一、引　言

自 2002 年教育部启动大学英语教学改革以来，大学英语的教改工作正在

作者简介：何小香(1979—)，浙江淳安人，讲师，硕士，研究方向为英美文学、英语教学。
E-mail：elizahe2011@163.com.

全面展开。新一轮大学英语教学改革将教学模式的转变放在了十分重要的位置。教育部于 2007 年 7 月颁布的《大学英语课程教学要求》(简称《课程要求》)提出"各高等学校应充分利用现代信息技术,采用基于计算机和课堂的英语教学模式,改进以教师讲授为主的单一教学模式"[1]。构建基于计算机和网络的英语教学模式,已成为历史的必然趋势。

二、大学英语教师角色转变的内涵

在网络化教学环境中,传统教育中的教师作为"传道,授业,解惑者"的角色已经不能完全适应新的教学环境,要求教师的角色必须进行解构和重建。为适应新环境的发展和变化,教师将由知识的传授者转为交互式学习的参与者、指导者和促进者,由教材的被动使用者转为课程教学的设计者、开发者和研究者,由单一的教学模式的执行者转为新教学模式的主导者、塑造者,由面向全体学生转为面向全体与面向个体相结合。

(一)知识的传授者

网络化教学环境下,网络可以给学生随时提供各种各样的所需信息,教师作为知识的传授者的角色也受到了一定程度的冲击。建构主义的学习理论认为机械学习是建构有意义学习或知识的必要过程,学习别人已经建构的知识是构建自己知识系统的必要因素[2]。然而,网络信息浩如烟海,学生需要花大量的时间和精力去甄别和筛选,而且海量的内容必然会导致学生的学习方向迷失和时间浪费。教师可以对这些内容进行取舍和合理设计,把一些必要的、基本的知识传授给学生,缩短学生对客观世界的认识过程,并且教师能确保信息学习知识的深度和高度,使学生更快、更全面地掌握某一课程。因此在网络化教学环境下,教师不仅仅是书本知识的传授者,而且还是网络知识的甄别者、精选者和设计者,教师作为知识传授者的作用不仅不应削弱,而是要更加突出,这对学生们的学习起着至关重要的作用。

(二)交互式学习的参与者、指导者和促进者

所谓交互式学习(interactive learning/interactive study),是一种动态的、互动式的学习方式,在交互式的关系当中,对参与学习的双方都起作用,达到共同学习的目的[3]。

交互式学习具有双重的意义。从狭义来说,交互式学习是一种互动的教学模式。传统的大学英语教学中,教师是教学活动的中心,教师与学生之间相对孤立。网络环境下的英语教学是一种合作学习过程,学生是教学活动的中心,

教师围绕学生展开教学活动,在教学过程中发挥着组织和协作的作用。教师既是合作团队的一员,参与学习全过程,同时还要做出示范,提供支持和指导,并组织、引导整个合作学习过程,与学生建立良好、和谐的师生关系,以促进交互式学习的顺利进行。教师与学生之间的互动日益平等化,师生之间是平等对话的关系。这就要求教师以平等的身份和学生进行讨论和合作,作为学生学习的伙伴与学生一起进行语言和意义的学习,共同解决学习中遇到的问题。

从广义来说,交互式学习还包括教师利用网络资源打破传统教学中的个体性和封闭性,通过采用多种技术手段建立起教师间更为便捷、有效的合作关系,而且实现经验、科研成果的共享,获得更广泛、更有力的教学支持。大学英语教师不仅与本校、本地区的教师进行交流和探讨,还可以跨国家、跨地区地进行合作研究探讨,交流教学方法和教学心得,讨论难题的解决,还可以合作开发教学课件和教学软件。

(三)课程教学的设计者、开发者和研究者

在传统的大学英语教学中,教师应用统一的教材,凭借黑板、粉笔、书本给学生讲解知识,教学模式单一,教师在课程教学设计中的创造性和能动作用的发挥受到很大的局限。网络化教学环境下的英语教学,教师是课程教学的设计者、开发者和研究者。在传统教育中,课程知识体系基本上是静态的,教师只是落实狭义的课程。而在网络化教学环境下,课程的内涵和外延日益扩大,不断更新,大学英语教师不仅要利用好现成的知识体系和素材,更要利用现代教育技术快捷地设计和编辑包含文字、声音、图像和视频的高质量多媒体课件,激发学生兴趣,提高学生的英语学习效果。大学英语教师不仅要学习和利用现代技术来设计课程,还要对各种来源的信息进行反复研究、勘比、过滤、精简、整合,研究学生的知识结构、学习意向和学习风格,开发、编制符合大学英语学科特点的教学软件,研究探索课程教学思想和方法,为学生营造良好的英语语言学习氛围,帮助学生辩证地了解西方文化,锻炼提高学生的英语综合能力。

(四)新教学模式的主导者、塑造者

1. 学生自主学习的激励者

以"学习者为中心"的教学观点的确立,使培养"学习者自主性"(learner autonomy)成为近 20 年来外语教学界许多教育工作者和研究人员的共识。《课程要求》指出"各高等学校应充分利用现代信息技术,采用基于计算机和课堂的英语教学模式,使学生选择适合自己需要的材料和方法进行学习,获得学习策略的指导,逐步提高其自主学习的能力"。联合国教科文组织也提出让教师在未来的教育中,不是仅把知识传授给学生,而是传授给学生学习的方法,作为学

生自主学习的激励者[4]。目前国内众多高校都在进行改革,实行以网络技术为支撑,培养自主学习为目的的新的教学模式的探索。网络环境下的自主学习已成为外语教育中重要的学习方式。研究领域也出现了越来越多的相关研究。Little Wood 将自主学习定义为"学习者独立做出选择的能力和意愿"[5],因此,自主学习既是一种学习态度,也是一种独立的学习能力。然而,研究者发现,目前非英语专业大学生的自主英语学习能力普遍较低,大部分学生不具备独立承担一切学习责任的能力,比较适合的是在教师的指导下分层次、分阶段地提高自主学习程度,逐步实现完全的自主。"没有教师的支持,学习者很难达到学习的自主性"[6]。可见,强调自主学习并不意味着教师在整个教学过程中地位和作用的弱化;相反,教师的角色变得更加艰巨和复杂,教师角色的转变也面临新的挑战。:教师需要创建网络资源环境,提供丰富的学习资源,帮助学习者做好自主学习方面的各项准备工作;分析学习者的需求,选择适合学生的教学方法,并对学生的学习过程进行监控,对学生碰到的问题进行个别辅导,促进学习进程;教师既要担当评估者的角色,又要指导学习者进行自主评估,培养学习者自主评估能力并指导学生定期进行自我评估。Esch(1996)指出,"提高学习者的自主性就是教师要为语言学习者提供环境,促使学习者至少能暂时性地为自己的部分学习行为甚至全部学习行为负责,促使他们更可能实施自主"[7]。自主学习不仅没有削弱教师的职责,反而让其承担了不少新角色。

2.个性化教学的执行者

《课程要求》明确指出:"鉴于全国高等学校的教学资源、学生入学水平以及所面临的社会需求等不尽相同,各高等学校应根据本校的实际情况,贯彻分类指导、因材施教的原则制订科学、系统、个性化的大学英语教学大纲,指导本校的大学英语教学。"

目前国内外对外语习得的研究已经从一致性研究转变为对学习者个体差异的研究。语言学家 Esch(1996)认为:每个学习者具有不同的信息需求、兴趣、态度和能力;每个学习者学习的方式和速度都不同。Cohen 强调要尊重学习者自己的学习风格和策略,教师要尊重学生的选择[8]。在传统的英语教学中,教师在教学活动的过程中必须兼顾学生中的大多数,因此无法针对学生的个体兴趣,而统一的教学软件和教学课件的使用又使得大学英语的教学内容和教学方法已趋于模式化,因此建立适合个性化发展的课程体系和教学模式是实现大学英语教学模式改革的必然。这种新教学模式以现代信息技术、特别是网络技术为支撑,采用课堂教师面授和课后学生自主学习相结合的形式,建立满足不同层次学生的英语学习需要、注重培养学生语言运用能力和自主学习能力的多元化、立体化、新的英语学习环境。为对英语有不同兴趣、能力和需求的学生提供多层次、多渠道的发展机会和空间。网络教学的个性化教学特征使得教师能够针对不同学生的特点因材施教，从而使教师成为个性化教学的执行者。

三、大学英语教师角色转变的途径

（一）转变教育观念

思想是行动的先导。大学英语教师树立起正确的教育教学思想观念是形成正确角色认知和角色行为并使之符合角色规范的关键。网络时代的知识更新速度加快，当代教育把为未来社会培养人才作为重要的教育目标。大学英语教师担负着为国家培养具备跨文化交际人才的重任，因此要转变教育观念，教学过程中必须树立"以学生为中心"的思想，关注学生的个性发展。

（二）提高自身教育素质

未来的社会是一个学习型的社会，教师要不断更新知识，树立终身学习的观念。首先，教师要不断接受新的知识信息，只有具备深厚的、扎实的专业知识，才能得心应手地正确处理好教材内容，也才能深入浅出地讲好每堂课。英语作为一门语言，发展演变迅速，这就要求英语教师时刻不能松懈，始终保持旺盛的求知欲，好学上进，勤于进取，以十足的热情投入到学习中去，用最新的知识武装头脑，增加知识储备。高校英语教师还必须在学有所长的基础上，广泛涉猎，尽可能地扩大自己的知识面，使自己成为一个知识渊博的人。其次，教师要深入学习并熟练掌握现代教育技术手段，以便更好地为教学服务。最后，教师应树立和增强从事科学研究的意识和自觉性，开展科学研究，提高科研能力和创新能力。

参考文献

［1］教育部高等教育司.大学英语课程教学要求［Z］.上海：高等教育出版社，2007.

［2］Joseph，J P & Darlene，E C. A social constructive approach to computer-mediated instruction［J］. Computers & Education，2002，38（1-3）：221-231.

［3］Jörg，T. A Theory of Reciprocal Learning in Dyads［J］. Cognitive Systems，2004，6（2-3）：159-179.

［4］郭文革.本土化：国际高等教育信息化的现状与发展趋势［J］.开放教育研究，2002（3）.

[5] Littlewood, W. "Autonomy": An anatomy and a framework [J]. System,1996,24 (4):427-435.

[6] Littlewood, W. Defining and developing autonomy in east Asian contexts [J]. Applied Linguistics,1999,20(1):71-94.

[7] Esch E. Promoting learner autonomy: Criteria for the selection of appropriate methods [C]. In R. Pemberton, et al. (eds.). Taking Control: Autonomy in Language Learning. Hong Kong: Hong Kong University Press,1996.

[8] Cohen, A D. Strategies in Learning and Using a Second Language [M]. London: Longman,1998.

高校外语教学研究与思考

大学英语第一学期课堂教学中词汇教学现状调查与思考

孔佳鸣

杭州电子科技大学外国语学院

摘　要：笔者对所教大学一年级学生的英语词汇学习状况进行了连续两届的调查。在此基础上，对学生英语词汇学习的动机、教师对学生了解程度及词汇教学状况、词汇学习自我评价、词汇学习习惯及使用的方法策略五方面进行了分析和研究，并结合自己多年来教学工作的实践，提出了几方面的建议。

关键词：词汇学习；调查

The Investigation and Reflection on Current Vocabulary Teaching and Learning in the First Term of College English

Kong Jiaming

Abstract：The author has carried out successive investigations on the English vocabulary teaching and learning, the subjects being her first-year students in recent two grades. Based on the investigation, analysis and study have been made on five aspects including students' motive on English vocabulary learning, teachers' knowledge of students and the current situation of vocabulary teaching, students' self-evaluation on vocabulary learning, vocabulary learning habits, and learning strategies. Combined with the teaching practice over the years, suggestions are therefore given on corresponding aspects.

Keywords：vocabulary teaching and learning；investigation

一、引　言

词汇学习作为外语学习不可或缺的一部分，在教学中举足轻重。掌握丰富

作者简介：孔佳鸣（1981—），浙江杭州人，硕士，讲师。主要研究方向为文学和英语教学法。

　　E-mail：maykjm@126.com.

的词汇,是提高英语学习水平与能力的基础。本文试图通过对大一学生英语词汇学习的调查,探讨大学一年级英语词汇教学的观点与方法。

二、调查方法

(一)调查对象

大一学生对英语学习已初步形成自己的一些学习观点和习惯,其生理、心智发育较为成熟,刚刚跨入大学校门,英语学习动力较大。将他们列为调查对象,具有代表性和典型意义。

笔者分别于 2011 年和 2012 年 9 月,选择了五个不同专业的班级,对所在学校大一学生实施了问卷调查(问卷见附表),调查对象有广泛性和代表性;并进行一定数量的访谈,准备好调查所需的前测数据。

(二)调查工具

调查的主要工具是一份笔者设计的学生词汇学习情况的调查问卷,主要依据是《词汇学习调查问卷》(王芳梅,2005),包括了"学生词汇学习的动机"、"教师对学生了解程度及词汇教学状况"、"词汇学习自我评价"、"词汇学习的习惯"及"词汇学习使用的方法和策略"等五个部分。

三、预计得到的调查结果

(一)词汇学习动机

不同的学习动机和观念会导致不同的学习策略和学习管理方法,从而调整自我学习系统,形成英语词汇自学模式(文秋芳,1996)。经过调查,希望得到在大一阶段的学生的英语学习动机情况,并探究通过合理的调整有效提高词汇的方法和自主学习词汇的意识。促使学生调整学习策略,寻找学习资源,管理和实施自己的词汇学习。

(二)教师对学生了解程度及词汇教学状况

教师应通过教学活动评价、了解学生的学习状况、学习技能、思维发展水平等,有效地开展各项教学活动,但教师并不总能对所有学生的评价都做到准确、具体。词汇学习的发展,需要老师掌握恰当有效的词汇学习评价工具,从而为进一步实施语言教学服务。

(三)词汇学习自我评价

学生的自我评价可以反映出学生对自己词汇学习的自我认知过程,也可反映出学生对于词汇学习是否具有自信心。词汇学习的评价还需充分发挥学生的主观能动性,并且与学生的情感态度与价值观有着直接的联系。学生对自身词汇成长过程的评价,也为他今后的语言学习铺设道路,并形成自己的学习风格。

(四)词汇学习习惯

语言学习的习惯是语言学习成功的关键。大一的同学刚进入大学,有着很大的可塑性,在他们还没完全定型自己的学习习惯时,通过调查了解他们的词汇学习效率,从而希望进一步指导他们提高学习效率,为其终身学习语言服务。

(五)词汇学习方法和策略

掌握学习策略是学生进行有效自主学习的有力保证。

可以预知的学习策略有很多。比如发挥想象力来帮助记忆;根据发音拼写相似帮助记忆;分析词缀和结构来帮助记忆;利用近义词或同义词来帮助记忆;把词汇分组记忆;通过有意义的重复来记忆词汇;记忆词汇时一边读一边在纸上拼写;通过词汇表来记忆词汇;通过大量阅读来学习、记忆词汇;借助英语媒体来学习词汇;在词汇学习过程中,把所学的单词放在语言中使用。通过调查希望从一个侧面了解大学英语学生词汇学习策略状况,并为今后动态良性发展奠定基础。

从词汇学习观点上看,学生对词汇学习观点具有较高的认同感,他们把词汇学习看作是语言学习最重要的部分,但在实际学习过程中却缺乏计划性、主动性,这在一个侧面反映了学生词汇学习的理想和现实之间的距离。

不少学生对掌握词汇缺乏信心,当文章中出现较多新词时,就对自己的能力产生怀疑,特别是当对学过的词汇产生遗忘时,甚至是学过几遍还未能掌握时,更会产生一种焦虑甚至恐惧的心理。这严重压抑了对信息的接受能力,阻碍了对词汇的掌握和记忆,降低了学习的效果。

另一方面,学生在已熟知的词汇学习策略运用方面,还存在诸多矛盾,认为自己非常熟知的许多策略在词汇学习中却没有得到应用。部分学生更注重宏观与复杂策略的使用,如利用语境、背景知识、通过阅读等学习词汇,而不拘泥于对词汇进行简单的书写记忆,也能从自己的实际出发,积极思索,不断寻找词汇学习的不同方法和扩大词汇积累的各种渠道。而也有一些学生的词汇学习,更多的是机械、枯燥的简单记忆。

长期以来,教师通常只重视教材中的词汇表,或是四六级考试要求的词汇,以至于形成的教学习惯对学生的词汇评价产生了消极的影响。对词汇掌握的理解,相当一部分学生认为只要掌握了单词的拼写就是掌握了该单词,这样学生在平时的学习中就仅注重词汇的音形义而忽略词汇运用,使之无形中成为学生词汇学习的最大障碍。

四、思考与对策

笔者认为,在词汇学习中,教师应尊重学生的个体差异,给予学生必要的指导和帮助,帮助学生找到合适的学习方法,以促成其良好学习习惯的养成;同时充分发掘学生的积极性和主动性,激发他们的学习乐趣,使他们勇于实践,不断获得词汇学习的成就感,从而取得长足的进步。

(一)教法探究

1. 培养学习兴趣,了解个性差异,消除焦虑心理

教师应表现掌握大量词汇所带来的阅读能力和听说能力的优势,在教学过程中启发学生掌握词汇的欲望,激发其词汇学习的兴趣。教师不仅要了解学生的认知水平,还要深入细致地了解其性格、心理,及时发现学生的个性差异,帮助学生发现学习语言、学习词汇的潜力,以消除其焦虑心理,树立其词汇学习的信心。同时,善于鼓励学习中受挫的学生,肯定他们的每一点进步,帮助他们掌握正确的记忆方法,让词汇学习变得轻松、顺利,让学生富有成就感。

2. 多角度、多渠道、多样化地开展词汇教学

教师应采用灵活多变的词汇教学方法,采取精妙设计的教学措施,有效合理地进行词汇教学。比如对于大学英语教材《新编大学英语》第一册中的一些词汇,就可用近义辨析法,如 inhibit 可用 prevent;convey 可用 deliver;property 可用 characteristic 等。有些词汇则可用英语解释,比如第 9 单元中 in-class reading 的 represent 就可解释为 be a person who is sent to a meeting by a government,company or organization 等。对于词汇巩固复习可采用听写练习、情景设置、改编原文、缺词填空、编文中字典、词汇游戏等多种方法相结合。

3. 突出重点,区分主次,强调语境

如果某一单元的词汇量比较大,教师在词汇教学中就应有选择地对词汇进行讲解,而不应平均分配精力,增加学生负担。对于常用词的搭配,特别是动词的搭配、一词多义、惯用语、易混淆、易用错的词等应重点讲解。同时教师在教学中应为学生提供丰富的词汇习得语境,以提高学生词汇运用的灵活性。比如在第 3 单元中,对于 concern,可以创设这样的语境:(1)His father is seriously ill, so he is concerned about her father's heart disease. (2) Her husband has been arrested for the crime he committed, and I believe she was concerned in the thing.

(二)学法指导

1. 加强自我调整能力,养成良好的词汇学习习惯

学习是一个建构过程,在词汇学习过程中,合理有效的自我管理、自我反省、自我调整尤为重要。制定修改词汇学习计划,定期对自己的词汇学习进行检测、调整,以找出最适合自己的英语词汇自学模式,从而达到提高词汇记忆效果的目的。同时,要及时合理地复习,进而提高记忆效果。在平时的生活与学习中,应养成有意识地记忆单词的习惯。

2. 熟知多种策略的运用,使得已知策略转化为可运用策略

在词汇学习过程中,应根据词汇的具体特点,结合语境,采用多种方法和策略进行词汇的记忆和运用,以提高学习效果,如可结合拼读规则、词缀法、同义词反义词法、词义归纳法、联想记忆法、分组记忆法等。同时提高自己对词汇学习策略的使用意识,能够恰当地利用语境,灵活地运用多种策略,使得已知策略转化为可运用策略。

3. 开展课外阅读,扩充词汇量

教师应鼓励学生快速大量地阅读消遣性读物,通过大量消遣性地阅读自己感兴趣的东西,没有任何阅读压力,无需对内容负责,扩大了词汇量,提高了语言的总体能力,而且这种阅读可以让学生体会到读书的乐趣。

参考文献

[1]杭宝桐. English, Teach It Better. 上海:华东师范大学出版社,1998.

[2]张萍,高祖新,刘精忠. 英语学习者词汇观念和策略的性别差异研究. 外语与外语教学,2002(7).

附　表

大学一年级学生词汇学习调查问卷

1. 影响你听力/阅读理解的主要原因往往是　　　　　　　　　　　　（　　）

　　A. 生词太多　　　　B. 缺乏背景知识　C. 缺乏听力/阅读技巧的训练

　　D. 做练习题不够

2.你在阅读中碰到生词时,最常用的方法是 （　）

    A. 忽视　　　　　　　　　　　B. 根据上下文猜测词义

    C. 查字典　　　　　　　　　　D. 先猜词义再查字典

3.你认为学习词汇重要吗? （　）

    A. 重要　　　　　B. 不重要

4.你对学词汇有挫败感吗? （　）

    A. 很大　　　　　B. 一般　　　　　C. 不太大　　　　D. 没有

5.你知道词汇学习有多种策略吗? （　）

    A. 知道　　　　　B. 不知道　　　　C. 好像知道一点

6.是否经常对你的英语学习方法进行总结? （　）

    A. 定期　　　　　B. 经常　　　　　C. 偶尔　　　　　D. 从不

7.你认为你的老师对你的英语学习了解吗(如学习困难、学习方法和策略等)? （　）

    A. 很了解　　　　B. 比较了解　　　　C. 不太了解　　　　D. 很不了解

8.你认为你的老师对你的英语学习心理、性格、爱好和兴趣是否了解? （　）

    A. 很了解情况　　B. 比较了解　　　　C. 不太了解　　　　D. 很不了解

9.你平时总是有意识地去记忆单词 （　）

    A. 完全是　　　B. 完全不是　　　C. 有时候这样　　D. 很少这样

10.学习单词时,准备一个词汇本,把自己不会的做记录,以便日后复习 （　）

    A. 完全是　　　B. 完全不是　　　C. 有时候这样　　D. 很少这样

11.在记忆单词时,发挥自己的想象来帮助记忆 （　）

    A. 完全是　　　B. 完全不是　　　C. 有时候这样　　D. 很少这样

12.把单词分组记忆 （　）

    A. 完全是　　　B. 完全不是　　　C. 有时候这样　　D. 很少这样

13.用反义词来帮助记忆 （　）

    A. 完全是　　　B. 完全不是　　　C. 有时候这样　　D. 很少这样

14.记忆单词时,一边读,一边在纸上拼写 （　）

    A. 完全是　　　B. 完全不是　　　C. 有时候这样　　D. 很少这样

15.制订计划,要求自己每日或每周记忆多少单词 （　）

    A. 完全是　　　B. 完全不是　　　C. 有时候这样　　D. 很少这样

16.学习单词时利用近义词或同义词帮助记忆 （　）

    A. 完全是　　　B. 完全不是　　　C. 有时候这样　　D. 很少这样

17. 借助英语媒体学习单词,如英文歌曲、电影、电视节目等　　　(　　)
　　A. 完全是　　　　B. 完全不是　　　C. 有时候这样　　　D. 很少这样

18. 记忆单词时,只是反复念,而不用手写,或只是写不读　　　(　　)
　　A. 完全是　　　　B. 完全不是　　　C. 有时候这样　　　D. 很少这样

19. 注意利用点滴时间记忆单词　　　　　　　　　　　　　(　　)
　　A. 完全是　　　　B. 完全不是　　　C. 有时候这样　　　D. 很少这样

20. 向老师或同学请教如何学习、记忆单词　　　　　　　　(　　)
　　A. 完全是　　　　B. 完全不是　　　C. 有时候这样　　　D. 很少这样

21. 定期检测自己的单词学习情况,如每星期检测一次　　　(　　)
　　A. 完全是　　　　B. 完全不是　　　C. 有时候这样　　　D. 很少这样

22. 通过有意义的重复使用来记忆单词,如在口语或书面表达中刻意使用
　　所记忆的单词　　　　　　　　　　　　　　　　　　(　　)
　　A. 完全是　　　　B. 完全不是　　　C. 有时候这样　　　D. 很少这样

23. 根据发音相似或拼写相似帮助记忆　　　　　　　　　　(　　)
　　A. 完全是　　　　B. 完全不是　　　C. 有时候这样　　　D. 很少这样

24. 你是通过单词表来记忆单词的吗?　　　　　　　　　　(　　)
　　A. 完全是　　　　B. 完全不是　　　C. 有时候这样　　　D. 很少这样

25. 你有没有通过大量的阅读来学习、记忆单词呢?　　　　(　　)
　　A. 完全是　　　　B. 完全不是　　　C. 有时候这样　　　D. 很少这样

26. 你认为你在学习单词上很有毅力吗?　　　　　　　　　(　　)
　　A. 完全是　　　　B. 完全不是　　　C. 有时候这样　　　D. 很少这样

27. 你在背单词的时候,是平均使力呢,还是比较注重高频率词汇的背诵和
　　记忆呢?　　　　　　　　　　　　　　　　　　　　(　　)
　　A. 平均使力　　　B. 注重高频率词汇的背诵和记忆

28. 当你背了某单词后,就不管了,还是连续几天都刻意去回顾,做到了定
　　期复习呢?　　　　　　　　　　　　　　　　　　　(　　)
　　A. 背了就好　　　B. 有时候会回顾一下　　　C. 会及时复习、巩固

29. 你在背单词的时候,是否运用了多种方法去记忆呢?　　(　　)
　　A. 是　　　　　　B. 不是　　　　　　C. 有时候是

30. 你希望老师按照 生词表—教授生词—引读—讲解—记忆—听写的顺序
　　来教单词吗?　　　　　　　　　　　　　　　　　　(　　)
　　A. 是　　　　　　B. 不是

31. 你认为在词汇学习过程中,应当把所学的单词放在语言中使用吗? (　　)
　　A. 是　　　　　　B. 不是

32. 你认为最有效的背单词的方法是 （　　）

    A. 背词汇表　　　B. 背课文　　　　C. 作词汇练习

    D. 通过阅读英语简易读物来扩大词汇量

33. 你在背单词的时候,有没有分析它的词缀和结构来帮助记忆 （　　）

    A. 有　　　　　　B. 没有　　　　　C. 有时候有

34. 你觉得自己的词汇学习效率高还是低呢? （　　）

    A. 高　　　　　　B. 低　　　　　　C. 还好

35. 你认为你有独特的词汇学习方法吗? （　　）

    A. 是　　　　　　B. 不是

36. 你的英语学习方法和策略主要来自 （　　）

    A. 老师讲授　　　B. 同学介绍　　　C. 自己总结　　　D. 没有在意

基于多媒体环境的大学英语课堂互动教学探析

雷 雯

杭州电子科技大学外国语学院

摘 要：多媒体技术已越来越多地渗透到大学英语教学中,为实现课堂互动教学提供了很好的契机。针对当前大学英语教学中的积弊,从互动教学理论出发,结合多媒体网络技术现状,从四个方面,提出了对大学英语课堂互动教学进行深入优化和扩展的思路和方法。

关键词：多媒体;互动;大学英语

Interactive Teaching in College English Class Based on Multimedia Environment

Lei Wen

Abstract：In recent years, multimedia has played a crucial role in college English teaching, which provides great opportunities to realize interactive teaching in class. However, the effectiveness of college English teaching based on multimedia environment still remains unsatisfactory. This paper will analyze the causes of the unsatisfaction and present four effective measures to optimize the interactive teaching model to a large extent.

Key words：multimedia; interactive; college English

一、引 言

当前,以多媒体网络技术为代表的信息技术给教育带来了巨大的影响。多媒体技术被广泛运用到了大学英语的教学过程,给大学英语教学带来了新的契机。同时,时代的发展,对人们英语水平,尤其是对跨文化交际能力提出了更高

作者简介：雷雯(1978—),浙江龙泉人,硕士,讲师,从事英语教育学研究。E-mail：leiwen@hdu.edu.cn.

的要求。教育部发布的《大学英语课程教学要求》(2007年9月修订版,以下简称教学要求)中明确提出:"各高等学校应充分利用现代信息技术,采用基于计算机和课堂的英语教学模式,改进以教师讲授为主的单一教学模式。新的教学模式应以现代信息技术,特别是网络技术为支撑,使英语的教与学可以在一定程度上不受时间和地点的限制,朝着个性化和自主学习的方向发展。"这都对我们的大学英语教学提出了更高的要求,必须充分、高效地将多媒体网络技术引入到英语课堂教学中,更新教学理念,拓展内容的深度和广度,改进教学方法,强化课堂改革考核方式。

无论是怎样的教学理念,或者是何种教学模式,大学英语都是一种语言教学,是一种交际互动的工具,如何让学生置身于互动交际的过程之中,使课堂教学过程交互化、教学内容丰富化,突出课程结构非线性、学习效果诊断性,真正行之有效地开展课堂互动教学,多媒体网络技术的超媒体性、智能化、情境化、虚拟化等特点为我们提供了广阔的空间。

二、互动式教学的理论背景

关于互动教学理论,Ann Malamah-Thomas 认为,互动是人物之间通过行为动作互相影响的过程(Thomas,1987)。瑞士著名教育学者和心理学家让·皮亚杰(Jean Piaget)则认为知识是个体在与环境的交互过程中逐渐建构的结果。就学习而言,互动是指两个或两个以上的个体间进行的双向交流,其目的在于促成学习任务的顺利完成或人际关系的理想构建。这种互动可以是人与人之间的互动,人机之间的互动,也可以是学习者与学习内容之间的互动。

所谓"互动式"教学模式是为了帮助广大大学生达到大学英语教学目标所设计的一种新型的英语教学模式,通过师生、生生之间的相互交流与影响,从而使学生达到"在学中用,在用中学"的理想效果(何高大,2002:23)。这种教学模式对教师提出了更高层次的要求,教师不再是知识的灌输者,而是课堂的组织者、引导者和协调者(马瑞娟、聂建中,2012:481)。在多样性的交互环境中,学生也不再是纯粹的"聆听者",在深刻地体验英语学习的过程中,他们成为了语言实际运用的"创造者",是课堂的真正主体。

三、大学英语课堂互动教学现状

虽然集可操作性、多样性、直观性、交互性等特点于一体的多媒体技术已在很大程度上改变了传统的大学英语的注入式教学模式,但在实际的教学过程中,仍然存在着一些不容乐观的现状,导致教学效果与质量不尽如人意。

在一些高校的多媒体教室中,大学英语课堂仍以教师教授为主,只不过是通过幻灯片的形式展示出来;而学生则被动地接受教师所授的语法知识、课文讲解以及应试讲解。学生有时甚至跟不上教师播放幻灯片的速度,更不用说实现实时、高效的互动效果。这种注重语言与知识输入却忽视了其输出的模式已日益显现出了它的费时低效性,导致学生对英语学习兴趣索然,在实际学习和交往中得不到语言综合运用能力的提升。"哑巴"英语、"聋子"英语等现象仍然存在。

在某些课堂我们甚至可以看到下面这一幕:教室窗帘紧闭,光线昏暗,仿佛置身于影院环境当中。教师站在讲台电脑旁边点击鼠标播放课件,学生则盯着字迹密密麻麻的屏幕,时不时还要低下头去做笔记。无形之中"教师的世界"与"学生的世界"被这昏暗的环境无情地隔离开了,教师与学生之间的对话无法实现平等,教师占绝对的主导地位,而学生则处于完全的被动地位,学习积极性大打折扣;教师成了课件播放者,而学生则成了观看者。因此,如何充分利用多媒体的优势,优化课堂情境教学,实现真正的双向式交流成了大学英语教学中亟待解决的问题。

四、大学英语课堂教学的优化互动

(一)创设真切情境,调动学习积极性

情境教学法是指在教学过程中,教师有目的地引入或创设具有一定情绪色彩的、以形象为主体的生动具体的场景,以引起学生一定的态度体验,从而帮助学生理解教材,并使学生的心理机能得到发展的教学方法。它的核心在于激发学生的情感。而在多媒体环境下的互动教学中,教师可充分借助音频、视频等资源为学生创设生活氛围浓郁的情境,使他们在潜移默化中培养语言的综合运用能力。如《新编大学英语》第二版第三册第四单元的主题是 Career Planning(职业规划)。教师在授课时可先播放电影《当幸福来敲门》中经典成功的面试片段,寓教学内容于具体形象的情境当中。紧接着让学生分组讨论激发学生与学生之间的交互协作,最终以 role-play 的形式展示一个面试场景。通过教师的引导和鼓励,学生的团队合作,课堂气氛变得生动、鲜活,正是在这种轻松的交际氛围中学生积极参与,同时习得了语言技能。实践证明,在教学过程中灵活运用多媒体辅助教学,创设情境,对引起学生的好奇心,从而激发他们学习兴趣起着非常重要的作用。此外,在情景互动中也可以更好地突出重点,突破难点。

(二)注重交际能力培养,达到学以致用的效果

大学英语的教学目标是培养学生的英语综合应用能力,特别是听、说能力,使他们在今后学习、工作和社会交往中能用英语有效地进行交际,同时增强其自主学习能力,提高综合文化素养,以适应我国社会发展和国际交流的需要。这不仅是"教学要求"的明确要求,也是现代社会对高素质人才需求的要求。因此,在大学英语教学中重视培养学生的语言能力的同时,也必须重视培养他们的交互能力。一个人的语言能力不仅仅指他能否造出合乎语法规则的句子,而且还应该包括能够恰当地、得体地使用语言的能力(Hymes,1972)。

在多媒体环境下,教师应灵活地采用全班活动、小组活动、个体活动等多种操练形式,使学生在讨论中进行发现、探索式的学习,并能将鲜活、实用的语言运用到实际的交际当中去。仍以《新编大学英语》第二版第三册为例,教师在讲授第七单元 The Joy of Travel(旅行的乐趣)的时候,可让学生熟悉一些旅行中可能遇到的场景英语,如在机场、在飞机上、在宾馆、在免税商店、在餐厅、在景点等不同的场景。随后让他们选择其中一个场景,将组织好的对话展现在全班面前,让语言回归生活,实现语言的最终输出。在此过程中,学生应懂得一定的交际策略,因为它能促进学习者形成对知识的假设、验证和知识的自动化,使交际者获得优质优量的语言输入,增加交流者的信心,克服焦虑感,使语言交流更加畅通(杨雪燕,2003:35)。与此同时,教师应重视交际策略的输入,在有效的组织、引导、启发下,帮助学生轻松、自然地使用语言进行交流互动,从而达到学以致用的高效学习结果。

(三)确立师生平等角色,营造良好师生关系

多媒体环境为师生提供了一个教与学的互动平台,也为师生的角色转变创造了条件。教师在教学理念上应摆脱旧有的以教师为中心,一本课本、一支粉笔,课上满堂灌,老师一言堂的局面。教师要善于将自己从过去的"知识传授者"、"课堂权威者"、"监督者"、"指令者"转变为"引导者"、"参与者"和"合作者"(丰玉芳、蔡玲,2009:11),而学生则是主动学习的规划者,是课堂的主体。

教师也应为自身角色的转变创造条件。在课堂中教师应以饱满的精神通过自己的语言、肢体动作、情感传递给学生亲切、信任的信息,使学生感受到师生之间的平等关系,促使他们敢于表达,善于探讨。此外,教师还要为学生提供足够宽松的心理空间,当学生有疑问或持不同见解时应鼓励他们各抒己见,从而构建真诚、平等的师生关系,营造民主、活泼的课堂气氛。尤其要耐心地鼓励与帮助基础相对较弱的学生,让他们感受到被重视的温暖,从而使其摒除对英语学习的羞怯感和焦虑感,重建信心以应对更高的挑战。

教师从平等角色出发,重视对学生的情感教育对构建真诚、和睦的师生关系起到了至关重要的作用,有助于形成民主平等的教学氛围,从而激发学生的创新思维。因此,在多媒体环境下的师生关系应建立在一种充分互信互重,互相协作的基础之上。

(四)整合多媒体技术,提高课件的质量

多媒体课件是实现交互式教学的重要手段。大学英语教学中应充分利用多媒体直观、生动、形象等特点,在课件中增加教学内容的深度与广度,扩充课件的知识含量,通过展示文字、图片、声像等为教学创设一个栩栩如生的语言环境,尽量多地为学生创造视觉和听觉上的冲击以引起共鸣。一个视觉和听觉上平淡无奇,内容上单薄枯燥的课件,只会起到催眠的作用。

因此,教师应不断提高自身在课件制作方面的水平。从内容的角度而言,教师必须精心选择并设计。如今选材的渠道多种多样,应充分利用日益强大的网络资源和丰富的多媒体教学光盘,择优选用。再以《新编大学英语》第二版第三册为例,第三单元的主题是 Social Problems (社会问题)。教师在设计热身活动时可从网络上下载非常贴近学生现实生活的 overpopulation(人口爆炸),traffic jams(交通堵塞)等亟待解决的问题的真实图片或视频,使学生仿佛"亲临其境",在加深对这类社会问题的印象的同时,也顺理成章地达到了双向交流的效果。另外,教师在选材后还应及时对素材进行筛选、编辑、整合、修改、完善,使之能突出重点与难点,又不失趣味性,最关键的是适合学生的难度。

从形式的角度上看,课件的可操作性和美观性是教师在制作过程中应努力追求的方向。就可操作性而言,课件中的播放、链接、切换、退出等按钮应进行合理地设计与安排。教师在上课前可在教室电脑上快速播放一遍以确保课中能顺利地播放。就美观性而言,课件模板应简洁大方,不建议使用太过复杂花哨的背景或图片,否则会导致"喧宾夺主",真正的上课内容没有突显出来,反而引起了学生的视觉疲劳。课件制作须精美得体,不仅要与授课内容贴切,在画面布局上也要力求突出重点。此外,课件中的字体及字号需选择恰当,为寻求更佳的视觉效果可给所有的文字加粗。总之,一个图文并茂、内容量适中、音视频素材搭配合理、操作性强的课件为实现交互式教学模式起到了锦上添花的作用。

五、结　语

多媒体环境为大学英语教学带来了活力,提供了更好的条件和广阔的空间。我们应最大限度地利用好它的优势,吸取传统的教学模式中的精华,与互

动式教学模式有机结合,为激发学生对英语学习的兴趣,引导其积极思维,培养良好的语言综合运用能力做出贡献。而作为教师本身,应在新的教学条件下,在新的教学目标的要求下,与时俱进,不断提高自身的信息技术素养;积极探索,勇于实践,不断改革课程教学模式。

当然,要达到大学英语教学的理想效果,课堂互动教学模式只是行之有效的教学模式中的一种,还需要根据教学对象、教学内容等与其他教学模式一起科学综合运用,也还有其他许多工作要做,需要我们继续努力,深入探索,止于至善。

参考文献

[1] Hymes D. 1972. On Communicative Competence [C]. J. B. Pride and J. Holmes(eds). Sociolinguistics. Harmondsworth:Penguin:269-293.

[2] Malamah-Thomas,Classroom Interaction [M]. Oxford:Oxford University Press,1987.

[3]丰玉芳,蔡玲. 多媒体网络环境下大学英语综合课程研究性课堂教学模式的构建[J].外语与外语教学,2009(4).

[4] 互动教学启迪创造欲望,激发学生创新思维,2010(10). Available at:http://www. edualpha. net/article-311-1. html

[5] 何高大. 多媒体技术——跨文化交际的革命[J]. 四川外语学院学报, 2002(1:) 23—27.

[6]教育部高等教育司,大学英语课程教学要求 [M].上海:上海外语教育出版社,2007.

[7] 马瑞娟,聂建中.多媒体网络新教学模式中教师角色研究[J].长春大学学报,2012(4):481—484.

[8] 情境教学法. Available at:http://baike. baidu. com/view/1268543. htm.

[9] 杨雪燕. 西方有关外语课堂过程研究综述 [J].外语教学,2003(1):34—36.

中国大学生英语论说语篇修辞结构研究

吕 欣

杭州电子科技大学外国语学院

摘 要:从宏观交际单元的角度,本文对 185 篇英语论说语篇的超结构逐一进行解析,目的是揭示我国大学生英语论说语篇修辞结构的特征。研究结果表明:(1)中国大学生的英语论说语篇主要呈现线性结构的特征。(2)中国大学生的英语论说语篇中存在着一个典型的修辞结构,即"引言+问题+措施",普遍缺乏"评价"单元。笔者对研究结果进行了讨论。

关键词:英语论说语篇;超结构;修辞结构

A Study of Rhetoric Patterns of Chinese College Students'English Argumentative Writing

Lu Xin

Abstract: This paper presents an empirical study of rhetoric patterns of Chinese college students' English argumentative writing. Through the problem-solution superstructure analysis, it first analyzes English argumentative writings by 185 college students, and finds that Chinese college students tend to employ linear progression of texts in their English argumentative writings. Besides, it is also revealed that the typical situation-problem-solution rhetoric pattern exists in Chinese college students' English argumentative writing. Reasons are proposed to account for the findings of the study.

Key words: English argumentative writing; superstructure; rhetoric patterns

对比修辞学,始于 20 世纪 60 年代,是第二语言习得研究中的新领域,着重探讨二语学习者的写作问题及母语修辞对二语写作的影响。1966 年,R. Kaplan 发表了《跨文化教育的文化思维模式》这一奠基性的文章,率先对母语的语篇结构和修辞方式在第二语言写作中的表现进行了研究。他的对比修辞研

基金项目:杭州市社会科学规划课题(KYZ11481104)

作者简介:吕欣(1981—),浙江东阳人,讲师,从事应用语言学研究。E-mail:lvxin98@163.com.

究发现：L1 为东方语言（包括汉语）的学生，ESL 作文表现出"螺旋型"的修辞方式，不直接论证主题，围着主题"团团转"。他认为这种模式完全不同于英语文化的线性思维，反映了 ESL 学生母语文化修辞偏爱，并造成了 ESL 写作中种种修辞结构方面的问题。Kaplan 的观点在应用语言学界产生了巨大的反响。国内外学者对二语写作进行了广泛而深入的研究，取得了不少的成果。其中有些研究支持 Kaplan 的观点，而有些研究则认为，Kaplan 的研究成果存在着一定的局限性。有关不同文化的修辞模式问题，许多方面的认识还没有完全一致。因此，此类问题还有待进一步的深入研究和探讨。

Connor 所指出的，在近 50 年的发展过程中，虽然对比修辞研究的理论框架及研究方法得到了进一步的修正和完善，研究的角度和领域也有了很大的改进和拓展，但就语言中的每一种具体体裁类型而言，专门的研究仍嫌不足。对比修辞学家主要集中于对比分析说明文语篇。直到 1980 年以后，国外学者逐渐开始把目光转向记述文、描写文、论说文等。但直到 21 世纪初，国内的二语写作研究才开始涉及论说文。到目前为止，英语论说文写作研究还是比较少见（许力生、李广才，2002），且主要以衔接手段、主题的提出位置为研究对象。而本文作者认为，论证语篇以劝说他人信服为目的，依赖于严密的逻辑推理，能够更典型地体现作者的思维模式和思维序列。遗憾的是，我国对大学生英语论说型超结构修辞特征的研究寥寥无几，更无系统的实证研究结果可用于指导教学实践。因而，本研究以大学生的英语论说文为语料，审视其语篇修辞结构的特征，试图弥补此前这类研究的不足，并着力解释这些特点的形成原因，为进一步研究提供参考。

一、研究设计

（一）受试

本研究的受试共 257 名非英语专业本科生，来自 4 所在杭高校 8 个专业。学校类型包括理工类、师范类、财经类院校。每个学校有 2 个不同专业的自然班参加。

（二）写作任务

2011 年秋季开学，他们分别由大学英语任课老师组织在课堂上用 50 分钟就规定的题目写出 250 词左右的文章。所采用的作文题是 Connor 在 1988 年做调查时的问题解决型作文题目，略作修改，具体指令如下：

There are several things you can like or dislike in your life. You may have noticed that people often smoke in public places. In this writing task, you have to argue that smoking in public places is a serious problem in your community and of great necessity to solve it.

You have to imagine that you have to write to people who can solve this problem but are not familiar with it.

Therefore, you should explain the problem as clearly as you can in order to convince your audience that the problem is a serious one. After that, describe your plan for improving the situation in sufficient detail to make they know what you want done. Be sure to give enough details, facts, examples, etc to support your point of view.

You should write your composition at least 250 words. Before you hand your composition in, reread it in order to see:

1. How clearly you have described the problem and your solution.

2. How convincing you have been in presenting your arguments.

(三)语料收集

4大在杭高校的8个自然班级共完成了257篇作文。考虑到在语篇层面进行分析的可行性,我们原来规定每篇文章要写250字左右。然而,作文收集后我们发现,共有72篇作文几乎没有超过150字,有一些甚至还不到100字。最后进入数据分析的有185篇作文。我们对以上数据进行了统计分析,分析过程与结果详述如下。

(四)分析的内容和方法

Kaplan进行修辞模式的研究时,分析了样文的段落组织模式,而本文作者拟从宏观交际单元的角度,对受试的英语论说文的超结构,即语篇的整体结构进行解析,因为受试的整体思路完整体现宏观的谋篇布局上。

Kummer(1972)和Tirkkonen-Condit(1985)通过实证研究检验了论说文语篇中的线性发展规律。Kummer指出an argumentative text can be described as a sequence in which the structural units of situation, problem, solution, and evaluation can be identified(Connor & Lauer, 1988)。换句话说,论说文语篇的超结构由四种宏观交际单元组成:引言(situation),问题(problem),措施(solution),评价(evaluation)。Connor & Takala(1986),Connor(1987),Connor & Lauer(1988)分别通过实证研究印证了上述四个宏观交际单元在分析论说文语篇的有效性和可行性,是论说文质量的检验标准之一。随后,该模式一直被很多学者采用,用来指导、评估或者分析学生的英文论说文的语篇结构。

以上四种宏观交际单元的交际功能分别如下："引言"单元包含和论点相关的背景信息，如事实，观点等，为问题的提出做铺垫；"问题"单元明确提出并描述要论述的具体问题；"措施"单元为所议问题提供解决的方法；"评价"单元需要对文中提出的解决问题的方法进行评估，即，要说明这些措施对问题的解决将会起什么作用，或者说是解决的结果如何。

从修辞结构，即语篇的宏观组织结构的角度，每篇论说文可以被分解成四个必要的宏观交际单元，即"引言＋问题＋措施＋评价"。因此，本研究在对比修辞理论的指导下，对所收集的作文进行评估，评估的项目有语篇宏观结构评估和整体评估，以期揭示我国大学生英语论说文的语篇修辞特征。处理数据和分析讨论，主要采用定量分析的方法进行研究。这是一种基于结果的研究方法。

(五)操作步骤

1. 评估可靠性

评阅作文容易依赖个人主观印象从而使评分失去意义。为了避免失误，我们采取以下四个措施以确保主观评分的可靠性。首先，为了评估的公正性，笔者本人不参加评分，并且每一份作文有两人判阅。第二，在每份作文试卷上编号，卷面上不暴露受试的班级，姓名，专业，学校等任何与作文无关的信息。第三，在评估前笔者向评估老师详细介绍了论题的要求以及评估标准，评估老师对评估的标准达成了一致意见。第四，运用统计方法直接据算出评估老师评卷的可靠程度(见表1)。

2. 评估过程

本研究中所收集的英语论说文中的数据处理由四位有多年四六级阅卷经验且相关系数较突出的高校英语教师负责。每位老师要求独立完成评估工作。其中的两位老师进行整体评估，即：参照 Connor & Lauer(1988)的评分等级，根据学生是否清楚描述了论述的问题和解决问题的方法，以及学生的论述是否具有说服力进行打分。最高分为 5 分，最低分为 1 分。另外两位老师，参照 Connor & Lauer(1988)的评分标准(篇幅所限，评分标准略)，对超结构进行评估。数据的统计结果取两者间的平均值。所有数据进行分析整理后，输入计算机进行统计分析。本研究使用的统计软件为社会科学统计软件包(SPSS14.0)。整体评估以及超结构，分析的评估者信度见表1。

二、研究结果与讨论

研究者对受试的作文逐一按照上述方法进行了解析。下文将报告研究结果。

(一)评估者信度

语料评估完成后,研究者根据所得到的数据,对整体评估以及语篇宏观结构的评估者信度进行了计算,数据见表1。

表1　评估者信度

	超结构	整体评估
Cronbach's alpha	0.95	0.91

从表1显示的数据来看,本次语料评估具有较好的信度,因此,研究所获得的数据是可靠而有效的。

(二)整体评估

表2　整体评估

受试	满分	平均分	标准差
185	5	2.24	0.79

表2列出了受试总体样本的描述性数据。受试作文的平均分为2.24,离及格分3分还有较长的一段距离。该结果表明,受试的英语论说文写作质量不高,文章缺乏说服力。这个结果并不令人意外,与历年来大学英语四六级考试的作文平均水平差不多。整体评估的研究结果再次证明了中国大学生英语写作能力整体偏低的事实。

(三)超结构

超结构就是语篇的线性发展。引言(situation),问题(problem),措施(solution),评价(evaluation)构成了论说文的线式发展结构。通过对所收集语料的分析,我们得到表3。

表3　超结构分析

		满分	平均分
超结构	引言	1	0.58
	问题	1	1
	措施	1	1
	评价	1	0.35
	总分	4	2.93

表3表明,受试在引言这一宏观交际单元的平均得分为0.58,问题以及措

施这两个部分的平均得分为满分 2 分,而在对于措施的评价这个部分上的平均得分最低,仅 0.35。受试在引言和评价上的表现不足导致了超结构的平均得分仅为 2.93。这个结果在整体评估中也得到了证实。该研究结果也再次证明了引言＋问题＋措施＋评价的语篇修辞模式检验论证语篇质量的标准。

通过对 185 篇的作文进行上述方法解析之后,我们总结出下列几点:

(1)我国大学生所写的英语论说型语篇中,存在着一个典型的修辞结构,即"引言＋问题＋措施"。75％的受试作文中没有"评价"单元。"评价"单元的缺失,可以从两个方面来解释。一方面,图式理论告诉我们一旦拥有了某一种文体图式并具备了某种文体的明确意识后,它就成为作者写作时所努力追求的目标,这种目标指向性对写作发挥强有力的指导作用,并具有迁移能力。当作者在从事该类文章的写作时,就会遵守该文体的各种规范。据我们所知,汉语的问题解决型语篇结构并没有包括"评价"单元,因此,"评价"部分的普遍缺失很有可能是汉语问题解决型语篇结构的负迁移的结果。另一方面,我们还可以从 Hinds 的读者责任型/作者责任型的观点来解释该结果。Hinds 认为,英语是作者责任型,而汉语是读者责任型。读者责任型语言要求读者对文章的理解负主要责任,要求读者充分调动主观能动性,领会作者的写作意图。而作者责任型语言则假想读者对文章内容甚至各命题都缺乏了解,作者要对读者理解尽最大可能的责任(许力生、李光才,2002)。因此,西方修辞格式更强调作者的解释行为。在写作指令中,我们明确告诉受试,受试的假想读者是一位不了解在公众场合抽烟这个问题但是有能力解决该问题的一个人。这势必要求受试在作文中详细地描述在公众场合抽烟这个问题,并通过论证受试所提出的解决方案的可行性和有效性来说服假想读者采纳该措施。然而,受试提出了解决方案之后,并无提供任何对于解决方案的评价,文章戛然而止,这就意味着假想读者需要主动地去理解和分析该解决方案所可能产生的结果。这就是受试缺乏读者意识的表现,很可能是受试在写作过程中沿用了汉语中的读者责任型的写作习惯。但是,基于目前的数据,我们还难以给予准确的答复,但这个问题值得进一步讨论。

(2)研究中笔者发现,大部分的受试在文首就明确提出了文中要论述的问题,其语篇结构上表现出线性结构特征。这个结果与李广才对中国学生议论性英语作文的语篇特征分析的研究结果相似,却与之前以 Kaplan 为首的很多对比修辞学家提出的螺旋型差别较大。这说明,语篇修辞结构并不是一概而论的,因具体体裁类型而异。李广才(2003)对研究结果进行了讨论,认为初学者往往不能使用英语语法清楚地表达思想,所以只能开门见山地提出观点,并按照直线顺序对观点进行简单的阐述。李广才的解释正确与否还需要进一步的调查研究才能得以证明。此外,笔者,认为还存在另外一种可能性:大学英语四六级考试的作文大多数是提纲式问题解决型的论说文,被称为"三段论",跟本研究中的论题相似。值得注意的是,大学生越来越多地接触四六级考试作文训练,也越来越多地受到西方文化的影响,这种趋势也可以解释为什么许多受试在英语论说文中采用线性思维模式。

(3)研究中,笔者还注意到了一个引人注目的现象:大部分受试的英语论说文都以引言开头,即文首介绍文章中要论述的问题的背景,但是,如何理解"背景",中国人似乎与西方人有着不同的解释。具体表现为:受试没有通过摆事实,引数据或列相关的观点等方式来介绍论述问题的背景,而主要解释论述问题的重要性或意义,这与英语语篇的"引言"部分不一样,导致受试在引言上的得分较低。而西方人所理解的背景往往是一些事实、数据或者相关的观点,为所论述问题的提出做准备。简单地讲,英汉语篇开篇规范之差异可以概括为:英语语篇的开头告诉人们"辩论/谈话走向何处"(where the argument/talk is going),而汉语语篇开头讲的是"辩论/谈话从何而来"或"从何说起"(where the argument/talk is coming from)。这种情况应该和中国的文学传统有着密不可分的关系。汉语语篇,不管什么体裁,什么内容,多数以"起、承、转、合"四部曲为基本框架。"四部曲"中,"起"是起讲,主要解释主题的重要性或意义,或建立与听话者能共享的情感框架。汉语语篇中的"起"很少起到"指向"作用。在现代汉语的很多语篇中仍能见到这种组织模式。受试在引言部分表现出的特征是汉语文学传统在英文写作中的反映。

四、结束语

上文中,笔者初步地审视了我国大学生的英语论说型语篇的修辞结构特征,并从跨文化差异等角度对研究结果做了尝试性的解释,对英语写作教学具有现实的指导意义。应该说,写作是一种交织着文化的语言思维活动,并非简单的词汇、语法和句子的运用问题。对于学习外语的人来说,如果仅仅掌握目的语的语法规则,而缺乏对目的语的语篇思维模式的认识和敏感性,就很容易把本族语的语篇组织规则即修辞规则迁移到目的语中去,导致交际失误。目的语的修辞特征具有可传导性(王燕萍、夏珍,2005)。所以,在英语写作教学中,要注重学生对目的语文化的积累,有必要引导学生认识英语和汉语语篇思维模式的不同,掌握英语的本质特征,只有这样学生才能自觉地运用符合英语修辞特征的语篇组织模式,从而写出地道的英文文章,保证跨文化交际的顺利实施。

参考文献

[1] Connor,U. & Lauer,J. Cross-cultural variation in persuasive student writing. In A. Purves (ed.) Writing across Language and Cultures:Issues in Contrastive Rhetoric [C]. Newbury Park,CA:Sage,1988.

[2]韩东红.非英语专业大学英语写作教学的现状与改革[J].集美大学学报,11(3):92—95.

[3]刘颖.中国与英国大学生论说文语篇的对比修辞研究[J].山东外语教学,2004(1):24—27.

[4]贾雪睿,李晓石.汉英语篇逻辑模式对比分析[J].外语学刊,2001(4):94—99.

[5]李广才.中国学生议论型英语作文的语篇特征分析[J].外国语言文学,2003(2):23—27.

[6]许力生,李广才.汉英论说文语篇的修辞模式对比[J].浙江大学学报(人文社会科学版),2002,32(5):56—64.

[7]王立非.新世纪外语教学研究的方法论展望[J].外语研究,2004(3):8—9.

[8]王燕萍,夏珍.英汉对比修辞学实证研究:论证语篇修辞结构之对比[J].河南大学学报(社会科学版),2005,45(5):147—150.

英文歌曲在大学英语教学中的辅助作用分析

裴 娟

杭州电子科技大学外国语学院

摘 要：英文歌曲作为一种特殊的教学方法，对大学英语教学有着极大的辅助促进作用。英文歌曲在大学英语教学中以不同方式运用可以实现不同的教学目标。文章从教学环境的分析和具体的实践经验的基础上对其在教学中的辅助作用进行了总结和分析。

关键词：英文歌曲；辅助作用；教学实践

An Analysis on the Assistance Function
of English Songs in College English Teaching

Pei Juan

Abstract： This paper holds that English songs as a special way of teaching can fulfill great assistance function in English teaching. This function is analyzed from the environment of teaching and the author's experience in college English teaching.

Key words： English songs；assistance；college English teaching

一、引 言

英文歌曲是英语一种重要的表现形式，不论是古典歌曲、民谣，还是流行歌曲，都见证着英语和社会的变化发展。因而对英文歌曲及其歌词的学习既能使人了解英语丰富的文化内涵，又能从歌词学习中提高运用英语的技巧水平和培养运用英语的能力，从而提高自身的英语水平。随着英语教学改革的深入和发展，越来越多的教师也注意到流行文化在现代大学生生活和学习中所扮演的重

作者简介： 裴娟（1979—），安徽金寨人，硕士，讲师。主要研究方向为外国语言学及应用语言学。

E-mail：47053151@qq.com.

要角色,开始研究如何在正规课堂将流行文化和大学英语教育结合。目前,歌曲教学已受到英语教学界越来越广泛的重视和应用,并已成为英语课堂特别是听力、口语课上一种生动有效的教学形式。笔者通过实践研究对于经典英文歌曲在大学英语综合教程教学中的应用进行了实践,取得了良好的效果。本文将从教学环境以及具体实践经验的基础上进行总结和分析。

二、英语歌曲教学环境分析

(一)客观环境

现代科技的快速发展,尤其是电子信息产业飞速发展,为广大英语爱好者学好英语提供了丰富多样的物质技术手段。这主要表现在:一是各种先进的语言学习设备在高校中配备、安装和使用,如语言实验室、多媒体教室、视听室等等,这不仅可以丰富教师教学的手段,而且有助于学生提高其英语听说能力。二是更多先进时尚的电子产品迅速"装备"大学生手中,如随身听、音乐手机、MP4 和 PC 等。他们可以利用其下载与英语相关的学习资料、听力材料和英文歌曲,为他们学习英语提供了有益帮助。

(二)主观环境

马克思曾说过:音乐是人类的第二语言。音乐的历史告诉我们:音乐也是交流的一种,它传导着人们的社会关系和各种感情单位。人类通过说或者唱来传递信息,通过表达来学会两者。音乐在诸多方面和语言分享着共同点,如音调、音量、重音和节奏等。这些共同点又为英文歌曲在大学英语教学中的应用提供理论依据。此外,相同的特征也使得歌曲、音乐和语言具备了协作的潜能。音乐评论家汉斯立克就说过,一切艺术毫无例外地有影响情感的能力,但音乐比任何其他艺术更加强烈地影响我们的心情。由此可见,音乐教育对培养人的情感有着得天独厚的优越条件。枯燥的英语课堂,一旦加上了优美动听的旋律,也会变得多姿多彩。听、学和唱英文歌曲,除了有利于学生听力和语音的提高外,学生通过理解歌词内容还可以提高英语理解能力。况且,大学英语教学尤其需要学生对英文背景有着强烈兴趣和浓厚的求知欲望。实践表明,在课堂教学中适时适量地应用歌曲和音乐能够唤起学生们高涨的语言学习情绪和持久的学习热情。

苏联教育学家科罗廖夫说:"有趣味,有吸引的东西使识记可能性几乎增加一倍半,这就是教学的潜力所在。"教师应根据大学英语学科的特点和大学生的年龄特征,不一味拘泥一种教学模式,在教学过程中大胆尝试多样的教学手段和教学方法,尤其是把英文歌曲引入到英语课堂上来,进一步发挥学习者的主观能动性,创设丰富多彩的教学情景,这有利于引起学生学习的动机,激发他们的学习兴趣,从而调动全部学生英语学习的积极性。这样,学生就能从被动接收转化为自动参加,由"要我学"改变到"我要学"。这一做法势必能够创造理想的教学效果。

三、歌曲在大学英语教学实践中的辅助作用分析

(一)培养内在动机,激发学习兴趣

在精读课上语言点的讲解通常会令学生疲惫,如果能选取跟主题相符合的歌曲作为导引则很容易让学生心情放松,这有助于帮助他们克服焦虑心理,创造和谐的教学氛围。这种授课模式有利于引入源于心理暗示法的自然松弛法(Relaxation in Nature)。它通过让学生听音乐或是经典英文歌曲,使学生沉浸于想象中,达到松弛精神、消除身心紧张,恢复良好的学习状态的目的,同时培养学生的内在动机或融入型动机。这一活动旨在激发学习兴趣、引导学生进入主题并为学习课文做好准备。

(二)纠正发音

流利、清晰的口语,一定要有良好的语音做基础。但是语音知识本身显得过于抽象枯燥。现有的听说训练,往往使学生感到机械、呆板和生硬,所以如何使语音课堂变得生动活泼起来,是大学英语教师亟待解决的一个问题。

歌曲演唱都有一定的故事情境,能够生动形象地体现出语言的韵律、意群、重音和语调。因此,通过听唱英文歌曲,可以自然、生动活泼地训练学生的语音技能。在语音教学中,教师应该尽可能地利用英文歌曲增强学生练习语音的兴趣,具体的教学步骤可以包括以下几个方面:(1)根据训练的侧重,选择合适的英文歌曲。例如,为了训练学生的连读、省略以及失去爆破等语音规则,可以选择 Edelweiss;但是如果为了加深学生对英语元音的感受,可以选择 This is the way 等歌曲。(2)引导学生标示出歌曲中的重音,并且提示其他语音技术,例如,强读、弱读、音的弱化、降调、升调等。(3)教师先播放一遍歌曲,要求学生听完之后,模仿演唱将歌词读一遍,在读的过程中,注意各种语音现象。(4)教师先唱一遍,然后将重要的句子和单词写下来,以利于引起学生的注意。(5)教师和学生一起唱,并在桌子上轻轻地打拍子,敲出重音。(6)要求学生学会演唱这首歌曲,并掌握各项语音规则。

(三)加强语言知识学习

在多媒体教室中引入经典英文歌曲,为学生创设形象、生动的语言环境,这非常有利于学生对语言的理解、接受和模仿。当同学们听到一首首优美动听的歌曲时,一般都不会仅仅停留在"听"的层面,而会想着它到底唱的是什么内容。创作歌曲是为了让人们更容易地理解和欣赏它,歌曲倾向于选用高频率并带有情感内容的歌词。学唱英语歌曲,对单词的学习或是巩固很有效的。在一些课文语法教学中,英语歌曲也是很好的课程资源。把一些句型的学习融入歌曲中,让学生通过对歌曲的赏析来理解和记忆,也是一种行之有效的方法。比如在巩固被动语态知识时,我们就选用了"甲壳虫(The Beatles)"的一首:

All You Need Is Love

There's nothing you can do that can't be done.

Nothing you can sing that can't be sung.

Nothing you can make that can't be made.

No one you can save that can't be saved.

Nothing you can know that isn't known.

Nothing you can see that isn't shown.

(四)了解英语国家文化背景

学习外语离不开相关文化背景知识的掌握与理解。英文歌曲作为表达欧美人民情感的艺术形式,同时也是一种承载文化精粹的有效载体。歌词的字里行间都散发着浓厚的文化气息,包含了令人回味的历史典故、传说和文化习俗等。它是西方文化最直观的反映,或许是反映西方真实生活的最好形式之一。涵盖爱情、死亡、自然、战争、节日、和谐等普遍主题的经典英文歌曲能够引起青年大学生强烈的共鸣。学唱英文歌曲不仅要学习语言本身,还要融入文化的学习。理解歌词的难点不在语言,而在于文化;而理解文化的关键又在于历史渊源。如"滚石"评出的最伟大 100 首英文歌曲之一的《加州旅馆》(Hotel California)被认为"反映出 70 年代人心日下的现实"和"70 年代散漫无力的时代面貌"。假如它不能与 20 世纪六七十年代的美国社会背景结合,不能给人更宏大而深刻的寓意,也就不会受到公众和评论界如此礼遇,经久不衰近半个世纪。通过对经典英文歌曲的赏析,结合教师的推介,对音乐本身就有着相当敏感度和判断力的大学生能够深入地了解和接受这些文化信息,拓宽知识面,进一步点燃学习热情,从而提高跨文化交际的能力。

(五)促进人文教育

青年大学生作为最活络的社会群体之一,其思想和观念都带有明显的时代倾向性。现代英语教学不仅是一种语言教学,同时还承载着发展学生智力、能力,提高学生的道德品质,培养学生的文化意识等功能。人文教育的核心是"如何做人",英语是一门人文学科,英语教学是塑造人的艺术。因此,培养人文精神当为英语教学的基本属性。把英文歌曲与英语教学密切结合起来,英文歌曲教学可以培养学生的审美感知,丰富审美情感,有效地提高学生的审美能力,从而使歌曲教学过程成为陶冶情性、净化心灵的过程。所以说,歌曲不但是一种音乐形式,而且是一种很重要的教育策略。当然,教师在选择歌曲时应当尤为慎重,仔细检查歌词内容,看看有没有潜在的问题,必须根据当前的情况对教学内容进行切合实际的组织、取舍,突出现实感,增强教学内容的时代性。选材应积极向上,鼓舞人心,能给学生以启发,帮助他们消除压抑和疲倦;同时要避免那些涉及暴力、性或消极堕落的生活态度的歌曲。

四、结束语

在实际的教学实践中笔者发现,经典英文歌曲在大学英语教学中的应用完全具有可行性;通过英文歌曲,学生逐渐对英语学习产生了兴趣,扩大了词汇量和巩固了语法知识;在轻松的氛围中受到语言文化的熏陶,由此内化所学的英语知识;课外积极主动地接触并了解更多的英文歌曲,也增强了学习英语的自信心,特别是克服和消除对英语的恐惧心理。在大学英语教学中引入英文歌曲对于语言学习的三个阶段——语言能力、交际能力和社会文化能力的培养均能产生积极的推动作用。

参考文献

[1] 邓昌勇.英语歌曲与大学外语教学 [J].贵州民族学院学报,2005(4).

[2] 侯庆秋.当前英语教学现状与英语实用性的矛盾[J].西南民族学院学报,2002(6).

[3] 刘影.英文流行歌曲经典 100 首[M].上海:上海外语教育出版社,2001.

[4] 王爱莲.用英文歌曲促进英语教学[J].天津市经理学院学报,2006(3).

[5] 尹小霞.对大学生英语自主学习能力的调查及其培养途径的研究[D].上海外国语大学,2009.

　　[6] 张晓娟,盛跃东.英语歌曲辅助教学的价值探讨[J].浙江传媒学院学报,2008(2).

　　[7] 张建华.歌曲在英语教学中的应用[J].辽宁教育学院学报,1995(2).

　　[8] 邹永谊,赖莉娅.英语·教学新概念 [M].重庆:重庆出版社,1995.

英语影视欣赏教学方式初探

王银瓶

杭州电子科技大学外国语学院

摘　要:英语影视欣赏作为大学英语教学改革的后续课程,已在各高校普遍开设。但教学效果不尽如人意。本文认为造成这一结果的主要原因是教学目标不明确。并鉴于此,提出以不同教学目标为目的的两种教学方式,一是以语言教学为主,以提高学生英语视听说能力为目标;二是以电影分析为主,以提高学生电影素养为目标。以期对这个问题有所助益。

关键词:影视欣赏;教学目标;视听说;电影素养

On the Teaching Methods of Appreciating English Movies and TV Serids

Wang Yinping

Abstract: Course of appreciating English movies and TV serials, as one of the developmental courses of college English education, is held widely in universities, while the teaching result is unsatisfactory. It's argued in the article that the major reason is the ambiguity of teaching aims, based on which two different-aim oriented course designs are put forward. One focuses on improving students' English proficiency of viewing, listening and speaking, while the other aims to teach students knowledge about movies and TV serials and train them to appreciate movies and TV serials as well.

Key words: appreciating English movies and TV serials; teaching aims; viewing, listening and speaking; knowledge about movies

英语影视课程在大学的课程设置里已相当普遍,这一点从市面上逐年增多的英语影视教材可见一斑。学生对于影视的热情其实是媒介时代公众对影视

作者简介:王银瓶(1978—),浙江台州人,硕士,讲师。主要研究方向为英美文学和英语教育。

E-mail: middlemarch@sina.com.

的热情在大学校园里的缩影。罗杰·艾伯特，第一位因写影评而获普利策艺术评论奖的影评人，认为我们生活在一个时间和空间的盒子里，电影则是盒子上的窗口。在所有的艺术中，最能唤起我们对另一种经验的感同身受的是电影。因为电影允许我们进入他人的今生世界——不仅意味着可以融入银幕上的角色，也意味着能用另一个人的眼光来看待这个世界。一部好的电影能让我们成为更好的人。[1] 或许这一点正是人们对影视拥有极大热情的原因，也是学生们纷纷选修影视课程的原因。

但是影视课程开设的效果，却并不尽如人意。甚至有部分学生会发出"不如在寝室看"的感叹。这是明显在期望与现实间产生巨大落差的表现。

一、影视教学的困境

为什么学生会在选课之初抱有极大热情，而在上完课后备感失望？其中一个重要的原因是影视欣赏教学很容易沦为影视放映课。这是教学两方面目标迷失的共同结果。

(一)教学目标迷失

除了影视专业开设的影视课程外，现在大学里的影视欣赏课程多是作为大学英语改革的后续课或拓展课来开设。作为原来教授语言的教师，出于课程改革需求开设影视课程，难免带来困惑，该如何进行课程设计，怎样设置教学目标才合理。一方面作为语言教师，在影视知识上储备不足，因此不能做到通盘把握，深入浅出。另一方面，实践教学经验缺乏，因此不能有效掌控课堂节奏。

(二)学生目标迷失

学生其实并不很确定想在影视欣赏课上学到什么。他们想看电影，但他们不知道看什么电影，也不了解怎么看电影。

首先学生想在课堂上看电影。虽然互联网的普及让学生可以非常方便地获取各种影视资料，但除非是比较热爱影视的学生，一般学生还是不太会花太多时间在自己的课余时间看国外电影和连续剧。因此他们想在影视课堂上看电影。这样就会导致就算教师想在课堂上进行一些影视知识和欣赏方法的探讨，学生也无心于此，一个劲地恳请老师"快放快放"。但课堂时间是有限的，两节45分钟的课，最多刚刚好放一部电影，略长一点的根本放不完。如果两节课的时间都在看电影，难免就会让课堂变成简陋的影院，当然不如在寝室观看舒坦。

其次，学生缺乏欣赏影片的基本素养。这正是应该在影视课堂上获得弥

212

补,但迫于各种原因尚未解决的问题。这就变成学生只能从主观出发欣赏电影。他们不知道具体要看什么电影,但他们知道他们想看到精彩的电影。但是"精彩"本身就是个主观色彩浓烈的词。"甲之蜜糖,乙之砒霜。"如果单纯从自我角度出发来判断影片是否精彩,学生难免失望,同时也让教师困惑于众口难调,不知如何选择影片。

二、影视教学的两种可行方式

教学目标是有效的课程设计的第一步,只有确定了教学目标,才能进行有效的教学设计并确定合理的教学评估方式。[2]影视欣赏教学也如此。

那么,什么才是影视欣赏的合理教学目标?其实综观市场上现有的影视教学材料,已可小窥一二。虽然影视欣赏教材繁多,但不外两种走向。一是以上海交通大学出版的《英语视听与口语——英美电影赏析》为代表。以锻炼学生英语视听说能力为主,辅以词汇训练,文化背景解说。二是以外语教学与研究出版社出版的《英语电影赏析》为代表。阐释电影的分析和解读方法,并辅以对经典电影的深度解读。[3]

这两种分类其实也就是两种教学目标的体现。一是以语言教学为主,以提高学生的英语视听说能力为目标。影视作为教学材料,替代传统的视听材料,主要对学生的视听说能力进行培训,因此可归纳为影视视听说,是大学英语原有语言教学的延续。二是以培养学生电影素养为目标。介绍电影史,电影的基本理论和方法,同时对具体电影文本进行个案分析。既让学生对纯电影的形式问题有一定了解,又将重点落于题材、类型、人物、主题等更贴近普通观影者的电影内容的分析上。致力于让学生成为有一定专业素养的电影迷。下面具体分析一下两种不同方式的影视教学的具体操作方式。

(一)以语言教学为主,以提高学生英语视听说能力为目标

这种方式其实是英语语言能力教学的延伸,对于英语老师而言,更驾轻就熟。以一次两节课 90 分钟为例。

第一步,教材准备。根据学生水准或教学进程,遵循由易到难的规律,选择适合的 30 到 40 分钟的视听材料。(电影需截取相对完整的一段;若是美剧,则一集的长度正好适合。)以《美女与野兽》为例。《美女与野兽》是经典迪斯尼动画。虽然有较多的歌唱部分,但对白部分相对简单。对于已通过四级的学生,有一定的挑战性,但又不至于太难。因此是比较合适的教学材料。它的长度是正好 90 分钟左右,可以分成两次课或三次课,具体取决于设计的教学内容。

第二步,具体教学活动,以《美女与野兽》为例。

（1）先对选取的影视资料做简单的背景介绍，包括对其中涉及的特殊文化现象的介绍。譬如《美女与野兽》最初是一个法国民间故事，因此女主角的名字是法语"Belle"，即英文的"Beauty"。点明这点，就可以使学生了解"Belle"并不仅仅是一个翻译成中文是"贝尔"的名字，而有其内在含义。

（2）对影片中涉及的关键生词等先行熟悉。因为《美女与野兽》具有法国渊源，因此电影中有不少法语单词，可以预先说明。另外还有一些常用但学生并不一定熟悉的表达法，譬如"What the devil?"，"fan the flame"，"You have my word"等，最好预先列明。

（3）观影。

（4）就影视主题等进行探讨和对话。《美女与野兽》的主题就是赞美爱的力量。

（5）就资料中的对白设计活动。填空，角色扮演，配音等都是比较有效的练习。譬如，截取《美女与野兽》中 Belle 与男二号 Gaston 的对话为例：

Gaston：This is the day your _____ come true.

Belle：What do you know about my dreams，Gaston?

Gaston：Plenty! Here _____，this：A rustic hunting lodge，my latest kill _____ on the fire，and my little wife my feet，while the little ones play on the floor with the dogs. We'll have six or seven.

Belle：_____?

Gaston：No，Belle! Strapping _____，like me!

Belle：_____ that.

Gaston：And do you know who that little wife will be?

Belle：Let me think...

Gaston：You，Belle!

Belle：Gaston，I'm-I'm _____. I really don't know what to say.

Gaston：Say you'll marry me!

Belle：I'm very sorry，Gaston... but... but I just don't _____ you.

可先要求学生做听力填空，然后在进行分角色饰演，都能达到一定的语言训练目的。

（二）以电影分析为主，以提高学生电影素养为目标

电影的观看体验，通常分成两个层次：一是情感层面，一是理性层面。情感层面，也是大多数普通观众的观影体验。在观看结束后，对电影的主题等有一个模糊的概念，对电影内容有一定共鸣，但不一定能用清晰明了的语言表述出来，并确切说出电影的优势与劣处。这就需要了解电影在理论和操作层面的基

本知识,技巧和方法,进行电影分析,才能了解电影制作者怎样拍,为什么这样拍以及这样拍能达到什么效果。

就具体课堂设计而言。可每次选取一个影视元素,作为分析重点。如以"主题"为例。

第一步,介绍电影主题。与小说,戏剧和诗歌的主题通常是指一种思想而言,在电影分析的语境中,电影的主题根本不必是某种思想,而是指将影片整合在一起的中心内容或特殊的关注点。[4]因此一部电影的主题通常是以下五个要素中的一个:(1)以情节为中心。(2)以情感效果或情绪为中心。(3)以人物为中心。(4)以风格、质感或结构为中心。(5)以思想为中心。如以思想为中心,又通常可分为以下几类:道德含义;人性的真相;社会问题;为人的尊严而抗争;人类关系的复杂性;成长意识和道德或哲学谜题。在讲述中,可辅以学生耳熟能详的片子为例,以便具体理解。如《蜘蛛侠》等快节奏的动作片,其主题就是"以情节为中心"。《闪灵》等恐怖片通常以"以情感效果或情绪为中心"。《撞车》则主要是引导观众对生活中的道德选择做出思考。

第二步,观影。宜选取影视主题比较突出的作品,以便契合此次课堂重点。

第三步,确定所观影视作品的主题。通常一部影视作品只涉及一个元素。但有些作品则有母题和子题之分。尤其是电视剧,在同一季的不同集中有贯通元素,也有独属于这一集的元素。因此须做鉴别。

第四步,评价主题。常用的评价标准是普适性。普适性的主题具有长久的吸引力,不仅对此时此刻的人,而且对各年龄层的全人类都有意义。当然不是说没有普适性主题的电影就没有价值,但可能它的价值局限于某些地域和时代。同时观影者也期望电影主题具有智识和哲学上的趣味性,可以挑战观众的智力和思维能力。[5]

三、结 语

两种影视欣赏教学是完全不同的教学目的和教学内容。不分优劣,只看是否契合学生所需。而一旦确定采用其中一种,就要一以贯之。举棋不定,既削弱学生学习兴趣,也伤害教师教学兴趣。

参考文献

[1]Ebert,Roger. 殷宴,周博群 trans. 伟大的电影 [M]. 桂林:广西师范大学出版社,2012.

[2]Dubin,Fraida;Olshtain,Elite. Course Design [M]. 上海:上海外语教

育出版社,2002.

　　[3]Lynn,Andrew. 霍斯亮 trans. 英语电影赏析 [M]. 北京:外语教学与研究出版社,2005.

　　[4]Boggs,M. Joseph；Petrie,W Dennis. 张菁,郭侃俊 trans. 看电影的艺术 [M]. 北京:北京大学出版社,2010.

关于大学英语分级教学的思考

乔锟华

杭州电子科技大学外国语学院

摘　要：本文结合大学英语教学现状及分级教学的理论依据,提出了大学英语分级教学的必要性,并进一步就分级教学的模式进行探讨,旨在倡导实行分级教学,以提高大学英语教学水平和质量,为大学英语教学跃上一个新台阶提供一种新思路。

关键词：大学英语;分级教学;思考

Thoughts on College English Graded Teaching

Qiao Kun-hua

Abstract：Based on the analysis of the current situation of college English teaching and its theoretical bases, the essay explores the necessity of graded teaching and its model, hoping to offer a new way of improving the level of college English teaching.

Key words：college English; graded teaching; thoughts

一、引　言

随着经济全球化的到来,社会发展要求复合型人才应当具有较强的英语综合能力,这对大学英语教学提出了更高的培养目标。近年来,大学英语教学改革一直在如火如荼地进行,传统的教学模式已不能满足新时期国家对人才培养的需要。一种新型、有效的教学模式——大学英语分级教学应运而生。英语分级教学,以其先进的分级施教理念及其对大学英语发展所起到的巨大作用,已经为全国许多高校所采纳。

作者简介：乔锟华(1973—),硕士,讲师。主要研究方向为语言学与教育学。
　　　　E-mail：christines@hzcnc.com.

二、国内外有关分级教学的理论和研究

(一)教育学角度

1.《大学英语教学大纲(修订本)》(1999)和《大学英语课程教学要求(试行)》(2004)

教育部高教司颁布的《大学英语教学大纲(修订本)》和《大学英语课程教学要求(试行)》是大学英语分级教学的指导性文件。

2."因材施教"的原则

因材施教是我国教育史上历来提倡的教学原则,是传统教育的成功经验之一。早在两千多年前,我国著名的教育思想家孔子就主张根据学生的个性与特长有针对性地进行教育。

3."人本主义教育观"

罗杰斯(Rogers)是人本主义教育论的代表人物,他主张将学生视为教育的中心,认为学习是学生个人潜能的充分发展,是人格的发展,是自我的发展。

4.教学最优化理论

"教学最优化理论"是前苏联当代著名的教育家巴班斯基在 20 世纪 70 年代提出的。所谓"教学最优化理论",是指"根据培养目标和具体的教学任务,考虑学生、教师和教学条件的实际,按照教学的规律性和教学原则要求,来制定最好的工作方案,然后灵活机动地实施这个方案,以期用不超过对规定限度的时间和精力,取得对该具体条件来说是最大可能的最佳效果"。

(二)语言学角度

美国著名的应用语言学家克拉申(Stephen D. Krashen)的第二语言习得理论认为,第二语言的习得有两个条件:让习得者获得大量可理解性输入,同时要注重情感因素对输入的过滤,即要提供高于习得者现有语言水平的输入语,又要创造低情感过滤的语言环境。只有满足以上两个条件,学习者的语言系统才处于"非抵御状态",才能将语言的输入假设转化成吸入。克拉申的输入假设理论和情感过滤假设理论为大学英语分级教学提供了有力的理论依据。

(三)心理学角度

1.布卢姆的"掌握学习理论"

美国教育心理学家本杰明·S.布卢姆(BLOOM)提出的"掌握学习理论",认为学生在学习中未能取得优异成绩,主要问题不是学生智慧能力欠缺,而是

由于未得到适当的教学条件和合理的帮助造成的。

2. 维果茨基的"最近发展区理论"

苏联心理学家维果茨基(Vygotsky)的"最近发展区理论"认为：学习个体存在着两种发展水平，一是现有的发展水平，二是潜在的发展水平，即最近发展区。教学只有把"最近发展区"转化为现有的发展水平，并不断创造出更高水平的"最近发展区"，才能促进学生的发展。

3. 加涅的"信息加工理论"

美国当代著名的学习和教学心理学家加涅(R. M. Gagne)认为，学习是个体的一整套内部加工过程。任何一个学习过程都是有层次性的，都是由一个个具体的学习阶段构成的。

三、大学英语分级教学的必要性

众所周知，我国幅员辽阔，各地区教育发展极不平衡，地区差异、城乡差异导致大学生入学时英语水平参差不齐，个体差异显著。

另外，自从全国高校走上了扩招的发展之路，高等教育开始出现由早期的"精英教育"向"大众教育"转变。高校在校生数量急剧增加且呈现多层次性，学校生源分布广，学生入学时的英语水平参差不齐的矛盾更加突出。一些来自发达地区的学生，英语基础相对扎实，可以适应教师用全英文组织的课堂活动，而一些来自农村和偏远地区的学生，中学时从未上过一次听力课，从未用英语讲过一句话，即使一些简单的课堂用语，他们也听不大明白，很难积极有效地融入到课堂教学活动中来，因此，按专业自然班级安排学习的制度已经成了科学安排外语教学的主要障碍。倘若不顾差距，仍然按传统的自然分班，把基础高低悬殊的学生安排在同一班级，采用统一的教材、统一的教法，学习同样的内容，那么就会挫伤优秀学生的学习积极性，同时又会打击困难学生的学习热情。尽管教师精心组织教学，但常常陷入好生"吃不饱"、差生"吃不消"的两难境地，同时也形成"教师白费力，学生不受益"的尴尬教学局面。要想改变目前大学英语教学的这种现状，采用分级教学不愧为是一个突破口，一个好方法。

四、大学英语分级教学的教学模式

(一)科学合理的分级

科学合理的分级是因材施教的前提和保证，新生入学后即进行分级考试，对学生从听、说、读、写、译的能力进行综合考核，然后根据考核结果，参考高考英语分数,把学生分成 A、B、C 三级。

为给所有学生创造平等竞争、平等求学的机会,A、B、C 三个级别不是一成不变,而是进行定期调整,采用"滚动制",以一学期为一个调整阶段,根据每个学期的学生期末考试成绩结果来进行滚动。这种优胜劣汰的制度可让学生具有危机感和"保级"意识,充分调动学生的积极性,增强竞争能力。

(二)分级教学模式的具体方案

对学生进行科学合理的分级之后,下一步就是针对学习者不同的语言能力、认知水平等个体差异施行"因材施教"。下面以《新编大学英语》(第二版)第 1 册第 9 单元 Holidays and special Days 为例,具体说明针对 A、B、C 不同级别的学生如何采取不同的教学方法。

A 级学生英语基础较好,学习兴趣浓厚,学习能力较强,拥有较强的主观能动性和创造性。对于这部分学生,学习过程应以学生为中心,大力提倡自主学习,教师只需适当引导。教学时教师可以完全脱离教材,要求学生课前除看懂课文外,大量搜集有关中西方节日的英语资料,诸如圣诞节、感恩节等节日的由来,人们如何过节,有哪些特别的风俗习惯等。在自我消化吸收的基础上,到课堂上与同学们一起分享自己的成果。大家相互学习,共同提高。通过查询收集资料,学生们不仅扩大了知识面,而且在大量阅读过程中,增加了词汇量。课堂上教师用英语授课,给学生营造动态语言环境,强化培养英语思维能力、应用能力以及口语表达能力,从而向素质教育迈进。

B 级学生英语基础相对不是很扎实,英语水平一般。授课时教师应对课文内容进行较为详尽地讲解,但不必全文翻译成中文,而是采取难句用中文解释,相对简单的句式用英文解释。单词主要讲解一些四级重点词汇,如课文中出现的 commercial、participate 等。教师可提出与课文主题相关的话题让同学们讨论,例如:"你喜欢过春节吗?""中国的春节与西方的圣诞节有哪些异同点?"等等,课堂上教师与学生并重,讲问结合,鼓励学生开口说,积极营造有利于学生参与、实践的机会,充分调动学生的学习积极性,激发学习兴趣。

C 级学生英语基础差,起点低,语法、词汇方面比较欠缺。所以要想提高他们的学习成绩,教师首先要帮助他们树立信心,不让他们觉得英语学习是一种负担,培养学习英语的兴趣。课上教师不仅要对英语词汇表上每个单词都加以解释,说明它们的词义和用法,而且还要让学生进行单词跟读,例如 celebration 单词长,发音中有多个元音,应让学生反复跟读,直到读准为止。课文讲解则需采用翻译教学法,把内容逐字逐句译成中文,以便学生更好地掌握。另外除了书上知识点外,教师还需课上腾出一定时间帮助他们系统复习主要语法知识。通过采取多模仿、多操练等方法,培养学生具有扎实的英语语言基础和初步的英语综合应用能力。

五、结束语

实施大学英语分级教学是英语改革的必然趋势。要搞好分级教学,充分发挥其优越性,还需要在教学过程中不断探索和总结,不断发现问题并加以解决,这样才能使分级教学更加完善,更好地为提高大学英语教学质量发挥巨大作用。

参考文献

[1] Krashen S. D. Second Language Acquisition and Second Language Learning Pergamon,[M] Oxford:Pergamon. 1981.

[2]教育部高校司.大学英语课程教学要求(试行)[Z].北京:高等教育出版社,2004.

[3]庄智象.全国高校"新理念"大学英语教学改革试点方案[M].上海:上海外语教育出版社,2004.

[4]张尧学.关于大学本科公共英语教学改革的再思考[J].中国大学教学,2003(7).

[5]朱黎勇,周建设.分级教学在大学英语教学实践中的应用[J].玉溪师范学院学报,2006(10).

大学一年级新生英语写作中的连接词使用调查

刘　颖

杭州电子科技大学外国语学院

摘　要：中国英语学习者的英语作文常常会缺乏条理或逻辑，原因之一是他们在使用连接词方面困难较大。作者选取了一些大学一年级新生的英语作文作为研究对象，考察了其中连接词的使用情况，并且分析了其中存在的问题。

关键词：连接词；英语写作

A Study on the Use of Transitional Words in English Writing of College Freshmen

Liu Ying

Abstract：The compositions of Chinese English learner often lack coherence or logic. One of the reasons is that they have difficulty in using the transitional words. The author of this paper studies the use of transitional words in English writing of college freshmen, and analyses the problems in some of the students' English writings.

Key words：transitional word；English writing

一、引　言

在英语作文中，连接词是十分重要的，它不仅使句子与句子之间、段落与段落之间的连贯性增强，而且对于整篇文章的语义连贯、保证整个语篇围绕同一主题起着重要作用，使得文章段落层次清晰明了，并给人浑然一体的感觉。因

作者简介：刘颖（1981—），浙江杭州人，硕士，讲师。主要研究方向为英美文学及英语教育。

　　E-mail：sallyly@163.com.

此,连接词的使用是英语写作中应注意的一个关键问题。但是中国学生在英语写作中往往忽视了句子的衔接,不会或不太注意使用连接词,因此导致文章断断续续,缺乏连贯性,或是因为条理不清而使读者感到费解。为了更好地了解这一情况并加以改善,作者选取了一些大学一年级新生的英语作文作为研究对象,考察了其中连接词的使用情况。

二、连接词简介

《美国英语修辞》(*American English Rhetoric*)的作者本德(Bander)曾在该书中高度概括了写作中使用连接词的重要性,认为"有两个技巧比学任何其他的更能增强英语写作技能:其一是使用连接词语;其二是使用从属关系"(Bander,203)。

关于连接词的分类,学术界有很多看法。夸克(Quirk)等人把连接词分为13大类:(1)列举类;(2)强势类;(3)对等类;(4)转折类;(5)总结类;(6)同位类;(7)结果类;(8)推论类;(9)重述类;(10)替换类;(11)对立类;(12)让步类;(13)时间转换类。蔡基刚将连接词分为11类:举例、比较、对照、让步、原因、结果、强调、递进、结论、时间和空间(蔡基刚,1985)。作者结合学生实际使用情况,在本次调查中采用如下分类:(1) 表示增补:and, also, too, furthermore, besides, moreover, in addition, what is more...;(2) 表示因果:because, for, for this reason, because of, since, as a result, thus, therefore, so, consequently, of course, accordingly...;(3) 表示转折或对比:although, however, on the contrary, still, but, otherwise, despite, nevertheless, though, in fact, on the other hand, as a matter of fact....;(4) 表示顺序:first, second, third, after that, meanwhile, then, before, next, formerly, later, finally, in the end, at last...;(5) 表示列举:firstly, secondly, thirdly, for one thing... for another, first of all, to begin with...;(6) 表示举例、解释:for example, for instance, that is, namely, to illustrate...;(7) 表示总结:in short, to sum up, in conclusion, briefly, on the whole, to conclude, to summarize....

三、调查方法

(一)调查对象及目的

本次调查以大学一年级新生的命题作文"Due Attention Should Be Given to Internet Safety"为研究对象。这些学生为杭州电子科技大学 2012 年入学的大学一年级新生,他们来自一个自然班,皆为计算机专业,共计 38 人。作文为议论文,要求 100 字左右。本次调查目的在于了解这个层次的中国英语学习者在英语写作上对连接词的使用情况,从而进行有针对性的英语教学。

(二)调查结果

表 1 连接词的总体使用情况

作文篇数	连接词数	平均每篇连接词数	连接词误用数
38	513	13.5	53

作者从 38 篇作文中找出并收集连接词的使用及误用情况,得出了表 1 的数据,平均每篇作文的连接词数为 13.5,连接词误用数为 53。

表 2 六类连接词使用情况调查表

	连接词总数	连接词种类
增补	181	5
因果	140	2
转折	98	4
顺序	61	4
列举	24	3
举例	7	1
总结	2	2
合计	513	21

从表 2 中可以看出:在增补类的连接词使用中,学生们所选择的种类比较多,有 5 种,分别为:and,also,too,besides,moreover,不过主要集中在 and 这一词,besides,moreover 只分别出现了 1 次。与因果类连接词的种类丰富相比,学生们在其使用上就显得相对贫乏,只用到 because,so,therefore,其中 therefore 只出现了 2 次。转折类连接词的情况要好些,学生们总共使用了 4 种,不过依然是一些简单词:but,though,however,although。也许是接受过"作文模板"的培训,学生在顺序类连接词的使用上十分自如,first,second,third 出现的频率较高,值得一提的是,这一类连接词中的 then 虽然仅被使用了 5 次,误用次数却达到了 3 次,错误率相当高。同样是受到"作文模板"的影响,列举类连接词的使用也比较多,不过仅有 firstly,secondly,thirdly。与因果类连接词类似,学生在举例类连词的使用中缺乏多样性,只用到了 for example。只有两位学生在结论部分使用了总结类连接词,这两个连接词分别是 in a word 和 all in all。

表 3 出现频率最高的连接词

排序	连接词	词次
1	and	152
2	so	97
3	but	63
4	because	41
5	though	35

表 3 显示的是排名前 5 的使用次数最高的连接词,依次为:and,so,but,because,though,都属于初级词汇。其中 and 的使用十分频繁,达到了 152 次,平均每篇 4 次,而紧接其后的 so 出现了 97 次,平均每篇 2.55 次,而且误用次数达到了 11 次。

(三)结果分析

作者在对七类过渡连接词使用情况的分析中发现:学生对增补类连接词的使用最多;对于 and,so 和 but 这三个词的使用有些过于频繁;对因果、举例类连接词的使用缺乏多样性;并且对于总结类连接词的使用非常少。整体而言,学生们对连接词的掌握还停留在初级阶段,所使用的几乎都是中学阶段所学的简单词汇,连接词的误用现象也较为明显。

四、结 论

本次研究显示出大学一年级新生在英语写作过程中能够比较有意识地使用连接词来展示文中的逻辑关系,但在使用时还是存在一些问题,如种类不够丰富,缺乏高级词汇并且存在不少误用情况,这对大学英语写作教学也有一定的启发。

参考文献

［1］Bander,R. G. ,American English Rhetoric ［M］. New York:Holt, Rinehart and Winston Press,1978.

［2］Quirk,R. ,A Comprehensive Grammar of the English Language ［M］. London:Longman,1985.

［3］蔡基刚. 英汉写作对比研究［M］. 上海:复旦大学出版社,2000.

语料库技术在口译逻辑分析能力
训练中的应用

诸葛雯

摘　要：本文探讨了自建小型语料库在口译学员的培训，特别是逻辑分析能力训练中的应用。入库的语料根据篇章类型、难度、长度、语速以及语段中所包含的逻辑信息进行标注。受试组接受逻辑分析训练后将得到著有逻辑标记的录音文本。前试和后试结果表明受试组在口译能力，尤其是逻辑辨识能力上比对照组有显著的提高。

关键词：语料库；口译培训；逻辑分析

Corpus-based Approach to the Training
of Interpreter's Logical Analysis Ability

Zhuge Wen

Abstract：This paper probes into the application of corpus to the interpreter training, especially the cultivation of their capability to do logical analysis, based on a DIY corpus. Over 300 speeches were collected in the corpus with the logical relations between each sense group tagged. These tags will be shown to the experimental group exclusively after their practice every time along with the scripts. Pre middle and post tests will be given to the two groups, whose scores will be analyzed in term of fluency and accuracy. The results support the conclusion that with the help of the corpus, the score of the experimental group increases faster and more sharply than that of the control group.

Keywords：corpus；interpreter training；logical analysis

作者简介：诸葛雯（1981—），浙江衢州人，硕士，讲师。主要研究方向为计算语言学。E-mail：chirs3@163.com.

I INTRODUCTION

Copora have been developing into a new methodology in interpretation studies since late 20th century. A decade after Shlesinger first put forward the idea in 1998 (Shlesinger:1998), studies centered on interpretation corpus have made great progress. Several interpretation corpus have been set up worldwide, such as the Simultaneous Interpretation Database of Nagoya University in Japan, the largest of its kind in the world, the European Parliament Interpreting Corpus in Italy, a multilingual one, and the Chinese-English Conference Interpreting Corpus in China, developed by Shanghai Jiao Tong University (Zhang:2012).

However, compared with corpus developed for other purposes, the number of interpretation corpus is scarce as phoenix. Besides, most studies are centered on simultaneous interpretation. Few paid attention to interpretation training programs, which is also a promising field in corpus-based interpretation study.

Wang (2009), Xie (2004) and Zhao (2007) have demonstrated the technical possibility of constructing such a corpus, and it has been proved that parallel corpus plays a significant role in these training programs (Liu:2011). It offers not only resources like vocabulary and terminology, but also information such as text structure and types of discourse. Besides, it can serve as a platform for an interpreter to learn interpreting strategies used by other professionals, too (Kenny:1998).

Bowker has already specified 2 kinds of corpus which may come in handy in interpreter training programs. The first is Corpus Created by Translators (CCBT), which provides texts both in source language and target language for trainees. He even proposed a tracking CCBT to record the improvement of the trainees' interpretation skills. The second is Corpus Created for Translators (CCFT), which categorized materials for trainees (Bowker:2002). Thus, with its efficiency and convenience, it is possible and necessary to apply corpus to the training of interpreting skills. Because of the limited space, this paper will only focus on the application of corpus to the training of interpreter's logical analysis abilities.

The paper is organized as follows: Section II focuses on the importance of logical analysis in the process of interpretation. In Section III the construction of a DIY interpretation corpus will be presented, and then an experiment as well as its numerical results will be analyzed in Section Ⅳ. Finally, conclusions are summarized in Section Ⅴ.

Ⅱ Logical Analysis in the Process of Interpretitation

Seleskovitch revolutionized the interpretation theory by putting forward the concept of deverbalization during 1960s and 1970s (Seleskovitch:1989). In the process of deverbalization, an interpreter has to perform logical analysis, in that every segment he interprets is interlinked and inseparable from the other segments in the same discourse whose backbone is logic. The comprehension of the discourse depends heavily on the understanding of the theme of the discourse and text structure derived through logic analysis (Sun:2010).

Logical analysis in the process of interpretation embodies in the recognition of cohesion and coherence, which can be realized linguistically by means of reference, substitution, ellipsis, conjunction, reiteration, collocation and so on. Hence, the traditional way to improve a trainee's logical analysis ability is to force him to circle the key points of a speech script and mark the logical linking among these points in the margin within certain time limit (Tang:2012).

Widely-used as it is, this method has its own limitations. On the one hand, without a teacher-led group discussion or a clearly demonstrated reference answer provided by an instructor, it's hard for a beginning trainee to grasp the essence of this exercise. On the other hand, effectiveness of this method calls for a large amount of training materials preprocessed by instructors, which may increase his work load.

This is where a corpus may come in handy. With its abundant tagged resources, trainees can embrace sufficient training materials with clearly marked logical linking, and sharpen their awareness of logical linking.

Ⅲ Construction of a Databse for the Training of Logical Analysis Ability

Interpreting skills are acquired rather than taught, thus, a trainee should do a large amount of drills before he internalizes a certain skill. To achieve this goal, this parallel corpus can be divided into 3 sub-databases, namely, an audio/video database, a script database in Chinese, and a script database in English.

A. Data capture and transcription

A clearly defined purpose of a DIY corpus makes data collection and processing the core in the construction of a corpus. As data capture is determined by the basic structure and application of the corpus, not only the characters of the data, such as the length and discourse type, but also some sociolinguistic factors, like gender, age and education of the speaker, should be taken into consideration when a corpus is constructed (Meryer:2002).

The effectiveness of logical analysis practice firstly calls for authentic speeches in field interpretation. Secondly, among different discourse types, the argumentative is most suitable for our training purpose, because this type of speech is generally logically structured and clearly elaborated in plain words.

Hence, over 300 speeches (about 18 hours with approximately 200,000 words) are included in this corpus, covering economy, trade, education, health, sports and politics. These materials come from 3 major sources, namely, the press conference held by CPC central government, ceremonies and press conference held by the White House, and speeches delivered by UN officials.

The audios/videos are downloaded from the internet together with their scripts in source language and part of those in target language. For those lacking scripts in target language, the corresponding material are typed into the database manually.

B. Alignment and tagging

Audio/video materials are divided into several segments according to their length and the logical links in them. Because the training focus in this phase lies in the drill of logical analysis, alignment in segment level is adequate, given the great difficulty in alignment in sentence level as well as the rough accuracy of Paraconc.

Speeches are tagged according to their format (audio/video), theme, difficulty, speed and length. Logical links between each sentence and segment are also tagged. According to Gillies, there are mainly 8 types of logical links in interpretation: limitation or contradiction following an idea (marked as B), limitation or contradiction preceding both linked ideas (marked as T), effect to

229

语料库技术在口译逻辑分析能力训练中的应用

cause (marked as C), cause to effect (marked as S), purpose (marked as D), condition and consequence (marked as I), examples of preceding idea (marked as E) and addition (marked as P) (Gillies: 2009). The same material appears with the same tagging in the 3 sub-databases.

Thanks to Zhao (Zhao: 2007), the tagging process is greatly simplified. MS Word gives a hand to the coding process. Symbols like B, T, C, S, D, E, I and P are added into auto-text and highlighted. Take the segment "2000 年上半年，T 我国遭遇了一场突如其来的非典疫情冲击，B 我们一手抓防止非典，P 一手抓经济建设，P 及时采取有力扶持政策，S 使一度受到重创的旅游业得到迅速恢复和发展。" for instance, the logic links are explicated thus easy for trainees to practice for themselves. The processed materials are stored in COCOA format.

C. Presentation

At present, there is no special player for an interpretation corpus; therefore, the presentation of the materials as well as the logical links among them depends on the existing corpus search engines and general media players. Paraconc and Storm Player are employed in this research.

Ⅳ EXPERIMENT AND DATA ANALYSIS

In order to explore the efficiency of this corpus in interpreter training programs, an experimental teaching research was carried out in Hangzhou Dianzi University. 30 non-English majors, aged from 20 to 22, with different academic backgrounds are divided into 2 classes, 15 students each. They had the same intensive reading, listening and oral English training, the same English learning environment for two years, and the same teacher for the interpretation course and their score for CET 6 fall into the rang of 550 to 580. Both classes attended intermediate interpreting course. Students in the experimental group were offered the chance to use the corpus while the control group not. The teaching period lasts sixteen weeks, with 2 credit hours a week.

A. Teaching procedures

Logical analysis was introduced to both groups in the 3rd week and a certain type of the 8 logic links was practiced every week from then on. For both groups, the same audio/video materials selected from the corpus were used. The instructor explicated the linking clues to both groups in class and assigned related assignment to them. The only difference lies in the fact that the experimental group was given both the audio/video materials and the marked scripts indicating the linking cues in them while the control group only the materials and their unmarked scripts.

The assignments given to the two groups were selected from the corpus according to the logical links marked in them. For instance, the 5th week focused on the recognition of examples. Expressions indicating this link, like *for example*, *in particular*, *i. e.*, *amongst other things*, were discussed in class. A speech of John Howard, PM of Australia, at the annual conference of the Boao Forum for Asia was practiced and analyzed with both groups with every explicit and implicit indicators to examples elaborated.

15 segments were selected from the corpus. 6 of them represent the 6 most frequently used types of logic indicators to example turned out by search engines, and the other 9 segments without any linguistic indicators. The marked script tells the experimental group the frequency of these indicators as well as the logical links before or after these cited examples. The experimental could also use the corpus to search for other frequently used linguistic indicators to logical links apart from those they discussed in class, if they would like to.

B. In progame and post program tests

Tests were given to these two groups, whose scores will be analyzed in term of fluency and accuracy, before practicing, after practicing 9 weeks and 16 weeks. To ensure the validity and reliability of the results for comparability, the 3 test papers selected were at relatively Parallel level. The materials for these tests were all carefully designed, selected and checked in advance. There are 4 passages in each test paper, 2 in Chinese and 2 in English with a same passage in each part recurring 3 times. The test materials were also carefully selected in terms of style, background information, Passage length and structure, time, even voice to minimize the influence of other factors.

In an attempt to neutralize the effects of prior knowledge on comprehension, texts on topic familiar to all the subjects were used, and the lengths of the passages were about 2 minutes on the average. The tests were also taken in language lab where each student's performance was reordered at the same time. Students got a score for his overall interpreting proficiency and a separate score for his ability to do logical analysis (50% for recognizing explicit logical links and 50% for implicit links).

C. Data Analysis

It can be seen from Table I that the comparison of data from the controlled class and the experimental class before the experiment indicates that the two classes have similar total mean scores of interpreting proficiency: controlled class is 58. 16 and experimental class is 57. 68. There exists no significant difference ($P>0.05$). By comparing the post test mean scores of two classes after experiment, the total mean scores of controlled class is 67. 36 while the experimental class is 74. 23. The Sig. (2-tailed) score is 0. 002 ($P<0.05$). It indicates that there is significant difference in statistics. That is to say, the interpreting proficiency in the experimental class is higher than that in the controlled class, so we can draw a conclusion that the corpus-based approach is more beneficial to improve students' interpreting ability.

Table 1　Means of Interpreting Proficiency for PRE, Middle & Post test

	Name of class	Number of students	Total mean	Sig. (2-tailed)
Pretest	Controlled group	15	58. 16	0. 956
	Experimental group	15	57. 68	
Middle test	Controlled group	15	61. 80	0. 031
	Experimental group	15	65. 46	
Post test	Controlled group	15	67. 36	0. 002
	Experimental group	15	74. 23	

The teachers also scores students' ability to do logical analysis. The following table shows the mean score of it that students get in the pre, middle and post test. From Table II, we can also see the mean comparison of each skill in the pre, middle and post test between Control group and Experimental group. There are no significant difference in the pretest ($P>0.05$) of the 2 skills between the two classes, while In the middle and post test, as indicated in Table II, there are significant differences ($P<0.05$). It shows that students' logical analysis ability especially in identifying implicit linguistic indicators in the Experimental class is improved better than that in the Control class after the experiment.

Table 2   Means Score of Logical Analysis Ability for PRE, Middle & Post test (50 total)

M \ Skills		Identifying explicit links	Identifying implicit links
Pre test	Control group	27. 27	23. 26
	Experimenal group	26. 61	22. 61
	Sig	0. 775	0. 834
Middle test	Control group	29. 99	25. 59
	Experimenal group	33. 21	32. 18
	Sig	0. 032	0. 027
Post test	Control group	31. 60	28. 32
	Experimenal group	41. 94	37. 18
	Sig	0. 009	0. 008

It is clearly demonstrated. that although both groups' ability to identify logical links within a certain speech is improved, students' skills from the experimental group advanced more obviously and sharply than that in the control group. Besides, comparing the scores of the experimental group in the 3 tests and based on the analysis mentioned above, it can be concluded that the experimental group students had made distinctive progress after 16 weeks of experiment. Since the experimental group had been trained with the help of a special corpus, it seems reasonable to say that the experimental groups' progress is the result of the explicitly market script provided in the corpus. That is to say, the application of corpus in interpreting training program is more effective to affect student's interpreting skills, especially logical analysis abilities.

Conclusion

This empirical research set out to investigate the effectiveness of corpus in interpreting training programs. Statistics show that with its abundant resources and marked scripts, corpus is quite useful in interpretation training, especially the trainee's ability to do logical analysis. Once it is well-constructed, the corpus is convenient for both instructors and trainees. For the instructors can select appropriate teaching materials according to their teaching ideologies while trainees can explore the massive practice material by themselves and get familiar with the professional way to deal with source language materials with the help of the tagged scripts.

The findings just provide a reference for interpreting instructors who want to utilize modern science to give lessons to students and for students who hope to improve their interpreting learning skills and learning efficiency. However, this is an explorative experiment study on the influence of corpus on interpretation teaching. To achieve more satisfying results, there is still a long way to go.

Acknowledgment

The work reported in this paper was supported by a grant from Zhejiang Provincial Education Department (Program No. Y201010047)

References

[1] M. Shlesinger, Corpus based Interpreting Studies as an Offshoot of Corpus based Translation Studies, Meta, Vol. 43, No. 4(1998), pp. 486-493.

[2] W. Zhang, Interpreting Corpus and Relevant Researches in the Last Decade: Present Conditions and Oncoming Trends, Journal of Zhejiang University(Humanities and Social Sciences) VOl. 42, No. 2 (2012), pp: 193-204, DOI: 10. 3785/j. issn. 1008—942X. 2011. 06. 041.

[3] M. L. Liu. On the Theoretical Model of Computer Assisted Interpreter Self-Training, CALFE, No. 141, spet. (2011). pp: 38-42.

[4] D. Kenny, " Corpora in Translation Studies," in M. Baker (ed.), Routledge Encyclopedia of Translation Studies, London & New York: Routledge, 1998, pp. 50-53.

[5] L. Bowker, Computer Aided Translation Technology: A Practical Introduction, Ottawa: University of Ottawa Press, 2002.

[6] D. Seleskovitc, M. Lederer, A Systematic Approach to Teaching Interpretation, Luxburge: Office for Official Publicatiom of the European Communities, 1989.

[7] X. Sun. Logical Analysis in Comprehension: Decoding Note-taking in Consecutive Interpreting, Journal of Changchun Normal University (Humanities and Social Sciences), vol. 29, No. 1(2010), pp: 106-109.

[8] J. Tang. On the logical analysis and logical anaylsis training in interoreting, Theory and Practice of Contemporary Education, vol 4, No. 1 (2012), pp: 168-169.

[9] Meyer. C. F. English Corpus Linguistics: An Introduction [M], Cambridge: CuP, 2002.

[10] A. Gillies, Note-taking for consecutive interpreting: a short course. Shanghai: Shanghai Foreign Language Education Press. 2009.

[11] H. Z. Zhao. The DIY of a small scaled translation corpus, Chinese science and techonoly translators' journal, Vol. 20, No. 2 (2007), pp: 31-35.

[12] B. Wang, L. Ye. Corpus-based interpreting teaching system: theory and practice. Goreign language world. No. 2 (2009), pp: 23-32.

[13] J. C. Xie. Construction and application of a small english and Chinese parallel corpus. Journal of PLA university of languages. Vol. 27, No. 3 (2004). pp: 45-48.

语料库技术在口译逻辑分析能力训练中的应用

英语影视作品在二语词汇网络形成中的应用

周益飞

杭州电子科技大学外国语学院

摘　要：二语习得者的词汇的深度知识与产出性知识的缺乏是二语习得过程中普遍存在的问题。这一问题严重影响了二语习得者的学习成效，也越来越被外语教育者和语言研究者们所重视。为使二语习得者的二语水平达到或接近其母语水平，在针对词汇这一语言基础的研究中，使二语习得者建立一个与母语词汇网络类似的二语词汇网络是研究者们最终的目标。笔者针对当代中国高校学生的英语词汇学习状况，调查了现阶段中国高校学生的英语词汇网络的形成中存在的问题，并研究和设想了利用影视作品赏析的方式来帮助二语习得者形成与其母语心理词库相类似的二语词汇网络，从而提高中国高校二语习得者的词汇深度知识与产出性知识。

关键词：二语词汇网络；母语心理词库组织模型；语汇联想；英语影视作品

Use of English Movies and TV series in Setting up a Psychological Framework of Second Language Vocabulary

Zhou Yifei

Abstract：The vocabulary depth and productivity of second language learners are the key factors that affect the outcomes of second language learning and are increasingly emphasized by language teachers as well as linguists. In terms of lexicology, the purpose of language learners is to build up a psychological framework of second language vocabulary which is similar to that of mother tongue. In the case of Chinese college students' English vocabulary learning, the author brings up the problems existing in it and poses a possible solution of using English movies and TV series in the English teaching so as to help second language learners form their psychological framework of second language vocabulary.

作者简介：周益飞（1981—），浙江缙云人，硕士，讲师。主要研究方向为外国语言学及应用语言学。

E-mail：zhouyifei@hdu.edu.cn.

Key words：psychological framework of second language vocabulary；psychological vocabulary models of mother tongue；word associating；English movies and TV series

一、引　言

众所周知,二语习得的最大问题在于学习者不管二语水平多高,都似乎难以达到其母语水平。使学习者的二语水平达到或接近母语水平,几乎是所有外语教育者和语言研究者的主要目的。作为语言基础的词汇,自然也是语言研究中的一个重点。以英语为外语的中国学生为例,很多学生能够阅读并理解大学英语四级水平的文章,但当他们自己写文章时,所使用的词汇量相当有限,甚至不少学生在文章中只能使用相当于一位初中生的词汇量。也就是说,很多学生都具有较高的词汇接受性知识,具有较大的词汇宽度,即学生的接受性词汇量较大,而学生们能够熟练运用的词汇却大大少于他们所具备的接受性词汇量,也就是说,他们的词汇深度知识与产出性知识不够。可见,以英语当外语来学习的人,在接受性词汇宽度上,完全有可能达到以英语为母语的人的水平;而词汇的深度知识与产出性知识才是两者的差距所在。为使学习者的二语词汇能力接近或达到母语词汇能力,那么对母语心理词库组织的研究是至关重要的。

二、二语词汇网络的形成

(一)母语心里词库模型

根据语言使用者词汇提取中的各种表现,心理词库研究者们认为,母语的心理词库在大脑中的组织结构是一个类似于神经网络的表示各种关系的网络,相关的词在大脑中可能是被存放在一起的(董燕萍,2005)。这种网络也就是词汇网络。每个人大脑中的词汇或是一个词的多个词义都不是一个个独立存在的,人们在大脑中搜寻所需词汇时,并不像在字典里那样一条条地查。人脑中的词汇是通过语义、语法、语音、文化、常识等各种因素相互联系在一起,从而形成一张看似错综复杂的大网。人们自然也是通过这些相关的联想来找出自己所需的词。

Collins 和 Loftus 在 1975 年提出的心理词库激活扩散模型(如图 1 所示),就像是一张相互连接着的网,网中的节点代表词的概念。该模型认为,词汇的提取是通过不断扩散的激活来进行的。Bock 和 Levelt 在 1994 年对该模型进行了补充,将人们的词汇知识分为三个层次:概念层、词目层(lemma)和词位层(lexeme)。词目层是词汇的句法知识,而词位层是词汇的语音方面知识。这样，Bock & Levelt (1994)的激活扩散模型通过词汇的概念、语法、语音各方面之间的联系，形成一个包含了频率、语义、语法、语音各个因素的更为完整更为立体的词汇网络。

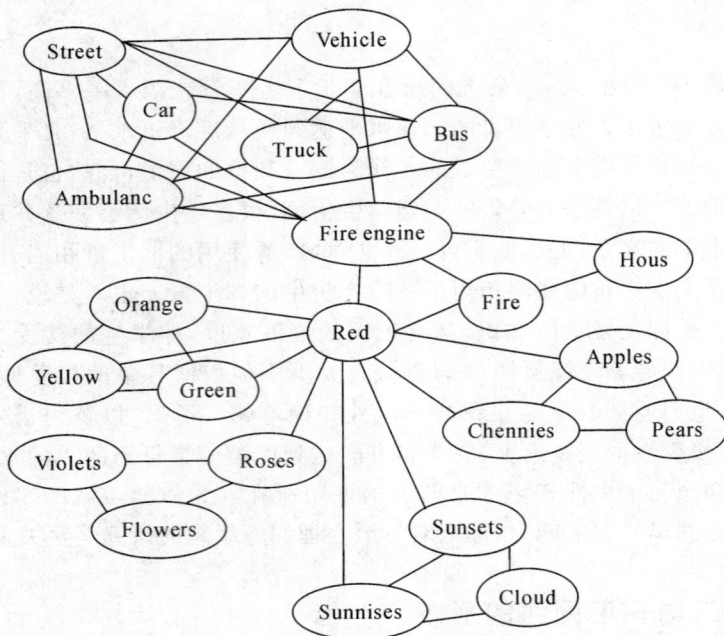

图 1　Collins & Loftus (1975)的激活扩散模型

（二）现在普通高校学生的二语（英语）词汇网络

以"red"一词为例，笔者对一所普通本科院校的两个理工科班级的 70 名学生作了一个小型的联想测验。学生在三分钟内写出由"red"而联想到的英语单词。结果，有 24 名学生写出"flag"一词；11 名学生联想到了"China"；3 名学生联想到"Communist Party"；还有 2 名学生联想到"red army"。这些联想全是受到中国文化的影响，这些都是"红色"在中国所代表的一些精神思想。另外，在这个测验中，还有约 20％的学生由"red"联想到了"marriage""wedding""love"，这也主要是由中国传统婚礼文化所联想到的。其次，有近 12.4％的学生联想到了"Huston Rockets"和"Yao Ming"。可见，对中国著名球员姚明的崇拜也使得姚明所穿的红色球衣在学生脑海中深深印下。再者，也有不少学生由"red"联想到了"New Year"，"Spring Festival"，"money"等这些由中国文化中的"红"所代表的思想而联想出来的英文词。从这个"red"联想测验中，不难看出，这些学生的英文联想中，还是先将"red"转变为母语（中文），然后利用自己生活中的和熟知的文化(中国文化)来理解和联想该词,再将联想到的内容转换成二语(英文)。

　　虽然这只是对一个大学的 70 名学生做的小测验,但事实上,几乎所有的二语教育工作都明白这个测验能代表大部分中国非英语专业大学生的英语学习状况:(1)缺少英语文化的输入;(2)中文思维。这样,学生的英语词汇网络很大程度上都是在中文文化基础上建立的。

　　由于各个国家文化差异,二语学习者从小生活的环境以及所受的文化熏陶与其所学的二语的文化环境不同。对同一个词,不同文化环境中的人通常会联想出不同的相关词。因此,二语学习者在对二语词进行文化联想时,就会不可避免地产生母语迁移现象。这也说明了文化知识在外语教学中的重要性。

(三)二语词汇网络的形成

　　如果二语学习者能够建立一个像母语一样的心理词汇网络,才有可能使二语达到母语一样的水平。

　　那么如何形成这样一个完整立体的二语词汇网络,是词汇教学中要研究的重点之一。根据母语心理词汇网络的特征,在形成二语词汇网络的过程中,应加强以下几点:

　　首先,适当加强生词的直接学习。一个生词的语义、语音、句法之间的联系,要通过适当的直接学习来建立一个生词的概念层、词目层、词位层这三个层次的小网络。单个词的概念网络可以通过对该词的直接学习而建立。这在外语教学中,生词直接学习早已是一个非常成熟的教学方法。

　　再者,词与词的各个小网络,通过词义、词法、语音、文化,常识等方面的联系,可以交织在一起形成一个更大的词汇网络。因此,在词汇教学中,应该让学生多做生词的相关联想练习,包括语义联想、语法联想、语音联想、文化联想等。在学习一个生词时,从该词的各个意思,联想出其同义词、近义词、反义词等;从语法搭配方面,联想出与生词具有相似或相同的搭配用法的其他词;从词缀方面联想出与其有相同词缀的词,或是去掉或加上词缀后的新词;从语音方面去联想与该词近音或同音词;从文化或常识上联想与之相关的词,一个词的文化与常识经常在词的语义或用法中体现出来,因此进行文化联想,能够帮助二语学习者更轻松快速地掌握词义。

　　这些方面的联想当中,正如上述笔者所做的词汇联想小测验中所示,基于文化背景的常识联想是二语学习者的难点。因此,笔者设想在词汇教学的过程中引入英语影视作品,引导学生以二语文化背景为基础进行词汇联想,使其逐渐形成一个在二语环境中可用的概念网络。

三、英语影视作品的应用

要让学生形成一个像母语一样的二语词汇网络,对二语背景文化的教学至关重要。教师应该在二语教学中加强二语文化知识的灌输。而原汁原味的英语影视作品,正是学生了解英语文化背景的最好途径。

(一)提高英语词汇学习兴趣

美国教育心理学家布鲁纳认为,教学不应该是讲解式的,学生不是被动的知识接受者,而是积极的知识加工者,教师的角色是创设可让学生自己学习的情境,而不是提供预先准备齐全的知识。教学中,教师应当引导学生依靠自己的力量去揭示自己未知的事物。布鲁纳强调,通过学生自己的探究,不断激起求知的欲望,引起学生对学习本身的兴趣,这是学习成功与否的关键。因此,最好的学习动机,莫过于对所学材料本身具有内在的兴趣。对于二语文化背景知识的学习了解,当然也不例外。

影视作品是一种覆盖面极为广泛的广播媒体,同时兼有跨语言、跨文化、跨社会多重交际功能(宋霞,2011)。影视作品本身就是现在年轻人的一种娱乐媒介,广受学生的喜爱。将影视作品作为学习材料,自然也能有效地激发学生的学习兴趣。同时,影视作品的题材类型极为广泛,更能满足不同学生的口味爱好。从心理学角度看,"影视作品图文声情并茂,能全面刺激学生的多个感官系统,增强记忆,激发学生的学习热情,提高学习兴趣,激发学习动机"(宋霞,2011)。

(二)词内网络的形成

影视作品当中的词汇,与真实语境中的词汇使用是一致的。在对单词的直接学习过程中引入影视作品,可以让学生从影视作品立体地体验到该词的实际使用方法,包括发音、词组搭配、实际含义、使用场合等等。从而加强学生对单词的语义、语音、句法之间的联系,使其更好地建立单个单词的概念层、词目层、词位层这三个层次的小网络。

在对单词的直接学习中,教师可截取不同影视作品出现该词的影视片段。一段一段地展示给学生。首先,让学生自己去体会影视作品中出现的生词的语音、语义,及其使用的句法知识。然后,教师可以通过小组讨论和教师总结等方式完成单词的直接学习。

引入影视作品后,能够使得原本枯燥无味的单词学习变得更为轻松有趣。学生也能够通过图文声情并茂的影视片段,立体地体会并了解那些原本极为抽象的词汇语法知识,从而轻松建立每个词的词内网络。同时,在声音、画面和模拟真实情境的辅助下,学生更容易掌握该二语词汇的深度知识,从而为掌握该二语词汇的产出性知识打下基础。

(三)词间网络的形成

直接源于英语为母语的国家的影视作品,是真实英语文化的载体,可以让学生直观地面对多方面的文化内容,更综合更高效地了解英语文化背景。从而逐步形成以英语文化背景为基础的思维方式,并能够在词汇学习过程中,以此为基础来进行词汇联想。

影视作品题材的多样性,让教师能够找到各类英语文化知识来展示给学生。让学生直观地面对各方面的英语文化内容,包括历史发展、人类情感、社会状况、音乐艺术、城市风光、地理面貌、经典事件、常用典故、著名人物等等。同时,在影视故事情节的辅助下,学生还可以逐步体会到英语为母语者的思维方式与模式,从而使学生自己逐步形成以英语文化背景为基础的思维方式。

通过对英语文化的了解,形成以英语文化为基础的思维方式,学生才能将此为基础对词汇进行联想,并逐步形成像母语心理库一样的强大、完整,且复杂交错的二语词汇网络,从而有效地提高二语词汇的产出性知识。

四、结束语

在词汇学习中,引入直接源于英语为母语国家的英语影视作品,二语习得者可以有意识地建立以二语文化常识为背景基础的词汇网络,从而有效地加深二语词汇深度知识,有利于二语习得者的阅读理解能力,进而增加产出性词汇,提高学生说与写的技能。

可见,建立一个二语词汇网络,尤其是一个与母语一样的二语词汇网络,在二语习得过程中是至关重要的。而合理利用影视作品资源,有助于学生形成一个系统的二语词汇网络。

参考文献

[1] Collins & Loftus. "A Spreading Activation Theory of Semantic Memory"[J]. Psychological Review, 1975; 82, 407-428.

[2] Bock, J. K., & Griffin, Z. M. "Producing Words: How Mind Meets Mouth"[J]. In L. Wheeldon (Ed.), Aspects of anguage production. Hove, London: Psychology Press. 2000.

[3] Bock, J. K. , & Levelt, W. J. M. "Language Production: Grammatical Encoding" [J]. In M. A. Gernsbacher (Ed.), Handbook of psycholinguistics. Orlando, FL: Academic Press, 1994.

[4] Meyer, A. S. , & Bock, J. K. "The Tip-of-the-tongue Phenomenon: Blocking or Partial Activation?"[J]. Memory & Cognition, 1992:20, 715-726.

[5] Griffin, Z. M. , & Bock, J. K. "Constraint, Word Frequency, and the Relationship Between Lexical Processing Levels in Spoken Word Production" [J]. Journal of Memory and Language, 1998:38, 313-338.

[6] 董燕萍. 心理语言学与外语教学[M]. 北京:外语教学与研究出版社, 2005.

[7] 方亦斌, 曹依群, 李强. 即时通讯软件辅助外科学教学的应用[J]. 医学教育探索, 2010, 9(6):781－783.

[8] 宋霞. 英语影视作品对网络环境下英语听力自主学习的有效性探究[J]. 武汉职业技术学院学报, 2011(53):60－62.

[9] 章柏成. 注意机制与二语词汇习得[J]. 重庆交通大学学报(社会科学版), 2007, 7(2).

[10] 周卫京. 基于学习任务的二语词汇习得研究[M]. 北京:对外经济贸易大学出版社, 1997.

非英语专业大学生英语语音意识的培养与教学策略

许颖欣

杭州电子科技大学外国语学院

摘　要：语音是英语教学中的一个重要环节。目前,很多高校都为英语专业的大学生开设了语音课程,然而在大学英语课程中,却往往忽略了非英语专业学生的语音教学。本文分析了学生英语语音问题的成因,指出应重视培养非英语专业学生的英语语音意识,并就如何改变这一现状提出自己的看法和建议。

关键词：大学英语；英语语音意识；语音教学

Cultivation of Awareness of English Phonetics for Non-English Majors and its Teaching Strategy

Xu Yingxin

Abstract：Phonetics is one of the crucial elements in English teaching. The course of phonetics is nowadays offered to English majors, but the teaching of phonetics is usually neglected for non-English majors at many colleges and universities in China. This paper, on the basis of analysis of causes involved with the issue, argues that students' awareness of English sounds for non-English majors should be cultivated and taken into great consideration, and presents my ideas and suggestions of how to change the current status.

Key words：college English；awareness of English phonetics；phonetic teaching

一、引　言

语音是语言的外在表现,能讲一口地道的英语,无疑有利于拓宽学生的英

作者简介：许颖欣(1981—),河南商丘人,硕士,讲师。主要研究方向为外国语言学及应用语言系。
E-mail：185868093@qq.com.

语视野，也为学生从事跨语言、跨文化的交际活动打下良好的基础。因此，语音教学是外语教学中一个重要的环节，它会直接影响到学生其他英语技能的发展。关于语音问题，早期的语音学家及语言教师达成了四点共识：(1)语音是语言的一个重要组成部分；教授语言首先应该教授学习者语音；(2)英语语音研究应该与语言教学相结合，其研究结果也应用于教学实践；(3)语言教师必须受过比较严格的语音训练，以保持英语语音的规范；(4)语言学习者应受到相应的语音训练，以便形成良好的语言习惯(Howatt，1984：2)。

目前，英语专业大学生的语音教学已经得到重视，很多高校为英语专业本科生和研究生开设了语音类的课程，为学生提供了不少英语发音方面的指导。然而，在为非英语专业学生开设的大学英语课程中，语音教学却往往居于次要位置，甚至被完全忽略。其结果，虽然很多学生的英语读写能力达到了大学英语六级考试的水平，但在英语交际中经常出现各种问题，比如缺乏信心、重音意识缺失、尾辅音过重、双元音口腔滑动不明显等等。很多大学生深受"哑巴英语"、"聋子英语"的困扰，情况令人担忧。针对这一现状，本文详细分析了学生英语语音问题的成因，指出应重视培养非英语专业学生的英语语音意识，并就如何改善这一现状提出自己的看法和建议。

二、非英语专业大学生语音问题的原因分析

通过分析，我们认为主要原因包括以下几个方面。

(一)母语发音对英语语音的负迁移

"迁移"在心理学领域指的是"人们已经掌握的知识在新的学习环境中发挥作用的心理过程"(蒋祖康，1999：19)。在第二语言或外语学习中，"迁移"经常用来表示学习者的母语习得经验和已经掌握的知识对第二语言或外语的学习所产生的影响。产生积极影响的称为"正迁移"(positive transfer)，产生消极影响或干扰的称为"负迁移"(negative transfer)。行为主义的语言理论中也提出，第二语言习得(SLA)中最大的障碍是以前的语言习惯(即母语)对第二语言(L2)造成的干扰。以往的语音学研究和语音实践告诉我们，任何人在学习一种外语的语音系统时都会受到母语语音迁移、尤其是负迁移的影响，国内学生往往不由自主地把汉语中的语音知识与英语中的语音知识相联系。

说到母语对英语的负迁移，就会涉及英汉语节奏间的差异。Halliday(2000：293)认为，广义来说，世界上的语言节奏大体分为两类，一类是音节节奏(syllable-rhythm)，又称音节记时(syllable-timing)；另一类是重音节奏(stress-rhythm)，又称重音记时(stresstiming)或音步记时(foot-timing)。西方多数学

者将英语视为重音计时语言,将汉语视为音节计时语言。国内学术界对汉语的节奏定位也有探讨,大多数学者赞同后者。许曦明(2008:250)从语言连续体的视角进行分析,认为英语节奏更趋向重音计时一端,而汉语节奏更趋向音节计时一端。中国学生适应了汉语的音节计时和四声调的格局,读英语时拿不准重音位置,容易在所有音节上用力均等。其结果,重读音节的音高不够高、音长也不够长,元音音质也不够突显,而轻读音节又显得过于清晰,这样就破坏了英语节奏的本体特征。譬如误将'exersise 读成'exer'cise,将'occupy 读成'occu'py,将'gratitude读成'grati'tude。

汉语对英语语言的负迁移还体现在音位上。举个例子,英语中有齿龈音[s]和[z],也有齿间音[θ]和[ð],两者发音音位不同,有着明显的区别。汉语中有[s]和[z],却没有齿间音[θ]和[ð],如果中学阶段的英语教师没有给学生讲解过其中的区别和正确的发音方法,就极易导致学生混淆[s]和[θ]与[z]和[ð]之间的音位差异。[θ]和[ð]在英语中使用非常频繁,如果把[θ]发成[s],[ð]发成[z],就很难讲出地道的英语。例如,think[θiŋk]就成了[siŋk],birthday['bə:θdei]就成了['bə:sdei]。

在习得英语的过程中,学生必须最大限度地减少母语语言习惯的干扰,形成新的语言习惯,这是一个漫长的过程。

(二)汉语方言对英语语音的负迁移

汉语方言俗称地方话,只通行于一定的地域,是汉民族语言的地域性变体。汉语方言的内部发展规律服从于全民族共同语,同时又具有不同于其他方言的特征,在语音、词汇、语法方面都有自己的特点。我国幅员辽阔,按照现代通俗的分法,现代汉语方言可分为七大方言区,即北方方言、吴方言、湘方言、赣方言、客家方言、粤方言、闽方言(王宏军,2007)。同时,在复杂的方言区内,有的还可以再分列为若干个方言片(又成为次方言),甚至再分为"方言小片"。

许多中国学生成长在不同的方言环境中,受其影响,普通话或多或少都会带有地方音,英语发音时更容易受到方言的负面影响,或出现误读,或难以驾驭某些元音或辅音,或带有浓重的地方口语。以吴方言(分布于浙江、江苏、上海、安徽、江西、福建,使用人数一亿左右)为例。很多吴方言区的人讲起普通话来往往用平舌音 l 取代卷舌音 r,因此,许多吴方言区的学生发英语[r]的时候感觉很困难,常常把[r]读成[l],比如将 right[rait]读成[lait]。姜玉宇(2010)的声学分析结果显示,"吴地区学生发前元音[i]、[ɛ]的舌位比美国本族语者靠前,发后元音[ɑ]、[ɔ]、[u]的舌位较本族语者靠上、靠后"。另外,吴方言区的人讲汉语时容易混淆 f 和 v 的发音,因此英语中容易出现如下问题,如将 very[veri]发成[weri],movement['mu:vmənt]发成['mu:wmənt]。鉴于方言对英语语音的负迁移,教师在语音教学中应该采取更有针对性的策略,向学生耐心讲解方言和英语音位之间的差别,并给出正确的读音示范。

(三)英语语音教学在中小学阶段没有得到足够重视

我国高考考生众多,考生面临着很大的竞争压力。为了让自己学校的学生在高考中取得更高的英语分数,很多学校把英语教学的重点放在语法、词汇、阅读、写作上,而忽视了英语语音的教学。因此,很多学生虽然高考英语成绩很高,但到了大学以后依然面临着"哑巴英语"的尴尬局面,英语交际出现问题。在我校非英语专业大一学生的一次口语考试中,还有相当一部分学生对英语音标的掌握不够准确,读单词和课文时也出现了很多问题。

(四)以通过全国英语四、六级考试为主要目标的大学英语教学

和中学英语教学相比,大学英语教育更加注重培养学生听、说、读、写、译多方面的英语能力,因此最近几年,非英语专业毕业生的英语综合素质有了显著提高。然而,全国英语四、六级考试的导向作用同样是不可小视的。教师的一个重要教学任务和目标就是帮助学生通过英语四、六级考试,同时,各高校之间也会相互比较大学英语四级、六级的通过率。对于学生而言,他们也希望取得理想的四、六级分数,因为该成绩是很多单位招聘人才时一个重要的衡量标准。此外,在很多高校里,非英语专业学生每周只有两次英语课,每两周(共四次英语课,其中包括一次听力课)学习一个单元。多数老师在教学中会安排口语活动,可是受到学时的限制,也难以把语音教学放在重要的位置。

(五)模仿环节没有得到充分重视

模仿是英语语音习得中一个非常重要的阶段,却是很多学生和教师忽略了的过程。很多学生也会花很多时间在英语朗读上,这样确实可以提高他们读英语的流利程度。然而,如果他们对所读语料中有些词汇的发音把握不准确,重复的朗读必将强化上述的语音错误,结果必然会适得其反。学生应在朗读一段英语材料前,先认真听一下配套的音频材料,模仿英美本土人地道的语音语调,如发现自己发音有出入就及时纠正,不失为一种有效的英语语音习得方法。

(六)有些英语教师的英语发音尚有问题

显然,英语教师的语音语调会潜移默化地影响到学生。然而国内有些教师自己的英语发音可能还有不足,学生在听老师的英语发音时感受不到语言的美感,学习兴趣也会受到影响。这一现象在一些中小学教师身上更为普遍,尤其是在一些偏远地区,更是缺少语音好的英语教师。有些学生,高考英语成绩高

达 130 分,发音上却存在严重的问题。这些学生的语音纠正起来比较困难,需要持之以恒的模仿和练习,教师也需要有充足的耐心。

三、语音教学策略的研究

为了改善以上状况,我们提出几点建议:

(1)可在中考和高考中适当增加英语听力的分值比例。罗立胜和张莱湘(2002)提出,"良好的语音训练应该在小学或者中学期间形成。加入英语听力后,教师及学生会重视语音的教学与实践"。

(2)教师在大学英语教学中应重视对学生的语音教学,如有可能应向学生讲解英汉语语音的差别。在课堂上应多提问学生朗读单词和课文,并及时纠正学生发音上的问题。口语成绩应在形成性考核中占据一定的比例,以督促学生在课余时间自觉练习他们的口语。

(3)组织饶有趣味的英语口语活动,营造轻松的课堂氛围,尽量选取学生感兴趣的口语素材,从而充分调动学生用英语交流的兴趣和信心。此外,融洽的师生关系也有助于提高学生参与口语活动的积极性。因此教师在口语教学时需采取有趣多样的方式,同时,开展各种课堂和课外的活动如英语朗读比赛、英语配音竞赛、英语话剧或电影模仿秀等来提高学生的语音练习的趣味性。

(4)英语教师的语音语调会在无形中影响到学生,教授大学英语的教师也需要随时注意自己的英语发音。如果发现自己发音上的问题应及时纠正,发音如果不确定应及时查阅词典或电子辞典,不断完善之际的知识结构。教师也可以在课堂上让学生多听英美原版材料,从而体会地道的英语语音语调。

(5)教师应注意保护学生的自信心,教学中应多使用鼓励和表扬的课堂话语。很多学生不善于用英语表达自己,一发言就脸红。可越是不讲,口语反而愈加退化。教师在设计口语活动时应本着循序渐进的原则,难度上由简单逐步加深。应鼓励学生经常去英语角和外教交流,或积极参加其他形式的英语活动或竞赛。

(6)建议学生课后多看多听地道的英语材料,比如听英语新闻(如 VOA、BBC、CNN)、看英语电影电视剧(如 *Modern Family*、*Grey's Anatomy*)或英美娱乐节目(如 *American Idol*,*Britain's Got Talent*),以培养学生对英语学习的兴趣,同时他们也可感受到纯正的英语语音。现在网络上英语视频资料很多,学生有很大的选择空间。教师在课堂上也可选取和所学单元内容相关的原版素材进行听力等技能的练习。

英美原版节目能营造出一种轻松且亲切的语境,对学生英语的语音语调有着潜移默化的影响,也会提高学生模仿的兴趣。龙千红(2003)曾指出,电影是语言教学特别是听说教学的有效手段。在她的调查中，"100％的学生欢迎电影教学，表示他们对电影教学有兴趣。但学生对电影的兴趣不尽相同，其中 80％的学生对电影的故事情节特别感兴趣，对语言学习的兴趣次之。另外 20％的学生既对电影的内容感兴趣，又对语言感兴趣"。

四、结　语

英语教学的目的是培养能够用英语进行口语交际的人才，语音教学显然是不容忽视的。2004 年教育部高教司颁布的《大学英语课程教学要求（试行）》中，对学生提出"一般"、"较高"和"更高""三个层次的英语能力"要求，并强调要"特别重视听说能力的培养和训练"。目前很多非英语专业学生的英语发音尚存在很多问题。为了帮助学生形成比较地道的英语语音语调，帮助他们树立英语交际的信心，迫切需要教师和学生的共同努力，其中教师的职责任重而道远。

参考文献

[1] Halliday，M. A. K. An Introduction to Functional Grammar[M]. Beijing: Foreign Language Teaching and Research Press & Edward Arnold，2000.

[2] Howatt，A. P. R. A History of English Language Teaching[M]. Oxford：Oxford University Press，1984.

[3] 姜玉宇. 闽、吴方言区英语学习者元音声学实验研究[J]. 外语研究，2010(4)：36－40.

[4] 蒋祖康. 第二语言习得研究[M]. 北京：外语教学与研究出版社，1999.

[5] 龙千红. 电影与英语听说教学[J]. 外语电化教学，2003(3)：106－111.

[6] 罗立胜，张莱湘. 英语语音教学的回顾及对英语语音教学的几点建议[J]. 外语与外语教学，2002(10)：21－23.

[7] 王宏军. 吴方言对英语语音产生负迁移影响的变量论析[J]. 嘉兴学院学报，2007(5)：81－86.

[8] 许曦明. 英语重音动态研究[M]. 上海：上海交通大学出版社，2008.

计算机网络环境下外语课堂合理生态位的构建

钟玉琴

杭州电子科技大学外国语学院

摘　要：生态学重视个体的差别性、生命的多样性，以促进生命的和谐共生。生态位(Niche)是生态学上的一个重要术语，是生态群内部和外部关系的基础。本文立足于计算机网络环境下外语课堂的现实，从生态位视角探讨基于计算机网络环境的合理生态位的实现，对培养学生生态型的学习观和教师生态化的教学有很大的借鉴意义。

关键词：生态位；计算机网络环境；外语课堂

The Construction of Proper Niches in Cyber-based Foreign Language Classes

Zhong Yuqin

Abstract： The ecology attaches great importance to individual differences and diversities so as to promote its coexistence within a system. Niche, an influential term in ecology, offers a solid foundation for the internal and external relations within the ecological system. This paper, from the ecological perspective, makes an attempt to explore the ways of approaching proper niches in foreign language classes under the cyber-based environment. It is intended that the study can be of some significance to the cultivation of students' ecological learning and teachers' ecological teaching.

Key words： Niche; cyber-based environment; foreign language class

一、生态位

(一)生态位的应用领域

"生态"一词最初见于生态学，是指一定地域(或空间)内生存的所有动植物

基金项目：杭州电子科技大学 2012 年度高教研究立项课题(项目编号 YB1229)

作者简介：钟玉琴，浙江杭州人，讲师，从事外语实验教学，语言学研究。E-mail：wybgrace@163.com.

之间、动物与其所处环境之间的相互关系,它强调系统中各因子之间的相互联系、相互作用以及功能上的统一,含有系统、整体、联系、和谐、共生和动态平衡之意。生态位是生态学中的一个重要概念。生态位(niche)抽象,而又富有内涵。生态位揭示的是生态个体、种群和物种生存与竞争的普遍规律。

自 20 世纪 80 年代以来,生态位已经开始被引入社会科学研究的各个领域,逐渐成为研究社会各系统中不可或缺的一个分析工具。诸多的生态学研究领域如教育生态位、产业生态位、发展生态位、城市生态位、企业家生态位、企业生态位等都不可避免地受到生态位理论的渗透。基于生态位理论的跨学科指导意义,本文试图探析计算机网络环境下外语课堂生态系统中各生态因子合理生态位的构建,以期对当前的网络化外语教学与学习提供几点启示。

(二)生态位概念的界定

国外学者 Grinnell(1919)是最早使用生态位这一术语,他把生态位界定为生物在群落中所处的位置和所发挥的结构、功能作用。可以说,Grinnell 强调的是生态位的空间概念或者理解为空间生态位(space niche)。Gaulse(1934)把生态位与物种间的竞争联系起来,提出排斥原则。1957 年,生态学家 C. E. Hutchinson(哈钦森)利用数学上的点集理论,把生态位看成是一个生物单位(个体、种群或物种)生存条件的总集合体,认为一个物种的潜在生态位在某一特定时期很难被完全占有。奥德姆(Odum,1983)把生态位定义为一个生物在群落和生态系统的位置和状况,而这种位置和状况则决定于该生物的形态适应、生理反应和特有的行为。R. H. Whittaker(1975)认为,生态位是指每个物种在群落中的时间、空间位置及其机能关系,或者说群落内一个物种与其他物种的相对位置。这个定义既考虑到了生态位的时空结构和功能关联,也包含了生态位的相对性。怀塔克的生态位观点是目前学界被广为接受的一种概念。

近年来,国内的许多学者也逐渐将生态位理论的应用到基于计算机网络的教育领域。自 20 世纪 80 年代初以来,国内学者在对生态位的界定上也形成了自己的解读和诠释。王刚等(1984)给出了生态位的一个广义定义:一个种的生态位是表征环境属性特征的向量集到表征种的属性特征的数集上的映射关系。王凯(2010:83)认为教师生态位是教师在一定条件下或活动环境中发展、成长的状态,教师发展表现为教师个体或群体生态位的拓展。马世俊等(1990)提出了"扩展的生态位理论",他们认为前面所提出生态位定义大多只将物种作为生态位的利用者或占有者,只考虑了环境因子和只谈生态位的实际利用性,故他们将生态位定义扩展为实际生态位、潜在生态位和非存在生态位。朱春全(1997)在提出生态位的态势理论与扩充假说时,认为从个体到生物圈,无论是自然还是社会中的生物单元都具有态和势两个方面的属性,态是指生物单元的状态,势是指生物单元对环境的现实影响力或支配力。陈坚林(2010)认为,生态位是指每个生物单位在生态系统中生存的时空位置。从生态学视角来看,教学要素能够在生存竞争的生态系统中拥有一个最能适合其生存的时空位置时,那就说明它有合适的动态生态位,就能与环境达成和谐。

二、计算机网络背景下外语课堂的生态失衡

当前,网络技术的飞速发展给教育带来了革命性的影响,通过这些新技术,人们不但可以平等地共享学习资源,而且还可以克服时空的障碍,真正做到"活到老,学到老"(顾曰国,2005:8)。《国家中长期教育改革和发展规划纲要(2010—2020年)》第十九章"加快教育信息化进程"中写道:"强化信息技术应用。提高教师应用信息技术水平。"这充分体现了教育的信息化已成为不可阻挡的一种趋势。

计算机网络进入外语课堂后,我们不难发现,教师和学生的定位未调整、资源的来源未根本改变、教与学的环境和方式未根本整合、教学的各要素依然是新瓶装旧酒。只是变相地变成了程式化的"课堂+计算机网络+课本",老师依然是充分利用课本,学生依然是知识的获取者,被灌输知识的对象,只是在网络环境下知识的接受者。而教师的知识传输只是利用计算机作为教学的辅助工具,致使学生在信息化的课堂依然无很强的外语学习兴趣和成效。

生态平衡是指一定时间内生态系统中的生物与环境之间、生物个体与种群之间,通过能量流动、物质循环和信息传递,使它们相互间达到高度适应、协调和统一的状态(范国睿,1999:22-25)。计算机网络背景下的外语课堂,作为教育生态系统中的组成部分,主要包括教师、学生和计算机网络这三大生态因子。当前,计算机网络背景下大学英语课堂生态因素失衡主要表现在:课堂主体的功能生态位失衡,主生态因子与计算机网络因子的失衡、教学要素教与学的失衡这三个方面。

(一)课堂主体的功能生态位失衡

在计算机网络环境下,通过计算机网络将该生态系统中的两大主生态因子教师和学生联系了起来。在该系统中,与传统的课堂教学系统不同,电脑技术、信息技术和多媒体技术成为现代化教学活动不可或缺的一个部分。然而,当前的现状是,学生的主体作用未得到发挥,也就是说,学生的生态位仍处于传统模式下的位置,学生依然是知识的被灌输者,知识的被动接受者。另一生态主因子教师在自己的生态位上也未改变自己的角色,不能充分结合计算机网络技术,对学生进行全方位的指导和评估,而依然是传统课堂系统下的知识灌输者,

只是变成了以计算机为工具的知识讲授者。

(二)主生态因子与计算机网络因子的失衡

以计算机网络为核心的现代信息技术进入外语课程后,学生的学习本应变得更为主动,对学习内容也应提出更高的个人要求。然而,很多学生反应计算机网络的引入,尽管较传统的教师有了兴趣,但综合能力并没有很大提高,因此,学习积极性不高。计算机网络背景下教师给学生的印象依然是"满堂灌"。尤其是有些教师过分注重花哨的音效和动画,将投影屏当成现代化黑板,仍然保持"老师说学生听"的单向知识传递模式,这样的课堂结果只能是:学生注意力分散,参与意识淡出,学生看教师演"独角戏",严重影响学生外语学习的兴趣和动机。学生没有教师的正确引导和指导,主动建构知识也成为一件艰难的事。因此,在基于计算机网络的新系统中,教师和学生这两大主生态因子和计算机网络出现了排斥现象,造成了严重失衡。

(三)教学要素教与学的失衡

计算机网网络环境中的教学要素较之传统的课堂系统已经发生了变化,网络内容、技术方法等生态因子逐渐取代了传统的教材内容和方法。而现状是,教师依然将精力放在学生对课文的细读与模仿操练,很少注重课堂学习与课外学生自主学习相结合,培养学生主动建构知识的能力。学习的资源依然跟着老师、围绕课本学习,因为教师和课本是学习的唯一来源,忽视学生在课外对知识的主动寻求。

虽然在计算机网络背景下的学习教材应呈现立体式特征,但课堂依然以传统的纸质教材为主,而音频光碟、网络学习平台等要么过于花哨,要么很少利用。总之,在新课堂系统中,诸多的教学要素也没有在各自合理的生态位上。

三、计算机网络环境下外语课堂合理生态位的设计

(一)计算机网络外语生态课堂中的教师生态位

在计算机网络课堂生态系统中有三个基本生态因子:教师、技术和学生。可以说,教师和学生通过技术建立联系,并产生互动。在该系统中,教师拥有不可或缺的地位,在自己的生态位上应承担新的角色——课前引导者、课堂组织者、课后朋友及技术专家。通过这些角色,教师不仅对学生进行学业上的指导,成为课堂的组织者,另一方面对学生进行心理和技术上的引导,排除他们对新模式和信息技术的各种抵触和焦虑。

有生态位理论可知，一个生态因子在系统中的生态位有时间、空间位置及其机能关系三个方面。在新环境下，教师在自己新的生态位上应引导学生确定适当的学习目标；设计切实可行的长短期学习计划，即所谓的"课前导读"。那么，教师"课前导读"的角色必然要随着计算机网络背景的引入而改变，多媒体信息的打破了传统知识体系的束缚。作为课堂组织者，在计算机网络教学环境下，老师除了进行文化和知识的传授，更重要的是，组织学生开展各种任务型的活动，并且随时监控学生与网络技术之间的互动。针对学生的不同生态位，教师在某种程度上要适当关注个体差异，设计与学生特点相宜的教学方法，要注重内容的丰富性，思维方式的多样性，教学方法的灵活性和教学评价的多元性。作为朋友，教师应指导学生形成良好的学习习惯，激发学生对新形式的学习动机；调动学生的学习积极性；培养学生的自我管理能力和自律性。作为技术专家，教师应鼓励将学生的学习行为延伸到课堂外，推荐给学生一些适合开展教学互动的网站，随时给学生提供网络技术上的帮助与支持。

(二)计算机网络外语生态课堂中的学生生态位

计算机网络外语生态课堂中的学生生态位不仅包括空间上的位置排布，而且还指学生在外语课堂系统中的地位和功能不同而产生的生态位。首先，学生在教室的生态位空间排布上应打破传统的空间位置。计算机网络下的课堂，学生主要以合作式学习、互助式学习和开放式学习为主，因此学生的座位应随时随着课堂内容和目标的调整而调整，可灵活地设置成 2 人一组的一字型，4 人一组的圆桌型，10 人一组的长条形，或者随机分组的 U 字型等等。这样的生态位才有助于学生成为知识的主动建构者。

其次，学生在网络化的课堂生态系统中的地位和功能不同而产生不同的生态位。如，有些学生个体在外语知识结构、知识水平和认知能力上的差异而产生各自的生态位。各种各样的学生均处于不同的生态位，有自己不同的强项和弱项，这就要求学生在参与课堂活动的过程中要结合自己的个体差异，设计与自己相符的学习活动。作为学习主体的学生，虽然每一个体都有自身的特性，他们所处的具体生态位不同，但是他们属同一群体即网络下外语课堂系统，其学习的大目标和大方向是一致的，因此他们之间表现为更大的共生性，或者说合作。

再者，计算机网络下的课堂生态系统是时刻在变化的，在变化过程中占有同一生态位的学生在教学资源的利用、学习方法和策略的掌握、知识结构和认知能力等方面的发展具有同功性及同目的性，使他们在合作的同时更多的是竞争，而竞争反过来又可以加强学生在课堂生态系统中生态位的变化或分化，从而导致学生有更高、更快的发展和突破。总之，学生之间在相互学习的基础上，通过交流,引发良性竞争,有利于不同个体的共同提高,共同促进。因此,在计算机网络下的外语课堂,其学习应具有单向、双向和多向交流多重色彩,形成一个信息交流的立体网络,是一个充满活力和生机的课堂。

(三)计算机网络外语生态课堂中的教学要素生态位

陈坚林(2010)将教育生态学理论引申到外语教学中,构建了一个完整的外语教学生态化研究的理论框架,为外语教学生态化研究指明了方向:"将教育生态学理论引申至外语教学,确切地说,就是要综合研究外语教学的生态系统,分析系统中各要素的生态位现状及其发展与变化,探讨如何维持教学生态环境的动态平衡"(陈坚林,211)。

在计算机网络环境下的外语课堂不仅包含外语课程的方方面面,如教学大纲、教学内容、教学方法、教学评估等,另新增的生态因子就是信息技术。因此,课程的构成范式自然而然地过渡到技术+教材(结合一定的理论和方法)。目前的现状是,传统的教学要素与新生态因子——信息技术发生了排斥现象,信息技术不能完全融入各个其他教学要素中去。信息技术成为该外语课堂系统中的"限制因子"。关键是恢复该因子的合理生态位,根据不同的教学任务和目标,在适当的时候要弱化其他要素在教学中的生态位置,使整个系统变得灵活且动态。信息技术应发挥其应有的能量转换盒信息传递的功能,在于其他要素互相作用,互相制约的同时,推进整个教学活动的协调发展。

四、计算机网络背景下生态型外语课堂的特征

(一)生态位宽度(广度)(niche bread 或 niche width)

生态位的宽窄理论(转引自王凯,2010)主要研究的是生态位的宽度。生态位的宽度是指一个种群在一个群落中所利用的各种不同资源的总和。生态位宽度越大,物种可接受的资源越丰富多样。一个物种的生态位越宽,其竞争力越强,能够利用的资源总量越大,在竞争中就会处于优势地位。生态位宽度或广度理论告诉我们,要想使失衡的外语课堂生态系统恢复平衡,必须使两主生态位中的学生最大限度地适应和利用计算机网络背景下的教学资源,这样才能不断提高课堂优势。同时,有必要了解教师和学生两个主生态位在该课堂生态系统中的优势地位和师生之间的关系,即教师角色应发生转变,应成为课堂的讲授者、组织者和评价者、协助者、信息资源提供者等。

(二)生态位重叠(niche overlap)

生态位重叠是指不同物种的生态位之间的重叠现象或共有的生态位空间，即两个或更多的物种对资源位或资源状态的共同利用。这是生态位理论的中心问题之一，它涉及资源分享的数量，关系到两个物种的生态要求可以相似到多大程度而仍能共存，或相互竞争的物种究竟由多么相似还能稳定地共同生活在一起。

由于不同层次的学生在课堂会同时使用信息技术下的资源，这时就需教师发挥其指导和协调作用，避免过度竞争导致生态因子的分离和排斥。

(三)生态位移动(niche drift)

生态位移动是指种群对资源谱利用的变动。种群的生态位移动往往是环境压迫或是激烈竞争的结果。生态位移动告诉我们，随着以计算机网络为核心的现代信息技术突飞猛进的发展，外语课堂和外语教学应有根本性的转变。这就要求主生态位教师和学生在计算机网络环境下角色的转换，特别是充分发挥学生的主体性作用，使其在合理的生态位上。

(四)生态位分离(niche separation)

生态位分离是指两个物种在资源序列上利用资源的分离程度。这是环境胁迫或竞争的结果。总而言之，外语课堂和计算机网络的正联结性越强，其生态位重叠值就越大，那么外语课堂中的各生态因子共存能力就越强。

五、结　语

随着中国外语教学改革的进一步深化，通过计算机和网络技术实现的生生互动、师生互动和人际互动成为改革必不可少的一部分。在计算机网络环境下的外语课堂，由于各教学要素所处的时空位置和状况决定了各要素的特有形态和行为，如生态位的重叠、移动、分离等。从生态位视角来看，我们可知，只有各教学要素能够在共生共存而又互相竞争的课堂生态系统中拥有一个最适合生存的时空结构位置，各要素才能产生正连结，整个系统才能动态和谐。

参考文献

[1] Gaulse G. F. The strugglefor existence[M]. Baltimore：Williams & Wilkins，1934：19-20.

[2] Grinnel,J. The niche-relationship of the California thrasher[J]. Auk, 1919(34):27-433.

[3] Hutchinson,G. E. A. Treatise in Limnology[M]. London:Chapman & Hall,1957.

[4] Odum, Eugene P. Basic Ecology[M]. New York:Saunders College Publishing,1983.

[5] Whittaker,R. H. Primary production:the biosphere and man,human [J]. Ecology,1973(1):357-369.

[6]陈坚林.计算机网络与外语课程的整合————一项基于大学英语教学改革的研究[M].上海:上海外语教育出版社,2010.

[7]顾曰国.教育生态学模型与网络教育[J].外语电化教学,2005(4):3—8.

[8]金松岩,张 敏,杨春.生态位理论研究论述.内蒙古环境科学,2009,21(4):12—15.

[9]李雪梅,程小琴.生态位理论的发展及其在生态学各领域中的应用.北京林业大学学报,2007,29(2):294—298.

[10]马世骏.现代生态学透视[M].北京:科学出版社,1990.

[11]王凯.教师学习的生态转向及其特征[J].教育研究,2010(11):83—87.

[12]王刚等.关于生态位定义的探讨及生态位重叠计策公式改进的研究[J].生态学报,1984,4(2):119—126.

[13]张润涛,郭建.浅谈生态位理论的意义及应用[J].林业科技情报,2008,40(4):64—65.

[14]周颖.网络教育生态系统中的英语教师生态位探究[J].外语电化教学,2012(144):20—25.

[15]朱春全.生态位态势理论与扩充假说[J].生态学报,1997,17(3):324—332.

独立学院大学生拖延心理现状分析
及其对英语教学的启示

黄金金

杭州电子科技大学信息工程学院

摘　要: 独立学院大学生的拖延心理严重影响了大学英语教学有效进行,本文根据国内外关于拖延心理研究的理论,简要分析了独立学院大学生学业拖延现状的特点和行为成因,归纳了拖延心理对大学英语教学的各方面影响,从而提出相应的干预策略,最后总结拖延对大学英语教学的几点启示。

关键词: 拖延;独立学院;大学英语;自我效能感

The Analysis of Procrastination Psychology of Independent College Students and its Enlightment to College English Teaching

Huang Jin-jin

Abstract: The independent college students have a strong sense of procrastination psychology, which has negatively influenced the effectiveness of college English teaching. Based on the academic researches and theories of procrastination psychology, this paper offers several intervention strategies and enlightments through the brief analysis of the characteristics and origins of students' procrastination behavior and its influence on college English teaching.

Key words: procrastination; independent college; college English teaching; self-efficacy

一、引　言

大学教育提倡的自主学习的教育模式固然是科学的,有效的,但也不可否认,中国高校的多数学生都是由中小学督促式教学模式培养出来的,因此,大学

作者简介:黄金金(1984—),浙江丽水人,硕士,主要从事英语语言文学研究。
　　E-mail: huang-jin-jin@hotmail.com.

突如其来的自由宽松的环境反而成为培育学生拖延心理的极有利条件,其中,独立学院的大学生在学习过程中的拖延行为尤为明显,这对本身基础不太稳固又缺乏学习动力的英语教学造成了一个很大的负面影响,学生渐渐陷入能拖就拖—临时突击—成绩下降—挫败感—抵触心理这个无限恶性循环中,有些学生甚至会产生厌学、忧郁、焦虑、烦躁、自暴自弃等消极情绪,并很有可能将这个循环带到其他学科的求学过程中,对身心健康和学习就业带来无法预见的危害。因此,正视独立学院大学生的拖延心理状况及成因,了解拖延行为对英语教学造成的影响,从而总结相应的干预策略具有重要的意义。

二、拖延心理理论与特征

拖延的英文单词 procrastinate 是由两个拉丁词组成的,整体意思是推迟到另一天,可见从词语的起源和原意判断,很难界定拖延的感情色彩。比如心理学家 Ferrari（2000）承认拖延有可能产生消极后果,同时也指出拖延可能是明智的,理性的,可以避免一些冲动行为,某种程度上与我国佛教禅宗思想"以不变应万变"有异曲同工之理。然而更多的心理学家对拖延的定位是消极的,其中最具影响力的是心理学家 Solomon 和 Rothblum（1984）对拖延的理解"为不必要地推迟任务以至于产生主观不适",他综合了 Silver（1974）关于时间因素是拖延的核心理论与 Ellis 和 Knaus（1977）强调的非理性理论,获得了大多数专家学者的认可,心理学家 Lay（1986）,Tuckman（1989）在此基础上也相继发展了自己的观点。美国加利福尼亚大学资深心理咨询师 Burka 和 Yuen 在她们的著作《拖延心理学》中也明确强调"拖延从根本上来说不是一个时间管理方面的问题,也不是一个道德问题,而是一个复杂的心理问题"（Burka ＆ Yuen,2009:2）。可见,拖延并不仅仅是时间概念缺失的问题,而是包含认知、情感、行为决策等更深层次内容的综合体系。

因此,拖延广泛存在于学习、工作、情感、社交、财务等各个层面,无形中影响着人们生活的节奏和质量。国内对拖延心理的学术研究起步的较晚,在参照西方的理论基础上,一些学者拖延的特征做了以下归纳:(1)自发性。拖延是个体自主的决定,既没有受到他人的胁迫,也不是客观意外造成的延误。(2)回避性。拖延者很清楚这是早晚一定要做的事,而不愿意开始或完成。这与某些可以通过消磨时间而逃避不做的拖延是不同性质的。(3)非理性。在没有合理的借口,能够预见拖延行为的负面后果的前提下,个体仍然选择拖延(李晓东,2007)。

本文探讨的拖延特指学业拖延,即在学习的过程中发生的拖延行为,基于上文陈述的理论,学业拖延是指学习者缺乏合理理由,纯粹由于个人主观因素,不必要将学习任务延期至预定时间之后。这是认识拖延的首要领域,因为大多数人的拖延行为的萌芽阶段都发生在校园,只是早期受到严格的师长监管制度和严酷的升学压力的掣肘,直到大学阶段才达到高峰。

三、独立学院学生拖延心理现状及成因

(一)独立学院学生拖延心理现状特征

独立学院的大学生,是一个特殊敏感的群体,较之普通本科学生,他们的知识构架偏弱,学习习惯欠佳,然而对学业的美好期望是无异的。因此,如果个体客观上的欠缺进取与主观上的一味臆想结为一体,就会陷入日益严重的拖延行为,主要特征如下。

1. 随性

独立学院的学生在各门学科成绩上的差异比较明显,往往有着明显的喜恶偏好,对于不擅长或不喜爱的科目,求过不求精,往往在考前才进行突击,主观上回避。

2. 惯性

长期地不予重视,便会成为一种固定的自发的模式,一旦形成很难改变,成为无限循环。Burka 和 Yuen 称之为"拖延怪圈",一共有七个步骤:"这次我想早点开始"——"我得马上开始"——"我不开始又能怎么样呢?"——"还有时间"——"我这个人有毛病"——"最后抉择:做还是不做"——"我永远不会再拖延"(Burka & Yuen,2009:12-14)。大部分的学生都经历过这个怪圈,并重蹈覆辙。

3. 传染性

拖延似乎有一种无法抗拒的魔力,受支配的不仅仅是拖延者个体自身,群体的拖延惯性会造成潜移默化的氛围,形成拖延的学风,这才是拖延最大的弊端。

(二)学业拖延成因

拖延的定义在学术界尚无达成一致意见,各个研究者根据自己的理念提出了不同的成因理论。最早的时候,Walte Brandford Cannon(1932)认为人类面对危险时的本能反应是战斗或逃避,因此,拖延可以被理解成一种本能的防御,理性情绪疗法的创始人 Ellis 和 Knaus(1977)认同这个观点,并提出拖延行为意味着更复杂的心理机制,如追求完美,恐惧失败,厌恶被控制,自我否定,容易焦虑等。另有一批研究者,以 Berglas 和 Jones(1978)为代表,将拖延看成是保护

自尊的积极的自我妨碍,个体对不能够正确地认识自我价值,将表现等同于能力,因能力不足导致的失败是无能的伤害自尊的,因此拖延而导致的失败在心理上更容易接受。

笔者综合众多研究者的拖延成因理论依据,归纳总结了造成独立学院大学生学业拖延的几个主要原因。

1. 自我感强,责任感低

Van Eerde 将拖延行为与人格心理学的大五人格模型(the Big Five Model of Personality,包括内外向性、宜人性、责任感、情绪稳定性或神经质、开放性。)进行分析研究,指出对拖延影响最大的是责任感(Van Eerde,2004)。责任感能减少或缓解拖延行为在于:责任感强的个体会自发督促自己更及时地完成任务;如因不能有效完成任务而给自身或组织蒙受损失,失败,个体会有强烈的愧疚感,因此从一开始必定会执著地追求目标;责任感强的个体明白什么样的目标是合理的,可以实现的,能够及时地向不现实的目标说不。独立学院的学生个性比较鲜明,自我意识强烈,他们十分在意个体存在的直观感受却很少从自身寻找原因。比如英语成绩差的原因,是因为课本死板,上课无趣,老师教不好,学英语没用等等,总之答案可以是除自身以外的任何原因,这是典型的责任感不足的表现。怀有这样的心理,是学不好任何知识的。

2. 对待失败的固定心态

关于人类如何面对失败,斯坦福心理学家 Carol Dweck 提出了固定心态和成长心态两种观点。前者认为智力与才能是与生俱来的,是固定不变的,成功只是能力存在的证明,本该如此,换言之,失败是无能的体现(Burka & Yuen, 2009:27)。没有人愿意去做证明自己无能的事情,从这种固定心态里滋生的对失败的恐惧是造成拖延的一个非常重要的因素。大量实践研究表明,综合所有因素,恐惧失败是学生拖延行为的最主要原因,尤其是独立学院的学生学业基础相对薄弱,学生自身清楚却不愿被重复提醒,这种情况下,拖延是一个最容易最见效的解决途径。

3. 拖延强化

根据新行为主义理论家 Skinner 的刺激——反应理论,行为的存在是由于得到了强化。拖延的惯性,传染性特征的形成,证明之前已经有过无数次成功的拖延,学生或由于拖延学业却未受到使其铭记的教训,甚至可能由于拖延而得到肯定和回报,因为拖延使他们有了更愉快的经历,如参加比赛,娱乐,游戏,对此学生不需要付出任何代价。独立学院的学习氛围比较散漫,对学业拖延现象不会做严肃处理,再加上拖延带来的暂时愉悦,双重强化了学生的拖延行为,通过拖延学生不仅能够摆脱抵触的学习,又能享受别的乐趣,因此很多独立学院的学生都有拖延的特质。

Mckean 提出另一种观点,他认为拖延是习得性无助的一种表现形式(McKean,1994)。人们在学习工作过程中,无法避免经历无数次失败,当在某方面失败不断得到强化,就容易产生习得性无助,潜意识中认定无论努力与否都不能胜任这项任务,当这种意识不断得到强化,个体发现投入时间的长短不会影响行为结果,于是就形成了拖延行为。这个观点十分符合独立学院学生的心理,由于长期受英语成绩的阻滞和困扰,许多学生不自觉地认定无论花多少时间在英语学习上,所得到的回报是一样的,在执行学习任务过程中,自然会拖到最后一刻。

4. 吝啬时间成本,寻找捷径

根据行为经济学的研究显示,人们在投资过程中偏向于短期内得到回报的项目,或许长期回报的总额远远高于短期,但是延长的时间使人们兴趣索然。行为主义者也认同回报或者损失延迟的时间越短,行为就越可能得到强化。人们倾向于更容易实现的,能够带来即时回报的选择而推迟难度高的,回报时间长的选择,因此很多人因为眼前利益而放弃了长远利益也不足为奇。可是在现实生活中,尤其是学习过程中,真正有价值的回报都是需要长时间经营等待的,而可以即时获得的回报都是低价值的。独立学院的学生往往吝啬时间成本,缺乏持之以恒的学习动力,他们一直相信学习有捷径,短期的努力便能立竿见影。因而,当短期成效达不到原有期望值时,主观能动性大打折扣,认为回报价值太低,缺乏动力投资更多的时间成本,从而进入拖延的轨道。

四、拖延心理对独立学院大学英语教学的影响

独立学院的学生在自身专业课程学习上大多表现比较出众,思维开放敏捷,比赛实验成绩突出,但是对于大学英语这门必修的语言课程有着复杂的情感,很多时候英语成绩,或四六级考试都可能是他们学业晋升、就业选择道路上重要的考核因素。然而普遍存在的拖延心理从各方面都牵制英语教学的顺利进行。

(一)对大学英语词汇教学的影响

对于语言习得来说,词汇教学是英语教学的基础,没有哪项任务能离开词汇单独进行,正如语言学家 Wilkins 的一句名言:没有语法只能传达很少的信息,而没有词汇则什么都表达不了。虽然关于词汇教学的研究一直在发展,从传统的记忆、单词结构分析方法到如今的词根词缀记忆法、派生法、搭配法、语义场理论。尽管如此,词汇的欠缺仍然是独立学院学生面临的最严峻问题,大多学生经常抱怨单词记不住,可真相往往不是真的"记不住"而是"不去记"。对

待学习,独立学院的学生表现出尤为明显的急功近利的心态,他们问得最多的一个问题是"学习英语有什么捷径"。在日常学习过程中,学生们已经习惯考前突击训练,而往往这样就能应付考试,这种立竿见影的临时训练比起日复一日的积累学习容易太多,投资回报更迅速,同样在记忆词汇时,学生也总是拖延到最后一刻,希望通过临时突击顺利过关。长此以往,学生的词汇量永远只停留在原始状态。

(二)对大学英语听说教学的影响

大学生的听说能力是长期英语学习的综合体现,也是意义所在。独立学院大学生反映大学英语课程不具实际意义的主要原因在于通过课堂学习并不能提高他们的实际交流能力,从而影响学习的动力和自我成就感。笔者在近几年的教学过程中发现,多于一般的学生认为英语教学应该以听说为重点,注重语言的实际应用能力,可是学生的内心需求和实际行为表现是相矛盾的。在有意识地创造情境,开展口语活动环节中,学生仍处于一种沉默被动的状态。一方面,不可否认传统的教学模式的影响是根深蒂固的,但这不是根本原因;另一方面,学生自身无法改变面对缺陷的固定心态,参与口语活动必然使自己的不足暴露无遗,不是所有的学生都愿意展示自己的弱项来接受别人的评价甚至嘲笑,因此哪怕心里具备想要提高听说能力的美好设想,也只会本能地一直拖延,逃避太有挑战性的任务,默默地等着这一环节快点过去,或者有哪位自告奋勇者打破这个僵局。拖延的风气很容易扩散至整个课堂,也使得听说能力的训练成为空谈。

(三)对任务型英语教学法的影响

任务型教学法将学习主动权交给学生,学生通过自己的理解、操作、构想将任务用目的语呈现出来,具有显著的趣味性,创造性,合作性,参与性和实践性,自 20 世纪 90 年代引入我国之后,其以学生为中心,以人为本的教学理念对传统的以教师为中心,知识灌输型的教学模式产生了巨大的冲击,至今仍是教育学理论研究的热点。任务型教学法的优势在大学英语教学中已经受到广泛的认可,但也不可避免存在一定问题,学生对待任务的态度,处理任务的认真程度直接影响教学效果,当学生拖延心理严重,将任务视为一个按部就班的形式而敷衍了事,不仅对自身没有帮助和提高,也浪费了课堂上其他同学的宝贵时间。以笔者所在独立学院的学生任务完成情况统计,只有很少一部分学生会认真对待,提前准备,大多数学生会拖延到最后一刻,随随便便应付了事。因此,以拖延者为主导的课堂比传统课堂更加沉闷、枯燥,信息输出和接收两方面都存在障碍,而这对拖延者本身也是一种痛苦,英语学习的热情更不如从前。

五、拖延心理对独立学院大学英语教学的启示

关于拖延心理的研究在国内尚属起步发展阶段,研究重心一般在于:学生拖延行为的成因与性质分类,如行为性拖延与决策性拖延,逃避型拖延与唤起型拖延等等;如何测量拖延的程度,如 Lay 1986 年提出的一般拖延量表,共二十项,覆盖学生生活习惯和学习活动的各项内容,用计分的方法给拖延科学定量;各项干预策略。虽然以往大学英语的教学研究者不乏从教育心理学、语言心理学、认知心理学等专业理论分析英语教学与心理学范畴的关系,研究学习者的学习动机,探讨英语教学法的改革,目前尚无学者将拖延心理作为一个特定概念引入大英语教学法研究范畴。通过拖延心理对独立大学英语教学影响的分析,可以肯定拖延心理是影响大学生学习效能的重要内在因素,因此,在独立学院大学英语教学过程中,教师应正确认识学生的拖延心理及成因,采取不同的矫正策略,进而提高大学英语教学效率。

(一)正确看待时间,提高英语学习效能感

大学生比以往的成长阶段有更多的自由安排时间,如何有效地进行时间管理也是大学生面临的最大的挑战,在与时间对弈的过程中,许多大学生们往往会一厢情愿地自我心理暗示,"没有关系,还有时间"。他们之中大多数人对时间没有一个正确的概念,以笔者所在独立学院大学生为例,在分派口语报告时间表时,大多学生逃避做第一个报告者,还会选择尽量靠后的日期,选择时间靠后的学生并不是出于自我强迫的完美主义者,希望有足够的时间做到更好,而是因为对失败的恐惧,拖延缓解了他们的压力,暂时忘却英语学习带来的不愉快回忆。当报告日期真正要到来时,依旧是没准备好的状态,学生们会惊讶时间之快,失望,焦虑,开始敷衍应付,打算蒙混过关。根据几年来的教学观察,越是将任务拖延的学生,其最终的表现也更不尽如人意,毫无自我效能感。相反,越是主动承担初期任务的学生,能够正确看待时间并合理安排,其认真程度也越高,学习效能感也越强。

因此,要激励独立学院学生的英语学习效能感,教师首先要引导他们正确地看待时间。Carol Dweck 的固定心态和成长心态观点可以帮助教师从学生形形色色的拖延行为中归纳学生的拖延风格和借口,如:"下周才听写,现在背了单词也记不住";"课后练习很少,先玩一会儿不要紧";"今天上课很累了,明天再开始听听力也不迟;太多生词了,等放假了一定好好记单词";"我口语不好,准备多久都一样,到时候再说吧"等等诸如此类的声明。许多学生会潜意识地将这些借口合理化,教师应不断提醒引导学生意识到自身存在的问题,克服对

失败的恐惧,教学过程中一定要灌输一个理念:拖延造成的失败并不比能力不足光荣,"怀着一种成长的心态,你会乐于采取行动,即使事情很难,或者你不是很喜欢做它"(Burka & Yuen,2009:154)。当时间观念和看实物的视角不同,采取的行为也会完全不同,如:"下周就听写了,我记性不好现在就需要背单词";"课后练习不多,先做完花不了多少时间";"今天上课很累了,今天听力就少听一会儿";"单词越来越多了,平时要多花时间才行";"我口语不好,虽然准备很久结果也不会满意,但是我还是能得到一些锻炼的"。

(二)分阶段设定学习目标,降低拖延程度

独立学院大学生在综合能力和专业技能方面并不低,在许多专业领域竞赛中都名列前茅,但英语成绩往往是限制独立学院学生发展的一个很大困扰,可是英语学习的回报周期很长,学生越急切提高英语成绩,越容易受到挫折,于是再美好的心愿和决心都会无期限拖延。根据折扣期望理论,回报周期越短越能激发人们的动力,而不是回报价值的大小,因此"如果能够把长远的目标分成多个具体的、短期的目标,使每一个目标的达成变得简单快捷,并且能够获得即时的满足,那么个体的拖延程度就会降低"(陈保华,2007)在大学英语教学过程中,教师要根据学生具体情况分阶段制定可行性的学习目标,激发学生学习欲望。

1. 细化要求

从以往教学效果看,教师布置的任务要求越规范详细,学生完成的情况就更理想。以预习课文这一要求为例,不同于普通本科的大学生,独立学院学生很少有预习课文的习惯,即使教师明确要求,也只有极少数学生会执行,课文的篇幅与教学进程安排不允许教师在课堂上逐句讲解,对因此很多学生在单元学习结束后仍然一知半解。这种现象一般存在两个原因,一是学生不重视,预习与否并无产生明显成绩差别;二是有些学生不知如何有效地预习,从何处下手,到何种程度。因此,笔者在分派预习任务时,根据课文内容和结构逐步设置提问,答案或从课文中可以直接找出,或需要归纳总结,数量不能多于五个,但必须涵盖作者的全部思想。此外,让学生填写课文的内容小结也是有效的预习方式,学生可以由此了解课文的重心内容。预习结果的检验也需要注意方法,应当鼓励学生主动反馈而不是被动式接受考察,更重要的是,要有相应的肯定激励政策肯定学生的自我效能感,这样,学生预习更有目的和动力,教师也更能够有效地检验学生的预习情况。

2. 任务合作

以合作方式执行学习任务有许多优势,在干预学生的拖延行为方面主要有两点:首先,独立学院有不少学生英语基础偏弱,对于有些主观能动强性的任务

比较恐惧,与其他同学合作的方式掌握学习任务,既达到了教学目的也保护了这部分同学的自尊,避免暴露了他们能力不足,从本能防御理论上来说,有效地预防了拖延心理;其次,由于"拖延就是每一个当下自我拒绝承担责任,只考虑自己的需求,忽视将来自我利益的结果"(陈保华,2007),在荣誉与批判共享的前提下,合作性任务加强了学生的集体概念和责任感,没有人希望由于个人延误而影响整个团体的成绩。此外,适时适当进行小组竞争活动也能激发学生团体荣誉感和责任心,更积极有效地参与课堂活动,由此证明了 Van Eerde 关于拖延与人格的研究发现,增强责任感确是干预拖延的有效方法。

3. 考核奖惩分明,遏制拖延强化

关于拖延治疗的研究,Skinner 的行为强化学说和 Mackean 的习得无助感观点被运用到行为主义疗法中,研究者通过掌握环境因素刺激行为结果,避免习得无助感产生从而对学生的拖延行为进行干预。对于普遍缺乏自律精神和自信心的独立学院大学生,这个疗法有重要的借鉴意义。教学初期中,教师应适当简化、分化、细化教学任务,确保学生能享受学习成果经验,防止习得无助感滋生。更为重要的是,要由始至终制定统一的学习考核奖惩规则,学生做的任何努力和进步,都应予以肯定和激励,并在平时考核中体现出来。相反的情况也一样,学生的懈怠行为也应得到警示和体现,杜绝拖延强化的念头。单靠考试的测验方法,不能有效体现学生学习的主观能动性,考核细则的有效执行会使学生意识到努力都有回报的价值,拖延都会有代价。行为主义干预方法最大的优点在于短期成效明显,控制性强,有助于培养良好的学习风气,但是主要是由于学生对外界环境刺激所作出的反应,要改变学生内心认知,需要更长的时间。

六、结　语

拖延心理的研究为独立学院大学英语教学研究提供了一个极佳的切入点,可以从内部视角深入了解学生的心理状况和行为成因,减少学生对待英语学习焦虑、恐惧等不良情绪,培养健康的学习风气和习惯,正确认识时间的价值,从而提高学习能效感。此外,学生作为大学英语课程教学模式改革的客体,关于其心理现状和需求的研究对改革的顺利有效开展也具有重大的参考价值和启示意义。

参考文献

［1］Ellis，A. ＆ Knaus，W. J. Overeoming Procrastination［M］. NewYork：SignetBooks，1977.

［2］McKean，K. J. Using multiple risk factors to assess the behavioral，cognitive，and affective effects of leamed helplessness. Journal of Psychology，1994，128(2)，177-18.

［3］Solomon L. J，Rothblum E. D. Academic Procrastination：Frequency and cognitive-behavioral correlates［J］. Journal of Counseling Psychology，1984，31；503-509.

［4］Lay，C. H. At last my research article on Procrastination［J］. Journal of Research in Personality，1986，20：474-495.

［5］Tuckman，B. W.，＆Sexton，T. L. Effect s of relative feedback in overcoming Procrastination on academic tasks［R］. Paper presented at the Annual Meeting of the American Psychological Association，NewOrleans，1989.

［6］Van Eerde，W. Procrastination in Academic Settings and the Big Five Model of Personality：A Meta-Analysis. In Schouwenburg，Henri C (ed)；Lay，Clarry H(ed)：etal. Counseling the Procrastinator inacademic settings (PP. 29-40). Washington，DC：Ameriean Psychological Association，2004.

［7］陈保华. 大学生拖延行为初探［D］. 华东师范大学，2007.

［8］［美］Jane B. Burka，Leora M. Yuan 著. 拖延心理学［M］. 蒋永强，陆正芳译. 北京：中国人民大学出版社，2009.

［9］李晓东，关雪菁，薛玲玲. 拖延行为的心理学分析［J］. 高校教育管理，2007，1(3)：67－70.

三、研究生英语教学

英语影视欣赏教材中本土文化
失语现象及对策探讨

——研究生影视欣赏选修课有感

邬静洁

杭州电子科技大学外国语学院

摘　要：通过对国内 2005—2011 年出版的七种英语影视欣赏教材进行梳理，发现这些教材注重目的语文化的习得，但基本忽略母语文化之英语表达的输入。在研究生英语影视欣赏教学课中，为改变教材中本土文化失语这一症状，有必要在教材建设中导入母语文化，以发挥母语文化对英语学习和跨文化交际能力培养的正迁移作用。

关键词：跨文化交际；影视欣赏；教材建设；母语文化

Study on Native Cultural Aphasia in Textbooks of English Movie Appreciation

Wu Jingjie

Abstract：Analyzing seven different textbooks about appreciation of English movies published between 2005 and 2011, we find that these textbooks pay more attention to the acquisition of target language, but ignore the input of English expression of native culture. Native culture needs to be introduced in textbooks to modify the situation of native cultural aphasia so that it will play positive role in English learning and cultivating the ability of cross-cultural communication.

Key words：cross-cultural communication；movie appreciation；construction of textbooks；native culture

作者简介：邬静洁(1969—)，副教授，硕士，浙江奉化人，主要从事语言学和英语教学研究。

E-mail：wujingjie@hdu. edu. cn.

一、引　言

　　研究生公共英语教学多年来一直沿袭着传统的教学模式,基本以教授英语基础语法、单词学习及课文分析为主。我们认为,以上教学模式是基于对十多年前的研究生英语能力的考虑。那时候的研究生普遍英语水平较低,需要进一步延伸基础知识的教学。而目前研究生入学时不少人已经过了大学英语四、六级考试,有的甚至考了托福、雅思,已经有了较好的英语基础,以夯实英语基础为主要目标的传统教学模式难以适应这种新的情况。

　　通过对杭州电子科技大学 2011 级全体研究生英语学习现状的调查,发现约 75％的研究生认为现在的英语课对自己的帮助不大或没有帮助。学生普遍希望针对自己的兴趣及今后职业发展能有更多的选择,传统的英语教学模式显然已不能满足他们对英语的实际需求。鉴于此,开设了英语影视欣赏选修课。

　　英语影视欣赏课程能使语言学习和文化习得得以完美结合,有助于培养学生跨文化交际意识和能力。然而,较长一段时期内,英语教学中普遍存在的问题是只注重目的语文化的习得,本土文化元素严重缺失。这种单向的文化教学模式被称作"中国文化失语症",这一现象已引起教育界的广泛关注。

　　作为学生学习的中心内容和教学活动组织的重要依据,"教材质量的高低直接决定了学习效果的好坏"[1]。在任何课程中,课程目标的实现离不开高质量的教材建设。那么,英语影视欣赏教材中是否存在"中国文化失语症"这一现象? 为了回答这一问题,笔者对近年来国内出版的七种英语影视欣赏教材进行了梳理,以考察现有英语影视欣赏教材建设中是否兼顾到了目的语文化与母语文化的输入与输出,并对可能存在的问题提出相应对策。

二、英语影视欣赏教材的现状梳理及问题分析

(一)英语影视欣赏教材简介

　　通过市场调查,笔者收集到了 2005—2011 年出版的七种英语影视欣赏:教材包括《英语电影赏析》[2],《新世纪大学英语英美影视欣赏教程》[3],《英语影视赏析》[4],《英语电影欣赏》[5],《英文影视欣赏教程》[6],卫岭主编的《英语影视欣赏》[7]以及方映主编的《英语影视欣赏》[8]。

　　七部教材中,外语教学与研究出版社出版的《英语电影赏析》与同类教材相比特点最为鲜明。该书 2005 年 10 月第一次出版,至 2010 年 12 月已是第十次印刷。其主要特点是中英文对照,且理论与实践结合。既有电影基本理论知识

和方法的简单介绍,也有应用理论和方法对具体电影的分析,这有助于指导学生提高实际的电影阅读和赏析能力。其他六部则都大同小异,一部电影一个章节,从八章到十二章不等。《英语电影欣赏》选取了 20 世纪 80 年代至今的电影作品,并按照电影发行日期先后顺序排列各章;两本《英语影视欣赏》以及《新世纪大学英语英美影视欣赏教程》则按照英语影视作品的主题和类型划分。另外两种则分别"精选"了八部和十二部"优秀作品"。在这七类教材中,《英语影视赏析》和《英语电影赏析》有专门的章节介绍电影小知识,如电影史,电影奖项,电影工作室等。这些影视欣赏教材在编写时都设计了形式多样的练习来训练学生的语言综合能力,包括听力练习、口语练习、写作练习等。

(二)文化教学理念在英语影视欣赏教材中得到了较好体现

七部教材都把英语语言、影(视)作品和目的语文化融合成为了一体。每部教材都有专门版块介绍影片的社会文化背景和人文知识,内容涉及西方文化的方方面面,如历史、文学、娱乐、家庭婚姻观、环境保护、心理健康、阶级意识、观念信仰、人生哲学、人生真谛、女权主义等。由于非英语专业学生在语言理解上的欠缺和对西方社会文化等背景知识缺乏较深入的理解,大多数学生对英语影视作品的欣赏通常只停留在把握电影故事情节这一层面上,对其中折射出来的文化背景知识和由此带来的疑问很难做出进一步的探究。教材中对影视作品折射出的文化背景知识进行了介绍,能够帮助学生充分而深刻地了解相关作品,同时也能够开阔学生视野、拓展其文化知识面,培养其跨文化交际能力。

(三)"中国文化失语症"在英语影视欣赏教材中的体现

然而,七部教材中笔者能找到的中国文化元素的介绍却微乎其微,其对于母语文化之英语表达的输入和输出都严重匮乏。"序"或"前言"对于读者来说是"游园的向导",因为从中可以了解到著作宗旨、撰写经过、编写体例及书中的重点和难点及特点等。七部教材中没有任何一部在"序"、"前言",或书中说明其在介绍西方文化知识的同时有任何中国本土文化相关内容。经过研读,笔者在《英语电影赏析》第七章中发现,在介绍"阿甘哲学"时编者略微提到影片隐含的主要思想与道家传统思想中的"无为"十分相似。除此之外,与中国相关的内容在两部教材中有涉及,但都只是在课后练习题中出现。其中,卫岭女士主编的《英语影视欣赏》课后讨论题中有两处。第一章的课后讨论练习中最后一题提到《阿甘正传》反映了 20 世纪 50 至 80 年代美国社会经历的变化,要学生讨论的是我们国家是否也有过类似的经历。第七章关于《肖申克救赎》讨论话题中最后一道题问道"你对中国监狱的状况了解吗?"另外,《英语电影赏析》中有三处涉及中国文化相关内容。第一处,"你认为为什么《阿甘正传》在中国受欢迎?"第二处出现在第八章社会问题片《美国丽人》中,问题是:"男性危机"这一概念在中国是否具有现实意义? 以及中国电影如何表现"中年危机?"最后一处在第十一章,与《英国病人》有关,问题是"你认为奥尔马希和凯瑟琳与中国爱情片中的主要角色有什么相似或不同之处?"

不难看出,在大学英语教学中较为普遍存在的"中国文化失语"这一症状在英语影视欣赏教材中同样存在。这些教材在介绍文化背景知识时几乎没有中国文化知识的介绍,稍微提及也只是蜻蜓点水,意味着中国文化之英语表达的输入几乎为零。在几乎无相关知识英语语言输入的情况下,仅有的几道讨论题也是大而空泛,而且都是在所属板块中最后一题出现,其重要性由此可见一斑。很难想象学生用目的语回答这种题时能否有观点可表述,更不用说进行文化对比,发挥母语文化的正迁移作用,其跨文化交际意识的培养和能力的提高更无从谈起。

三、英语影视欣赏教材建设中导入母语文化的必要性和可行性分析

(一)文化双向交流要求在教材建设中导入母语文化

在语言教学的过程中,文化教学和跨文化交际意识的培养应该是目的语与母语的双向交流,文化输出与文化输入应该同时进行。因为"大学英语教学中忽视了母语文化的输出将造成学习者跨文化交际的心理障碍,甚至可能造成民族自卑心理"[9]。另外,作为 Ting-Toomey[10]跨文化交际理论体系中的一大要素,"留心"概念主张在理解文化差异时,要转换个人行为规范的参照系,积极采用不同的分类标,随时准备用创造型的方式试验不同的决定或解决问题的方法等。因此,为了跨文化交流能够成功实现,文化交际的双方应避免停留在某个单一的文化视角上,而应转换、兼顾双方的文化视角,从有利于交际的立场出发。"留心"概念提醒我们在教材建设中有必要有意识地增强母语文化的导入。

(二)通过选录中国文化内容丰富的影片编入教材以实现母语文化的导入

英语影视作品中不乏蕴含着丰富的中国文化或者直接体现了中西文化碰撞的优秀作品。如,《喜福会》(The Joy Luck Club)。该片改编自著名华裔作家谭恩美的同名专著,形象地展现了中西文化的巨大差异以及这些差异对于人物人生的巨大影响。从中,我们还可以真切地感受到在跨文化交际中母语文化的缺失带来的交际障碍以及身份感的严重缺失。在教材中文化介绍环节,可以介绍中国本土文化的相关内容,如影片涉及的中国解放战争、中国式的母爱、中国女性的抗争和成长历史、中国家庭伦理观念等。在练习中,可以让学生分组

确定主题,从不同角度分析体现在该作品中的中西文化差异。除此之外,体现在电影《刮痧》中的中西文化剧烈冲突体现在礼仪、教育、价值观等方面。看似简单的一个故事后面蕴含着丰富的文化内涵。教材编写时对于体现在该作品中的母语文化介绍可以涉及中国源远流长的中医文化,中国人对于亲情、友情的无比珍重,甚至还可以通过对比中国文化的意境说和西方的理性主义来探究中西文化差异的根源等。结合熟悉的本土文化分析问题可以很好地发挥母语文化的正迁移作用,让学生更好地理解中西文化异同,从而指导其在现实的跨文化交际中有效地避免文化冲突。而且,这些母语文化的导入可以纠正现有英语教材中普遍存在的倾向——对西方文化的认同,培养学生对于西方文化意识的批判态度,促进学生对母语文化进行反思,并提升其民族文化自豪感。

(三)在以西方文化为中心的影视作品中导入中国文化

即使教材选取的影视作品主要体现的是西方文化,只要"留心",母语文化的导入同样可以有效地进行。所选七部教材中除了《影视欣赏教程》,其他六部都选录了《阿甘正传》。如前文所述,中国本土文化的导入并没有在这些教材中得到体现。毫无疑问,影片集中反映了美国 20 世纪六七十年代社会历史文化生活。其实,教材对于这部影片的处理要导入中国文化同样是便利的。这一时期的中国正经历文革,这段历史可以拿来和同一时期动荡的美国进行比较,有助于让学生在回顾这段历史时对其进行反思。但是进行对比时,有必要对中国这一时期的历史作为文化背景知识进行介绍,而不应该像前文提到的一样,直接在毫无语言输入的情况下抛给学生一个问题。除此之外,"乒乓外交"的划时代意义,阿甘说中国人"不去教堂"让同受访的甲壳虫乐队创始人 John Lennon 觉得不可思议等,都折射了丰富的中国文化内涵。对这些内容进行的挖掘有助于培养学生对于电影艺术细节的鉴赏能力。英语电视剧方面,在欣赏轻松、幽默的美国情景剧《老爸老妈的浪漫史》第一季第六集时,学生可以很直观地了解到美国人庆祝万圣节的方式。在介绍该节日的相关背景知识时,教材内容可以加入中国本土文化中悼念和尊重死者的"鬼节"相关知识介绍,为学生进行文化对比提供便利。

四、结　语

因其丰富的文化内涵,英语影视作品为学生体验西方文化提供了直观的手段和轻松愉快的氛围。现有英语影视欣赏教材中较好地体现了文化教学理念,但其中目的语文化输入与母语文化输出严重失衡问题突出。每部教材介绍的都是西方文化,用英语表达中国本土文化内容却极少涉及。如果英语教育培养出来的学生在跨文化交际环境下不知道如何用英语去表达自己的文化,患有"中国文化失语症"的英语影视欣赏教材是否应该承担相应责任? 这不能不说是教材编写的失误。充分调动母语文化知识,适当地用目的语表达本土文化内容能够发挥出母语文化对于语言学习和交际能力的正迁移作用,培养学生跨文化交际意识和能力。尤其"如果学生母语与目的语语言结构上相近,文化背景相似,交际能力的正迁移发生的概率和规模就越大"[11]。具备文化双向交流意识,在英语影视欣赏教材建设中加大对本土文化的导入是切实可行的。

参考文献

[1]杨波.大学英语教材建设的趋势分析[J],中国出版,2011(7):30-32.

[2]Andrew Lynne.英语电影赏析[Z].北京:外语教学与研究出版社,2005.

[3]华中科技大学外语学院.新世纪大学英语英美影视欣赏教程[Z].武汉:华中科技大学出版社,2005.

[4]赵英男.英语影视赏析[Z].北京:清华大学出版社,2005.

[5]杨畅.英语电影欣赏[Z].重庆:重庆大学出版社,2008.

[6]刘冀.英文影视欣赏教程[Z].北京:中国农业科学技术出版社,2008.

[7]卫岭.英语影视欣赏[Z].苏州:苏州大学出版社,2009.

[8]方映.英语影视欣赏[Z].天津:天津大学出版社,2011.

[9]田颖.跨文化语境下大学英语教学中母语文化缺失问题探究[J].中国电力教育,2010(31):225-227.

[10]Stella Ting-Toomey. Communicating across Cultures [M]. Shanghai: Shanghai Foreign Language Education Press,2007.

[11]刘正光,何素秀.外语文化教学中不能忽略母语文化教学[J].西安外国语学院学报,2000(6):16,36.

论研究生公共英语教材编写的原则

——基于教育学的视角

周晓琴

摘　要：研究生英语教学的改革进展需要教材编写方面取得突破。本文对教育学视野内的研究生英语的教育特征进行了分析,继而在此基础上提出了目前需求环境下研究生英语教材的新特征及教材编写的新原则：(1)以培养具有独立思维能力和理性批判精神的公民为教材编写的目标原则；(2)以对话为教材设计的构建原则；(3)以多元化和包容性为教材内容的选择原则。

关键词：研究生英语；教材编写；教育学视角

On the Compilation Principles of
English Textbook for Postgraduates

Zhou Xiaoqin

Abstract：The reform of postgraduate English teaching calls for breakthroughs in the textbook compiling. This paper raises a study on the distinguished characteristics of postgraduate English teaching and learning in the perspective of educational theories. On that basis, the new characteristics of new postgraduate English textbooks are identified. In addition to that, three principles on textbook compiling are advocated here：(1)The principle of general education；(2)The principle of dialogue；(3)The principle of tolerance and pluralism.

Key words：postgraduate English；textbook compiling；the perspective of educational theory

　　长期以来,我国的研究生公共英语的教材编写和教学模式延续了本科公共英语教育的特点,以阅读理解为主要的教学目标,强调基础英语学习。在这种

作者简介：周晓琴(1973—),江西新余人,博士,副教授。主要研究方向为外国语言学及教育学。

教学目标的调控下,研究生英语教材的编写和教学形成了篇章精读、词汇解释和语法翻译为主要内容,以教师课堂讲授为中心、单纯传授语言知识的传统教材编写模式。随着全球化浪潮的影响,我们必须承认,这种教材模式已经不能适应时代和社会的需求。黄建滨等(2009)通过对 1999—2008 年国内出版的 45 种研究生公共英语教材的调查分析,发现目前的非英语专业研究生英语教材呈现出教材编写者的教育理念与研究生的学习目的及学习特点等实际情况脱节的问题,现有教材未能满足学生对提高英语听说能力的强烈需求;另外在融合通用知识与专业知识方面现有教材还存在较大的改善空间。密切的国际学术交往和信息的飞速传播要求研究生除了具备灵活使用英语进行专业领域的文献阅读和口头交流以及规范写作外,还能在跨文化理解和包容、信息搜拣等方面赋予研究生国际视野和胸怀,并发展研究生对政治、经济、社会等问题进行理性的、独立的、并富有创造性的思考分析能力。这就对目前的研究生英语的教材和教学模式提出了新的要求。庄智象(2006)从语言教学的角度提出外语教材编写的理论基础应该跨越多个学科,涉及诸如教育学、应用语言学、社会语言学、认知语言学、教学论等理论背景,同时应充分考虑到受众的学习心理特点和过程。就追求语言学习的有效性而言,他的观点毫无疑问是正确的。在笔者看来,语言教育首先是人的教育,因此语言教材的编写也必须先跳出单纯语言学习的狭隘性,回归到教育学这个更加广泛而深厚的理论背景下,同时考虑到教育对象的心理特点与教育需求,由此归纳出研究生公共英语教材编写的基本原则和方向。

一、教育学视野内的研究生教育特征

在教育学的视野的观照下,研究生教育呈现出与其他教育阶段相区别的明显特征。

首先,从组织的视角看,研究生的学习与科学研究活动是同时发生的。随着知识的扩张、分化及深化,研究生阶段的学习内容和方式发生了变化。如果说本科生阶段的学习还是以通识教育和已有知识传承为主要教育内容的话,那么研究生阶段的学习则已真正进入探索人类未知领域新知识的空间了。他们的学习和教学都是围绕着细化的专业领域的科研活动而发生的。学习的组织形式不再是以班级出现,而是以科研任务为核心,在教授和指导教师的带领下进行。这种系统地混合了科学研究、教学和学习的现代组织工具被伯顿·克拉克称为科研—教学—学习连接体。而分化和细化的知识探索是以广阔的通用知识为背景的。现代科学研究在不可避免地走向越来越窄的专业化的同时,对跨学科、跨领域的知识的依存度也在不断加深。

第二,在上述的组织形式下,教学与学习的过程呈现双向性、共时性及交融性。教师与学生共同合作探索最前沿的知识,虽然指导教师处于领导的位置,但师生之间的合作和相互支持淡化了传统的长幼分序的严格等级。而长期的共事共处强化了师生之间的交往和了解,学生学习的内容不仅仅是有形的、可以言语明示的高级知识和科研技能,另外还有质疑的精神、思考特色和风格以及对科研的积极态度等,这些成分并不是以言语明示、或以书面整理的方式传授给学生,它们甚至不是以公开的形式教给学生,而是通过科研参与、以缄默的形式传递给学生。这种知识也被哈耶克称之为"默会知识"。相对于有形的知识传递的积累,默会知识传递的是科学研究的规范和标准、理性和价值观,这些无形的知识能为研究生开放出一个比前者更为广阔的知识领域和视野,而这也是研究生教育中最核心的价值之一。

最后,根据上述逻辑,研究生教育就必须以发展学生的独立思考、理性批判、人文关怀精神为价值导向,以发展研究生发现问题、观察和分析问题以及解决问题的能力为现实目标。而且鉴于研究生的心理成熟度,他们也会更倾向通过实践和自主性参与和选择的学习获得满足感和自尊感。

二、教育视野的研究生公共英语教材特征

研究生教育独特的教育方式、教学过程和目标以及研究生相对稳定和成熟的心理状况决定了研究生公共英语教材应该具有区别于其他以语言学习为单一目标的教材的多重特征。

首先,教材的内容选择必须有所创新。以往的教材编写定位通常将教材的功能限制的语言传授的功能上,过于重视语言技能的训练。而现代研究生教育要求打通研究生的专业藩篱,跨越狭隘单一的学科视角学习了解来自其他知识领域的发展,这将帮助研究生学会在广阔的知识背景下,从不同的角度来审视自己的专业问题,为他们提供更多解决问题的可能途径。除此之外,课程教学还应引导他们的生活和人生。因此,作为一门贯通中西的课程用书,研究生公共英语教材在提供语言学习的范本外,它还应该涵盖政治、文化、教育、经济、科技和种族等大视野的话题,并包纳与研究生自身生活密切现实的情况相关的人生、婚恋、家庭、旅游和就业等内容。每一个单元主题选择应既富有现实性和学术性的,且饶有趣味、耐心寻味和启人深思,因此能够激起学生参与思考和讨论的热情。教材的学习过程不仅能强化学生使用英语来表达对他们亲身所处的社会和环境中的问题的语言技能,也能激发学生关注现实生活,关注他人命运和周遭世界热情和进行自我反省和自我批评的勇气。如果说诸如硕士和博士等高级学位教育就是社会精英群体教育的话,那么点燃这个群体的内心对社会

和他人的关注和良心的火苗就是教育者不可推卸的高贵责任。

第二,教材的课堂设计必须有所革新。教材除了在保证信息量和语言知识量的基础上,应该把重点放在内容丰富、形式各异、设计新颖的各种学习活动上,包括多主题讨论、口头表达、角色扮演、团队协作、问卷设计和调研实践,并要求学生学习用正确的格式和语言展示观点和论据等。此种课堂设计的倾向使实施新型的以学生为中心的任务教学法不再流于空谈。这种革新将改变旧有教材以语言知识为主的训练,使传统的以教师课堂讲授为主的教学模式切实向以任务为核心,以激发学生主动性、培养学生独立思考以及促进学生之间的讨论合作的团队精神等各种实践能力发展为目标的教学模式,强调对提高研究生各种学术和实践的技能的强烈愿望和关注。

第三,教材应保持开放性。无论对于何种专业的研究生,教育都应该赋予他们一种批判的理性主义精神,即意味着学生不会消极地接受某一个观点,而是通过积极、独立的思考,试图从不同的视角观察、分析问题,从而得出自己的结论。教材所关注的主题应该都是开放性的。它并不设定某个唯一的标准答案,而是鼓励学生尊重自身的差异性和独立性来对某个主题进行个人化的探索。所有主题无一不具备宽广的意见包容性和开放性。在这种教材的引导下,学生不断被苏格拉底式的"产婆术"催促着清理、修正和形成自己的观点,批判的理性主义精神由此在他们心中成长。

通过教学内容的暗示内容,这种精神很少能通过教条告知而获得。更常见的方法、通常更有效的方法是以默会知识的形式,通过教师在具体知识传授的课堂和日常生活的言行举止对学生发生影响。

三、研究生公共英语教材的原则

研究生公共英语教材作为一扇为研究生开启他国文明的知识之门,承担的不应仅仅是传统意义的语言范本或语言知识课本,他们的教育职能已经从传授知识转变为培养人去发现知识、处理知识、更新知识和创造知识,研究生的英语教学当然也从传授语言知识转为培养学生搜寻、接收和处理外语信息的能力;而国际间的交往日益频繁,不同文化背景的人在使用英语作为国际流通语时,各民族不同的文化习俗和行为规范在语言的显性和隐性表现会造成某种误解、隔阂、冒犯、难堪、甚至冲突。要避免这些冲突和在冲突发生时能及时适当地解决冲突,人们需要在学习英语的同时增加多元文化知识,增强跨文化交际意识,掌握跨文化交际技能。而由于知识经济时代发展特有的挑战,研究生还需要学会合作、沟通、协调。因而语言学习同时是一种思维方法和学习方法的培养、情感的调适和品格的教育相结合的过程。教材的编写应该对此有意识地加以引导和培养。要满足这些要求,笔者认为研究生公共英语教材的编写在保证语言教学质量的同时,还应该遵循如下几点原则。

第一,以培养具有独立思维能力和理性批判精神的公民为教材编写的目标原则。我国市场经济的逐步成熟和政治民主化进程为公民社会的构建开放出空间。与计划指令经济体制下的对单纯、驯服、听话与闭塞的人才培养目标不同,现代公民社会要求个体具有独立人格、开拓进取的勇气和创新精神,在追求自身权利的同时承担对他人和国家的义务。他们必须学会理性地批判和思考、乐于参与公共事务,并且敢于表达观点、追求平等和维护公义。研究生将成为未来社会精英的一部分,因此对他们的现代公民的意识和能力的培养就显得尤为重要。

第二,以对话为教材设计的构建原则。保罗·弗莱雷(2001)指出,教育应该具有对话性。对话,不仅仅是交流、谈话,而是作为一种与灌输式教育相对的教育方式,以培养人的批判性意识为目的。对话的展开基于一定的条件,即爱的倾注、谦虚的态度、对人的信任、充满希望以及进行批判性思维。没有了对话,就没有了交流;没有了交流,也就没有真正的教育。教材的目的不应以意识形态的灌输和人才的驯话为目的,不能以先入为主的道德观和价值模式统领教材的内容,而应该注重开放出师生真诚讨论和平等对话的空间。在以对话为教材架构的教学过程中,教师和学生都不是唯一的中心,也不会有唯一的答案和结论,师生平等、彼此尊重、真诚沟通,共同努力寻求真知。

第三,以多元化和包容性为教材内容的选择原则。多元化是事物的常态,单一化外力强压下的非自然结果。包容性则体现了对各种不同思想和观点的合法性的认可。对多元化的包容可消解思想专制带来的危险。在这种原则下选择的研究生公共英语教材的内容构成将以潜移默化的方式对学生发生影响,赋予学生在面对他者文化时开阔的胸襟和视野。

以上三个特点构成了教育学视野内研究生公共英语教材的整体创新特征,以教材革新促进教学模式的革新,教学模式的革新反过来又丰富了教材的意义。从教育的本质来看,教材的产生不应仅满足一门课程的具体知识的教学,还应促进人才各种素质的发展和提升。在教学过程中,教师将不仅仅传授语言知识,他们更是学习过程的参与者、对话者、倾听者和求知者。配合教材的内容、任务设计和实践活动,研究生在语言学习的同时,发展了他们的公民素养和文化素养,磨炼了他们的批判思维的能力。反过来,通过这种教材革新及其带来的教学模式的革新,赋予了研究生公共英语课程更丰富的内涵和重要意义。

参考文献

[1]黄建滨,于书林,徐莹.非英语专业研究生英语教材调查分析与思考[J].学位与研究生教育,2009(11).

[2]庄智象.构建具有中国特色的外语教材编写和评价体系[J].外国语,2006(12).

[3]保罗·弗莱雷.被压迫者教育学[M].上海:华东师范大学出版社,2001.

论网上英语教学平台在我国非英语专业研究生英语教育中的应用

——兼评蓝鸽网上英语学科平台

许焕荣

杭州电子科技大学外国语学院

摘　要:非英语专业研究生英语是英语学习的高级阶段,主要呈现结构不良领域知识的特点,传统以输入和客观题型为主的教学方法很难让学生达到该阶段学生应有的英语能力。而非英语专业研究生英语作为外语,在国内明显缺乏使用土壤;与此同时,中国学生偏好个人式和体验式学习风格,不喜欢小组式及课堂讨论的事实启示我们要采取符合自己学生偏好的互动教学方式。合适的英语网上教学平台可以克服非英语专业研究生英语知识结构不良的特点,突出该阶段学习的建构性质,以输出型技能培养为主,通过网上和课下互动来弥补课堂互动的不足,并实行对学生友好的一次作业,多次修改与评分的方式,有效提升学生的学习动机和学习效果。

关键词:非英语专业研究生英语教育;网上英语教学平台;应用

On Application of Online English Lab in English Education of Non-English-major Postgraduates in China

——With a Comment on Lan'ge Online Foreign Language Lab

Xu Huan-rong

Abstract: Typically featured as ill-structured knowledge at the advanced level, non-English-major postgraduates' English would not reach the expected level if traditional input-based and multiple-choice-oriented teaching methods were still heavily adopted. Besides, English as a foreign language lacks fertile soil of use in China. In addition, Chinese students

作者简介:许焕荣(1968—),汉族,山东济宁邹城人,博士研究生,副教授,硕士生导师,认知隐喻学,语言学,语言教学,翻译。E-mail: xhrhsy@tom.com.

prefer the self-initiated and experience-based learning style to teamwork and in-class discussion, which implies that we have to adopt interactive activities in and out of class suitable for them rather than follow western suit. A proper online English education platform could overcome the ill-structuredness of English at this level, accommodate its constructive nature, highlight output skills, provide means to compensate inadequate in-class face-to-face interaction, and adopt student-friendly appraisal system encouraging students to improve the same assignment online as many times as they please before the deadline to boost their motivation and efficiency of English learning.

Key words: Non-English-major-postgraduate English education; online English education platform; application

2011 年年底,我国首届"全国网络化语言学科平台建设和外语教学研讨会"在中国语言教育研究会、杭州电子科技大学外国语学院和广州蓝鸽科技有限公司的鼎力合作下隆重召开,众多全国知名专家、学者、外语院系负责人和教师、企业界领导、技术人员等出席了会议,会议全程由中央电视台数字频道录播。这次会议一石激起千层浪,把外语网上教学平台的建设与使用推向了我国英语学科教学改革的前沿。文章以杭州电子科技大学外国语学院正在使用的蓝鸽公司开发的网上语言学科平台(下称"蓝鸽平台")为例,根据我国非英语专业研究生(下称"研究生")英语(下称"研究生英语")的学科特点及中国学生的学习风格,并结合网络教学的优势,对我国研究生英语网络教学平台建设进行探讨,旨在充分利用网络这一现代媒体技术提升我国研究生英语教学效果。

一、我国研究生英语教学理念

研究生英语教学在我国广受重视,但也备受费时低效的诟病,问题在于教学理念定位不当。适切的教学理念要综合考量学科知识的阶段性特点、英语学科在我国的定位及学生的学习风格等因素。

1.研究生英语作为结构不良领域知识对教学的启示

Spiro 等人(1995:85-107)根据不同阶段知识的特点提出了认知灵活性理论,旨在改善高级阶段结构不良领域知识的学习效果。该理论把知识分为结构良好领域(well-structured domain)和结构不良领域(ill-structured domain)。前者主要多以通用性原理为主,学生只要能从记忆中照原样提取教师所教即可。这些知识具有原型化特征,是对许多不同实例的概括和总结,重在"一般";而后者正相反,它是从一般到个别,重在"个别":它有两个特点,一是概念的复杂性,二是跨实例的不规则性。它涉及对已有知识千差万别的应用及顺应性迁移,往往有多个图式,多个视角,或多个组织原则同时发挥作用。前者是初级阶段知识学习的主要特点,而后者则是高级阶段知识学习的主要特点。任何学习都是从低级到高级的过程,而绝大部分学习到了高级阶段其知识都兼有结构良好和结构不良的成分,但以结构不良为主。在这一阶段,知识的复现不仅是为了加深理解,而且是为了获得在新的使用条件下对知识不同侧面的理解。Spiro等人指出学生学习效率低下的一个主因是教师将概念或现象过度简化,仅从一个视角看待它们(1995:93)。单一视角不是不对,而是不充分。事实上,结构不良领域的知识/概念就是一片"纵横交错的风景区中的景点",学习者像游人一样以非线性、多维的形式在风景区内移动,但不管往哪个方向移动,也不管遇到什么情况,他们都可以返回原点(1995:94)。概念的意义部分地由家族相似性粗略地决定,部分地由这种相似性与其具体使用情境的互动来决定(1995:100),这正是"认知灵活性理论"的精髓:知识应用的多维性和情境变数决定了对学生灵活处理信息能力的需求;也正因如此,才可以培养学生灵活认知的能力,完成对高级阶段结构不良领域知识的获取。

研究生英语无疑应该属于英语学习的高级阶段。研究生经过十数年对英语的长时间学习,已经跨越了对语法和词汇的单纯吸收阶段,进入将所学应用于写作、翻译、口语的阶段。每次应用都会涉及对时态、语态、语气、主谓一致等语法规则及语言情感色彩、人际距离、正式程度、文化差异等语用因素的考量。由于该阶段涉及各种规则的复杂应用,学生往往手忙脚乱。这时英语显然具备了结构不良知识的特点,但很多教师仍在采用阅读至上,客观题型至上的教学方式,而学生真正需要的则是在各种不同的情境中对具体语言,尤其是同一表达在不同情境中的应用,实现从学到用的质的转变。

2. 研究生英语作为外语对教学的启示

英语对我国研究生而言无疑是一门外语,"外语"的外延决定了它在现实生活中没有多少使用机会,而课堂或类课堂的教学活动则是研究生学习英语的主要途径。这意味着我国研究生虽然经过了比较系统的对英语语言规则等结构良好知识的学习,却因为无法经常使用该语言而使高级学习阶段进程缓慢,效果不佳。换言之,很多学生仍然需要大量语料输入来补足他们基本的读、听水平。这不只是我国研究生学习英语的瓶颈,也是所有外语学习者的困惑。有鉴于此,就需要对上文所述研究生英语所处的阶段进行限定:高级阶段本身也是渐变的,大学英语已进入英语学习的高级阶段,而研究生英语应该处于高级阶段的中段。这就要求我们的学生必须客观看待"研究生"这一名号所蕴含的光环,放下身段,承认不足,既要尊重英语高级阶段的学习规律,又不能放弃对基本语言技能的提升。

3. 我国学生学习风格对互动式教学理念的启示

学习风格是指学习者注意、处理、内化、记忆新信息的方式(Dun,2000:8),

是学习者比较稳定的对学习方式的偏爱。研究表明学习风格和学习成绩呈正相关。如果教师了解学生的学习风格特点,并采用适当的教学方法和教学活动,学生的学习态度就会有所改善,学习成绩就能随之提高(Liu & Littlewood,1997)。

学习风格研究的代表人物 Reid(1987)(转引自 Ellis,1994:506)发现绝大多数学生偏爱体验型和动手型学习风格,而包括本地学生在内的几乎所有学生都给予小组型较低的评价。国内研究(胡晓琼,1997:34)也表明中国学生最喜欢体验式和个人学习风格,最不喜欢的是小组学习方式。

参与并体验学习过程是建构式教学理念的核心,也是互动式教学法广受追捧的原因。该教学法重视各种形式的讨论,其中以自由辩论、小组讨论及其他小组活动最为典型。但流行的未必是合理的,若不因地因人制宜,不仅无益,反可能有害。我们的教师必须针对我们的学生精心设计适合自己学生的互动方式。中国课堂上经常出现以下情形:教师越是鼓励学生发表意见,满教室就越是鸦雀无声;把学生分组进行讨论,往往只有少数同学参与,其他同学或者在听,或者独自看书;布置下去的小组任务,经常只由个别同学代劳,美其名曰"能者多劳"……既然中国学生更喜欢个人式、体验式/动手式学习风格,最不喜欢小组式学习风格,教师就该顺势而为,在课堂上尽量不让学生长时间讨论,而代之以让学生独立思考和探索,然后由部分同学把他们的想法与大家分享,并邀请别的同学点评。这样既避免了教师从头讲到尾,又不会浪费太多时间在学生不温不火的讨论上。

Campbell (2007:37) 指出以英语为外语的学生,尤其是亚洲学生,不爱参与课堂讨论,这让他们感觉很不舒服。除了腼腆,不爱说话等因素外,部分学生是因为英语水平不够好,害怕犯错丢面子,再就是文化因素。虽然辩论自希腊文明以后就一直被西方社会奉为圭臬,亚洲人对它却敬而远之,因为亚洲人信奉沉默是金。但研究也发现亚洲学生课下很爱说话。因此,笔者建议教师应以应用型作业为主,充分利用学生课下爱交流的特点,鼓励他们通过网络或其他方式多跟同学和老师交流来完成任务,以弥补课堂互动的不足。当然,如果面对一群很爱辩论,很爱当众发表意见的学生,互动方式自然不同。

二、研究生英语网络教学平台建设构想

互联网是人类迄今为止最了不起的创举之一(耐特;转引自宋志勤,2008:120-21),它建构了我们的新社会形态,而网络化逻辑的扩散实质上改变了生产、经验、权力与文化过程中的过程和结果(卡斯特;转引自宋志勤,2008:121)。在当今网络社会,企业、政府机构、学校纷纷建立网上平台,电子商务、电子政

务、网上通讯、网络教育等已成为社会生活的主流(宋志勤,2008:121)。网络以其方便、快捷、普及、无时空限制、灵活度高、便于互动、多媒体、界面友好、实时动态等特点渗透到人类生活的方方面面。

顺应这一趋势,学校及各种教育机构对建立网上教育平台趋之若鹜,同时也导致鱼目混珠。很多平台不过是资源库而已,发起者将各种可用资源上传到网页上,利用全凭学生兴趣,他们既不对这些资源进行精心设计和管理,也不对使用情况进行监控和评估。这类资源只能沦为空摆设,因为它们与学生直接到网上搜索的海量学习资源并无差别,多为应付评估而设,就使用频率和效果而言几近虚设。

有鉴于此,研究生英语网上教学平台的设计既要充分发挥网络优势,又要考虑研究生英语作为外语的学科定位和所处的学习阶段及学生的学习风格。多媒体辅助外语教学使得个性化学习、发现式学习和以学生为中心的教学理念成为可能。它将备课、上课、作业、自习、考试和管理等环节构建于网络语言学科平台之上,集教学、自主学习和考试为一体,既保留了传统教学方法,又可以充分利用网络教学平台的优势,在提高教学效果的同时减轻教师负担,并且将语言学习与语言使用连接起来,真正实现外语教学的整体规划(于学勇,2011:63-64)。

为了克服高级阶段知识学习的缺陷,Spiro 等人(1995:87)提出了超文本授课(hypertext instruction)系统的建议。它不同于一般由计算机辅助的技能操练,因为操练主要适用于初级阶段规则性技能和原理的学习,而高级阶段知识的复杂性和多变性决定了该阶段的授课必须充分考虑培养学生的认知灵活性,以应对理解和知识应用的不规则性。他们建议开发诸如"随机进出授课模式"(random access instruction),设计以计算机为基础的非线性学习环境,又称之为"认知灵活性超文本"。受此启发,文章对研究生英语网上教学平台建设提出如下构想。

1. 突出建构性,强化输出技能

输出即应用,是高级阶段有效学习的主要途径。一定要改变输入性技能为主、学生打钩为主的教学方法。除了写作、翻译、口语等典型输出过程外,还可以把阅读和听力等典型输入型任务设计成输出任务的。这种转变无疑是当今网络教学平台开发的重点和难点。目前阅读和听力训练主要是以客观选择题的方式进行,批阅工作可自动完成,这无疑有利于大规模的基本技能操练,又节省教师时间,但对水平较好的学生帮助有限。如果能在阅读理解后增加内容评论和经典句段翻译,在听力部分增加关键词听写、主题总结等输出性内容,在阅读和听力理解后要求学生就相关话题进行写作或临时口语表达,又或者针对语法内容设计改错任务,相信会事半功倍。但这些想法的实现均受制于自动批阅的瓶颈。由于目前语言自动化处理水平有限,这些任务的批阅无法由程序可靠地自动完成。而手工批因改过于费时,会大大增加教师的工作负担,可行性不高。

2.资源模块化

一定要避免大部分网络平台疏于组织和管理的弊端,对海量学习资源进行精心组织和安排,防止它变成指望学生高度自律而进行无目的浸没式学习的工具。可以按一定标准把这些资源组成不同模块,比如按学生英语水平等级,按听、说、读、写、译不同技能,按国内高校比较普及的教材,按学生可以听到的英文国际广播电台,如 VOA、BBC、CNN,按原版电影、歌曲、小说、散文、诗歌等。这样可以让不同学习层次,不同学习需求的学生登录页面后对可用资源一目了然,直接进入所需模块。另外,教师备课和布置作业也会非常方便。

3.功能齐全,操作灵活

理想的网络学习平台应该是一个综合性功能平台,集教师备课、学生自学、测试、评卷、学习情况跟踪、问题分析、师生和生生互动、学习论坛等功能于一身,满足师生的不同需求。应允许多种操作方式来使用、上传和下载资源。如允许鼠标点击、箭头移动、快捷键等冗余方式打开资源,以防单一方式不可用时无法操作;允许教师和学生从电脑硬盘、移动存储设备、手机甚至网页等数据源上传资源。

4.便于跟踪管理

这是决定平台使用效果的关键之一。教师对学生的预习情况、作业完成情况、学习中出现的问题、学习成果、学习时长、自学情况等进行跟踪,以便对学生的学习效果进行客观及时的评估,及时发现问题,及时调整教学计划和作业布置,并向有问题的学生提供帮助。

5.突出互动功能

网络教学平台大大减低了教师对学生学习过程,尤其是自学过程的干预,同时又可以有效克服学生课堂不愿发言的弊端,通过教师与学生,学生与学生之间实时或延时的无障碍交流与互动,提升学生对学习过程的参与。交流可以通过文本,也可以通过语音或者视频等方式进行。交流内容既可以是关于作业的、自修的、学习方法的,也可以是关于个人生活的。交流必须以英文为主,个别实在表达不出来的内容允许使用汉语。

6.人性化评估

目前网络教学平台对学生作业的批阅是一次性的,系统根据历次记录,按教师既定的评估公式进行评分。但假如可以允许那些对自己成绩不满意的学生重做作业,而且每有进步就可以刷新成绩,相信这对于鼓舞学生士气,鼓励他们在学业上精益求精会大有裨益。美国南密西西比大学王淑艳教授 2011 年在杭州电子科技大学外国语学院介绍自己开设网络课程的经验时对此做法大加赞赏。这对于提升学生的输出型技能尤其有好处。只要学生肯修改，他们就应该而且可以获得更好的成绩。只要不超出规定的时限，可以次数不限。

三、蓝鸽平台述评

1.蓝鸽平台的构成

蓝鸽平台①由学习计划、自由学习、作业系统、考试系统、学生成绩总评、教师评估系统、公告与投票、公共论坛、信息查询和技能训练等功能模块组成。

学习计划模块由布置学习计划、跟踪学习计划和问题答疑三个次模块组成，其中布置学习计划操作比较灵活，教师既可以从资源库和题库中选择资源发布学习计划，也可以从自己预设的途径发布学习计划；跟踪学习计划则是对正在进行中的学习计划进行跟踪统计；问题答疑则是关于学生在执行学习计划中所遇到问题的师生互动环节。这是教师备课和讲课模块。

自由学习模块由浏览点播、教案点播、节目点播、精品课堂和学生学习情况查询等次模块组成：从浏览点播引擎可以浏览并点播蓝鸽平台提供的以及学校推荐的各种资源；教案点播则使学生可以打开学校公开的任何教师教案进行自学；节目点播可以使学生通过学校推荐的网络资源进行学习，也可以直接收听BBC，CNN等英美电台；精品课程则提供精品课程的课件供学生学习；学生学习情况查询使教师可以对学生自由学习的时长、内容及成绩等进行查询。

作业系统模块由布置作业、作业辅导、作业批改、跟踪及分析以及成绩统计等次模块组成：布置作业即从题库、课后练习库选择题目或者自编试题给课程班级布置作业；作业辅导用于教师与学生之间就作业相关问题进行辅导交流及作业点评；作业批改即对课程班级作业进行批改；跟踪及分析对课程班级历次作业进行跟踪、查看和分析；成绩统计则对学生历次成绩进行统计分析。

考试系统模块由组卷系统、阅卷系统、试卷管理、成绩分析、口语考试系统、考试教师端、阅卷管理、成绩查询及考试公告等次模块组成：组卷系统可以帮助教师快速方便地制作考试试卷；阅卷系统可以自动完成试卷批阅工作；试卷管理可以让教师浏览并管理试卷；成绩分析则可以让教师查询每次考试每个学生的试题分析信息；口语考试系统可使教师实现网上多生同时考试；考试教师端由主考老师操控完成整个考试过程；阅卷管理则可以使教师对考试后的阅卷过程进行管理，包括进度监控、评估修正和相似度查看；成绩查询可以使师生查询

---

① 见 http://foreignedu.hdu.edu.cn/，路径为：杭州电子科技大学→外国语学院→外语实验示范中心。

历次考试成绩;考试公告则可以使学生查询到与自己相关的考试公告,并进行报名。

学生成绩总评模块由本学期总评成绩及历年成绩查询等次模块构成:前者可使教师查看、调整本学期自己所带班级所有学生的本学期总评成绩,包括上课、作业、自学、考试等各项成绩;后者则可使教师查看自己所带班级所有学生的历史总评成绩,包括上课、作业、自学、考试等。

教师评估系统模块由教师自评·互评、学生评教结果查询、本学期工作情况查询和历年教师评估查询等次模块组成:教师自评·互评可以使教师按学校要求,完成自评报告、对其他教师进行评价,还可以自主查询教师互评、领导附评;学生评教结果查询可以让教师自主查询学生评教结果、得分;本学期工作情况查询可以使教师自主查询本人本学期的工作情况;历年教师评估查询则可以使教师自主查询各学年及学期个人的评估结果,包括工作情况、自互评情况、领导附评情况和学生评教情况。

公告与投票模块则允许为指定对象发布公告,发起投票;可以查看未过期的公告、参与有效期内的投票;同时可以查看自己发布的公告、投票。在公共论坛能够参与专题发帖,按分区查看帖子列表及帖子详情,还可查看自己发布的帖子。

信息查询模块由学生信息查询、学生上机信息查询和课程安排查询等次模块组成:在学生信息查询下可查询全校学生的基本信息;在学生上机信息查询下可以查询自己班级学生的上机信息;在课程安排下可以查询教师自己本学期课程安排情况及全校课程安排情况。

技能训练模块由听力训练、口语训练、四六级仿真训练及翻译训练等次模块组成,针对性极强。

2. 对蓝鸽平台的评价

从以上对蓝鸽平台结构的描述可以看出,该平台集教师、学生、资源及管理等因素于一体,已经达到上文对网络语言学科平台构想中的第(2)、(3)和(4),但(5)稍嫌薄弱,而(1)和(6)明显存在不足。具体如下:

(1)输出型作业自动批阅功能有限。目前虽然可以做到作文的自动批阅,但效度与人工批阅仍有较大差距,机器对一些貌似错误的语法、语义和篇章连贯手段判断不够准确。翻译作业的批阅效度就更低了,而口语作业的自动批阅几乎是不可能的。当然这些缺陷受制于当前世界范围内语言自动化处理水平的瓶颈,不只是蓝鸽平台的问题。对该问题解决方案的探索代表着未来语言类网络教学平台开发的方向。

(2)互动功能需要加强。即使在网络上,学生主动与教师和其他同学互动的频率也不高。必须强化师生及生生实时互动,而不仅止于留言和学生上网时长记录等。应允许教师实时介入学生的在线学习过程,也允许学生随时跟教师及其他在线同学交流,力求有问题随时解决。

(3)尚未实现对学生友好的一次作业多次修改和多次评估。学生作业一旦提交,就无法重做。如果可以让学生即时看到作业成绩,同时允许对成绩不满意的学生重做的话,对激发学生的学习动机,提升最终学习效果肯定有效。如果学生只能看到终评成绩,那么这种作业平台跟传统作业模式相比对学生而言就无优势可言。这一点对学生输出性技能的训练尤为重要。

参考文献

[1] Campbell, N. Bringing ESL Students Out of Their Shells: Enhancing Participation Through Online Discussion [J]. Business Communication Quarterly, 2007 (70), 37-43.

[2] Dunn, R. Capitalizing on College Students' Learning Style: Theory, practice and research [A]. In Dunn, R & Criggs, S. A. (Eds.). Practical Approaches to Using Learning Styles in Higher Education [C]. Westport: Greenwood Press, 2000(8).

[3] Ellis, Rod. The Study of Second Language Acquisition [M]. Oxford: Oxford University Press, 1997.

[4] Liu, N. F. & W. Littlewood. Why do Many Students Appear Reluctant to Participate in Classroom Learning Discourse? [J] System, 1997 (25): 371-84.

[5] Spiro, R. J., Feltovich, P. J., Jacobson, M. I. & R. L. Coulson. Cognitive flexibility, constructivism, and hypertext: Random access instruction for advanced knowledge acquisition in ill-structured domains [A]. In L. P. Steffe & J. E. Gale (Eds.), Constructivism in Education [C]. Mahwah, NJ: Lawrence Erlbaum Associates, 1995. 85-107.

[6] 胡晓琼. 中国师专英语专业学生的学习方式的调查[J]. 外语界,1997 (2):34—37.

[7] 蓝鸽平台. [2013-9-17]. http://foreignedu.hdu.edu.cn/.

[8] 陈许等. 高校英语教学与研究论集[C]. 重庆:重庆大学出版社,2008.

[9] 于学勇. 高校外语实验教学研究[M]. 北京:国防工业出版社,2011.

四、第二外语教学

试析德语短句和词组的相互转换规律

孟向阳

杭州电子科技大学外国语学院

摘　要：该文主要对德语短句和词组的相互转换规律进行分析，同时探讨德语短句和词组相互转换的方法。熟练运用德语短句和词组的相互转换，可以在写作中使语言表达简单明了、灵活多变；在翻译中则能使译文准确而且生动流畅。

关键词：德语；句子；词组；转换

An Analysis of the Conversion between German Sentences and Phrases

Meng Xiang-yang

Abstract：This paper mainly focuses on the analysis of the conversion between german sentences and phrases. It also explores the methods of doing such conversion. While writing in German，the methods of applying and transforming in between sentences and phrases are significantly used for the purpose of showing the flexibility of language and addressing points in a concise pattern. Furthermore，a fully comprehension of the conversion rules can highly enhance the accuracy and fluency in German translation.

Key words：German；sentence；phrases；Conversion

　　与英语相似，德语的动词作谓语时，除了与主语在人称和单复数方面得保持一致，还应体现其时态变化。而且德语动词的支配关系还相对复杂，它可以支配一个宾语或同时支配两个宾语，如第三格、第四格以及介词宾语。特别在复杂的从句中，相对于动词，用德语名词表达就可以摆脱繁缛。

作者简介：孟向阳(1965—)，浙江人，讲师，主要从事语言学研究。

德语和汉语一样,名词的主要功能是作主语和宾语。但是汉语的名词既是名词,又可以当动词,形容词,副词甚至量词,汉语动词和形容词也可以表现为名词功能。而德语的动词和形容词必须名词化(Substantivierung)才能有名词功能。

德语写作或翻译时,除了扩大词汇量,积累语感之外,熟练掌握动词名词化,形容词名词化等规律,灵活运用德语短句和词组相互转换的方法,可以达到行文简单明了、生动流畅的目的。

一、动词名词化的常见规律

将原句中的动词转换成名词形式是德语短句和词组相互转换的前提之一。而动词的名词化在德语中主要体现在以下五种情况。

(一)动词不定式直接大写成名词,均为中性名词

如:essen——das Essen
leben——das Leben
schreiben——das Schreiben
vorhaben——das Vorhaben

(二)动词词干直接大写成名词,且多为阳性名词

如:verkaufen——der Verkauf
gewinnen——der Gewinn
austauschen——der Austausch
aufbauen——der Aufbau
例外:leiden——das Leid
antworten——die Antwort

(三)动词词干加词尾-e,且常为阴性名词

如:bitten——die Bitte
lieben——die Liebe
fragen——die Frage
schrauben——die Schraube
例外:glauben——der Glaube

(四)动词词干加词尾-ung,均为阴性名词

如:zulassen——die Zulassung

verbessern——die Verbesserung

überwinden——die Überwindung

stabilisieren——die Stabilisierung

(五)动词词干前加 ge-,均为中性名词

如:fühlen——Gefühl

schenken——Geschenk

此外还有不少不规则变化,如:

helfen——die Hilfe

operieren——die Operation

ankommen——die Ankunft

abfahren——die Abfahrt

二、形容词名词化的常见规律

有些情况下,也需要将原句中的形容词转换成名词形式,以完成德语短句和词组的相互转换。而形容词名词化在德语中非常普遍,主要为以下几种情况。

(一)形容词加词尾-heit,均为阴性名词

如:frei——die Freiheit

gesund——die Gesundheit

rein——die Reinheit

schön——die Schönheit

(二)形容词加词尾-keit,均为阴性名词

如:dünkelhaft——die Dünkelhaftigkeit

furchtbar——die Furchtbarkeit

höflich——die Höflichkeit

traurig——die Traurigkeit

（三）形容词加词尾-e,均为阴性名词

如:groß——die Größe

　　hoch——die Höhe

　　leer——die Leere

　　weit——die Weite

（四)形容词加词尾-schaft,均为阴性名词

如:hilfsbereit——die Hilfsbereitschaft

　　bekannt——die Bekanntschaft

三、几种常见的短句和词组转换方法

（一)由主语(名词)和谓语(不及物动词,被动语态,反身动词)以及状语(副词)构成的短句转换成词组,须将谓语动词名词化,主语则变为第二格定语

1. Die Studenten arbeiten fleißig. 学生们勤奋学习。

　　die fleißige Arbeit der Studenten.

2. Die Produktion der Arzneimittel wird ständig überwacht. 药品的生产一直受到监督。

　　die ständige Überwachung der Produktion der Arzneimittel.

3. Das Bewußtsein der Menschen ändert sich schnell in diesen Jahren. 这几年人们的思想意识变化非常快。

　　die schnelle Änderung der Menschen in diesen Jahren.

如果短句中出现介词词组作状语或宾语,则原形式保持不变。如:

4. Sie lenken die Aufmerksamkeit der Kunden auf die Regale. 他们将顾客的注意力吸引到货架上来。

　　die Lenkung der Aufmerksamkeit der Kunden auf die Regale.

如果短句中主语是人称代词,则改为物主代词;如果主语是人名,则人名后家-s,置于名词之前或改成 von＋人名。如:

5. Sie klagt über Schmerzen im Magen. 她喊胃痛。

　　ihre Klage über Schmerzen im Magen.

6. Frau Baumann klagt über Schmerzen im Magen. 保曼夫人喊胃痛。

　　die Klage von Frau Baumann über Schmerzen im Magen.

(二)由主语(名词)和谓语(系动词)以及表语(形容词)构成的短句转换成词组,则省略谓语动词,将作表语的形容词名词化,主语变为第二格定语

1. Mein Zimmer ist schön und hell. 我的房间既漂亮又明亮。

   die Schönheit und Helligkeitkeit meines Zimmers.

2. Die Krankenschwester ist verpflichtet, den alten Patienten zu betreuen. 这位护士有责任照顾这位老年病人。

   die Verpflichtung der Krankenschwester, den alten Patienten zu betreuen.

(三)由主语(名词)和谓语(及物动词)以及宾语(第四格)构成的短句转换成词组,须将谓语动词名词化,宾语变为第二格定语,主语转化为介词词组

1. Der Junge verliert die Fähigkeit zu hören. 该男孩丧失了听力。

   der Verlust der Hörfähigkeit bei dem Jungen.

2. Wir haben einen großen Fehler festgestellt. 我们发现了一个严重的错误。

   die Feststellung eines großen Fehlers von uns.

某些及物动词变成名词之后,原来的第四格宾语须变成介词宾语。如:

3. Fehldiagnosen beeinflussen das weitere Leben eines Menschen. 误诊会影响病人日后的生活。

   der Einfluß von Fehldiagnosen auf das weitere Leben eines Menschen.

在以下情况下,也可以把原来的主格变成第二格定语。如:

4. Der Kranke forderten baldige Entlassung. 这位病人要求立即出院。

   die Forderung der Kranken nach baldiger Entlassung.

但有时,原来的主语只能变成 durch 的介词词组,而不能变成 von 的介词词组,如:

5. Die Religion befreit seinen Vater von den Leiden. 宗教把他父亲从痛苦中解脱出来。

   die Befreiung seines Vaters von den Leiden durch die Religion.

若短句主语是 man 或 jemand,变成词组后应省略。如:

6. Man zweifelt an der Richtigkeit ihrer Aussage. 人们怀疑她供词的正确性。

   der Zweifel an der Richtigkeit ihrer Aussage.

7. Jemand gab der Polizei eine falsche Adresse an. 有人给了警方假地址。

   die Angabe einer falschen Adresse bei der Polizei.

(四)而当从句变词组时,须将引导从句的连词变换成相应的介词。

比较常用的有 seitdem/seit,obwohl/trotz,weil/wegen,bevor/vor,nachdem/nach

1. Seitdem die Gesundheitsreform eingeführt worden ist, sind grundlegende Erfolge erzielt worden. 医疗体制改革以来,获得了巨大成就。

   Seit der Einführung der Gesundheitsreform sind grundlegende Erfolge erzielt worden.

2. Obwohl es in manchen Gegenden noch an Arztpraxen mangelt, gehört die Bundesrepublik zu den medizinisch bestversorgten Ländern. 尽管有些地区还缺少诊所,但联邦德国仍属于医疗条件最好的国家之一。

   Trotz Mangels an Arztpraxen in manchen Gegenden gehört die Bundesrepublik zu den medizinisch bestversorgten Ländern.

3. Weil die Kosten für den Arzt und für die Behandlung ständig steigen, müssen strenge Maßnahmen getroffen werden. 由于医疗费用不断上涨,国家必须采取一些严厉的措施加以遏止。

   Wegen des ständigen Steigens der Kosten für den Arzt und für die Behandlung müssen strenge Maßnahmen getroffen werden.

4. Um ein Studium in Deutschland aufnehmen zu können, braucht man unbedingt ein Visum. 要去德国上大学,必须先得到签证。

   Zur Aufnahme eines Studiums in Deutschland braucht man unbedingt ein Visum.

5. Bevor man in die BRD einreist, muß man sich über vieles genau informieren. 在进入德国境内之前,得事先具体了解许多有关情况。

   Vor der Einreise in die BRD muß man sich über vieles genau informieren.

6. Nachdem der Diplomat angekommen war, fand eine Pressekonferenz an. 外交官到达以后,举办了一场新闻发布会。

   Nach der Ankunft des Diplomaten fand eine Pressekonferenz an.

四、结 语

对于德语中动词和形容词的名词化表达形式,现代的一些修辞学家曾有批评,认为这种表达形式是古板的官样文章的典型文体。确实,从修辞的角度来看,直接用动词或形容词表达常常比名词化表达优美而且易懂。再从美学角度来看,德语动词变位时由于有词形变化,自然比名词化表达要显得活跃而多彩。

然而,名词化表达在某些场合又起着动词表达不到的作用。名词化动词虽

然来自相应的动词,但它与相应的动词不只有此类上的差别,在语义上也不完全等同。例如:

Der Antrag kommt im Stadtrat zur Abstimmung. 该议案将在市议会进行表决。

Im Stadtrat wird über den Antrag abgestimmt.

在表达上,前一句比后一句更符合实际。这里名词化动词 Abstimmung 起着特殊作用,即延长动作过程。而动词 abstimmen 仅表示这一动作发生的瞬间。而且在这里名词化表达较动词表达形式更为经济。

德语学习者面对德语固有的谓语框结构以及各种复杂而又严谨的从句往往会不知所措。对于选择德语作为外语考试科目的学生,大量地进行短句和词组转换的训练显得尤为必要,这将有助于他们的行文简练,避免因使用繁琐的从句而造成语法或内容上的错误。

参考文献

[1]钱文彩. 汉德语言实用对比研究[M]. 北京:外语教学与研究出版社,2000.

[2]Wolfgang Hieber. Lernziel Deutsch[M]. 北京:外语教学与研究出版社,2001.

关于二外日语教学模式的改革与实践研究

郭已晓

杭州电子科技大学外国语学院

摘　要：高校的二外日语课程是一门综合学科，其中包括了日语精读、泛读、听力、口语、写作等内容。而学生几乎都是从零起点开始，学习时间也只有三个学期。如何有效地使学生能够更快、更好地掌握日语，高校有必要从学生学习日语的动机及要求、课堂教学等综合因素及角度研究二外日语的教学模式改革。

关键词：二外日语；教学模式改革；实践研究

A Study on the Reform and Practice of New Japanese Teaching Mode

Guo Yixiao

Abstract：Teaching Japanese as a second foreign language should integrate all the language skills like intensive reading, extensive reading, listening, and writing together. However, many students start learning Japanese without solid foundation and they only devote 3 semesters to the Japanese study. So it is very urgent to improve teaching effectiveness and help students to enhance learning efficiency. Teachers should conduct serious researches on the teaching mode reform from perspectives of students' study motives and demands, classroom teaching, curriculum schedule and so on.

Key words：Japanese teaching；teaching mode reform；practical research

基金项目：浙江省教育厅 2012 年高校科研项目（Y201223014）；中国电子教育学会教育科学研究项目（ZDJ11223）

作者简介：郭已晓（1975—），汉族，内蒙古呼和浩特市人，杭州电子科技大学外国语学院讲师，教育学双硕士，研究方向为日本文学及日语教育。E-mail：guoyx@hdu.edu.cn。

一、目前二外日语现状

改革传统的教学模式,让学生及时了解国内国际的重大事件及动态,充分调动学生的学习热情和积极性,耐心听取学生对于时政及参政、议政的意见,变被动求学为主动好学,变一言堂为群言堂,改变过去教师单纯地传授知识,学生被动地听讲,不加分析全盘接受,死记硬背的教学模式,将讲台还给学生可谓当务之急。

学校的主体是学生,课堂的主体也应该是非学生莫属,故学校的讲台也应归学生所有。教师的作用在于启发引导,耐心地听取学生的心声,从旁助阵,指点迷津。

当今世界瞬息万变,各国的交流日益频繁。在这个纷繁复杂的世界里,如何应对各种难以预料的事态,找到自己的合适位置,早已不是封闭教学"两耳不闻窗外事,一心只读圣贤书"时的满堂灌的教学理念所能适应的了。作为新时代的学子,不仅需要具备渊博的学识,更需要具备能够洞察时政和分析国际动态的能力。所以这就需要我们培养学生独立思考、依靠自身求知的能力和培养学生勇于探索,勇于创新,勇于否定过去的陈腐观念,依靠自身分析问题、解决问题的能力。而这种能力的培养仅靠教师的言传身教和课上有限的几个小时是难以完成的。

当今社会需要的是具有渊博学识和独立思考能力、业务过硬,能够随机应变,能够适应各种复杂环境的头脑灵活、身体健康的综合型、实用型人才,而不是言听计从,只会按部就班、死记硬背的书呆子[1](李春杰、赵华,2013:18)。所以我们应该把课堂还给学生,让学生成为课堂的真正主人。

当然,还学校和学生以本来应有的面貌,让学生成为学习的真正主人,应为高校教学改革的当务之急。教师应成为学生的良师益友,担负起为学生保驾护航的作用[2](郭已晓,2013:1)。因势利导而不是误导;启发、解惑而不是把自己的观点强加于人;指点迷津而不是大包大揽。我们需要培养他们的各种能力,而不是要求他们死记硬背。

教学内容应该紧跟形势,应以课堂讨论为主[3](管秀兰,2013:3)。教师可就课文内容事先拟好几个议题,要求学生查找相关资料,展开热烈讨论。尽量避免没有主题空发奇想,或没有根据主观臆断,一切皆应以事实为根据,以理服人。

讨论应在任课教师的指导下有序地进行。每个发言的学生都应围绕主题阐明自己的观点,并由专人作记录,气氛可以热烈,但不能无序。当出现谩骂或过激言行时,任课教师应及时制止,避免由于谩骂或过激言行导致人身攻击事态的发生。每次讨论结束时,教师应作以表扬;对于那些用语粗俗、有过激言行的学生提出批评。但不论哪方,只要是积极参与,总结性发言,对于在讨论过程中用语文明、观点新颖正确、积极参与并踊跃发言的同学,积极查找资料来支持自己观点的做法,都应予以肯定和鼓励。如时间不够需下次再议时,注意提醒学生应准备哪方面的材料,辩论时应注意什么,哪些方面应该提倡,哪些方面应该改进,或坚决杜绝。教师应和学生形成互动的局面。学生有疑问时,不论他提的是语法问题、语言问题、理解问题,还是其他什么别的问题,只要是善意的,我们都应该热情地为其解答。如果确实属于专业性极强,而非自己的专业或由于自己能力所限无法回答的问题,也可如实相告,劝其去找相关方面的专家,或代其向相关方面的专家请教后在告知其结果。如果确实属于自己不懂的专业问题,也可在其弄清后再向其虚心请教。这样不仅能融洽师生关系,还可以调动学生的学习热情和学习积极性,从而形成浓厚的学习和学术氛围。

对于那些语言基础较好、有深厚的写作功底和文学素养的同学,也可动员他们把课堂讨论的内容进行归纳整理,由任课教师指导写成论文,并推荐发表。这样既可以锻炼他们的写作能力,增强他们的自信心,还可以培养他们对学术科研的兴趣,逐渐提高他们从事学术科研的能力。

单纯地死抠语法,只能应付考试,对于未来的就业以及实际工作没有太多的指导意义,因为将来搞教学或从事语法研究的人毕竟是少数,而绝大多数的同学都要投身到经济建设和中日两国的政治、经济、文化、贸易等的交流当中去。所以笔者认为培养他们的综合素质和分析问题、解决问题的能力胜过死抠字眼。只有通过这种形式,才能让他们养成关心政治,关心时事,关心国内国际动态的良好习惯,养成居安思危的忧患意识,珍惜时间,努力学习,不仅要让自己成为一名学识渊博、具备一定专业知识和技能的高素质人才,而且同时要使自己成为一名精通听、说、读、写、译五项全能的专业外语人才[4](韩冰、江春华,2013:4)。

过去的弊端在于只注重基础,强调死记硬背。除了上课听老师讲课以外,自己几乎没有说话的余地,更无需用脑子去思考。这就造成了学生被动听讲的恶果,从而导致学生产生了疲惫厌学的心理。再加上没有能够让学生充分发表意见和观点的语言环境,就更让他们产生了逆反心理,最终造成学得快,忘得也快的局面。这都是因为所学内容没有通过实践,最终没能变成自己东西的缘故。因为只要把老师在课上所讲的内容全部记住,人人都可打满分。所以培养出来的学生有很多都缺乏自信,对自己的听、说、读、写、译没有信心。至于外界,国内国际到底发生了什么大事一概不闻不问,甚至对于自己所学专业的就业形势也一无所知。故这些聋哑不济的毕业生就算找到了工作,也会由于他们对自己所学的语言没有信心,从而无法胜任工作。甚至有人由于在家时父母娇惯、任性而不能与人和睦相处，从而导致他们对社会感到恐惧，对工作感到压抑。

现在的在校大学生基本属于 20 世纪 90 年代后出生的独生子女，在家里从小由于父母的娇纵，往往出言不逊，生活能力及交际能力极差，所以就算上了大学，很多孩子也属于那种高分低能。除少数贫困生外，生活自理能力及为人处世，处理突发事件的能力都极差。所以作为教师，我们的工作不仅要传授知识，还要教会他们怎样与人和睦相处，培养他们在未来的社会中如何与人交往，如何随机应变，如何做好本职工作，以及如何求生的能力等等。知识虽然不是万能的，但没有知识绝对是万万不能的。

二、二外日语改革措施

所以建议将二外日语第三学期的所有课程合在一起，将学校的讲台还给学生，给他们一片用武的天地，给他们一个展现自我、畅所欲言、施展个人才华的舞台，让他们尽其所能，通过自身的努力去发现知识，学习知识，掌握知识。因为他们才是学校真正的主人，国家的栋梁，民族的希望。教育兴，则民族兴；民族兴，则国家兴。所以笔者建议课程下放，1～2 学期应为语言基础教育，第 3～4 学期应为专业技能的培养。以《新编日语》的教材为例，第一册应第一、第二学期学习，第二、三册课文有选择地在第三第四学期进行。零起点学生在 1～2 学期时，应以基础语法知识为主，可按传统的教学模式进行。但需加大习题量及考级指导，力争达到三级水平。

建议所用教材应每 1～2 年更新一次，以适应形势发展的要求。初级教材除保留必要的语法知识以外，在内容上至少应更新课程内容及篇幅的 70%，课文的长短可根据课时的多少进行调整。第三学期的教材原则上应该每年更新。除课堂讨论外，还应适当加入写作内容，对学生的个人发表及对学生发表内容做出评价。让其知道自己的优缺点，以便自己进一步改进。每学期开学时的第一次课布置作业，作业即可就所用教材布置，也可自选题目，也可搞后续创作等。总之，可以根据自己所学专业及个人爱好灵活多样，以调动学生的学习热情和积极性为主。根据学生人数，每次课可安排 1～2 名学生发表，并让其他学生做出点评。点评可以写在纸上，内容包括：仪容、表情、动作举止、语音、语调、语速、声音的高低、有无语法错误、发表的内容是否与选题一致。用语是否规范，是否还有其他问题等。也可对学生课上的发表进行录音，课间随学生的评价意见等一并交由相关当事人，使其知道自己站在讲台时的表现及同学们对自己的评价，了解自己的优点和缺点所在，以便今后更好地改正。

在下一次课开始发表之前，安排前一次课上发表的同学就同学们对自己的评价做一个简要的意见反馈,诸如同学们认为自己哪些方面表现较好,哪些方面需要改进等等。发表的内容可以多种多样,即可自选题目,也可定题进行讨论,还可以以后续创作、前期创作、中期创作、字谜、填词、改写成语故事等形式进行。

所有的教材在选材和编排上:①要紧扣时代的脉搏;②要选择最前沿,最新的,最能够反映时代气息的国内外科研动态;③要与自己所学专业密切相关;④必须是学生喜闻乐见易于接受且与学生毕业后的就业问题紧密相关的内容;⑤必须是能够调动学生的学习兴趣,与学生们的生活息息相关的内容;⑥应注重实用性、趣味性、知识性、前瞻性和可行性的选择和安排。

总之,教材的内容应保证新颖、实用、易学、有趣、易记的原则,这样才能受到更多院校师生的欢迎。

参考文献

[1]李春杰,赵华.二外日语教学模式改革的几点思考[J].中国校外教育,2013(18):94.

[2]郭已晓.基于外语实验教学平台的二外日语教学模式改革与实践研究[J].语文学刊,2013(1):106-108.

[3]管秀兰.建构主义理论在日语口语教学中的应用实践研究——基于与OPI日语口语教学模式的结合[J].日语学习与研究,2013(3):62-69.

[4]韩冰,江春华.综合大学二外日语教育研究[J].日语学习与研究,2013(4):88-94.